双向直接投资与经济增长的互动研究

靳娜 著

九州出版社
JIUZHOUPRESS

图书在版编目（CIP）数据

双向直接投资与经济增长的互动研究 / 靳娜著. --
北京 : 九州出版社, 2020.4
ISBN 978-7-5108-8855-7

Ⅰ. ①双… Ⅱ. ①靳… Ⅲ. ①直接投资－关系－经济增长－研究－中国 Ⅳ. ① F832.48 ② F124.1

中国版本图书馆 CIP 数据核字 (2020) 第 012697 号

双向直接投资与经济增长的互动研究

作　　者　靳娜　著
出版发行　九州出版社
地　　址　北京市西城区阜外大街甲 35 号 (100037)
发行电话　(010) 68992190/3/5/6
网　　址　www.jiuzhoupress.com
电子邮箱　jiuzhou@jiuzhoupress.com
印　　刷　武汉市卓源印务有限公司
开　　本　710 毫米 ×1000 毫米　16 开
印　　张　16.75
字　　数　260 千字
版　　次　2021 年 4 月第 1 版
印　　次　2021 年 4 月第 1 次印刷
书　　号　ISBN 978-7-5108-8855-7
定　　价　58.00 元

本著作是广东省哲学社科学科共建项目（项目名称：‘互联网＋’与制造业融合背景下的异质性知识主体合作创新机理与政策研究；项目编号：GD18XGL05）的研究成果。

本著作由佛山科学技术学院高水平理工科大学建设专项资金、广东省社会科学研究基地“创新与经济转型升级研究中心”资助。

前 言

党的十八大以来，党中央、国务院高度重视开放型经济发展，提出实行更加积极主动的开放战略，并做出了共建“一带一路”、建设自由贸易试验区、加快实施自由贸易区战略等一系列重大部署，投资环境不断优化，吸收外资和对外投资都保持了良好的发展势头。

中国外资引入发展迅猛，从改革开放零的突破开始，到20世纪90年代初，跨国公司开始在中国进行较大规模的投资，截至2018年底，中国外商直接投资（FDI）企业累计达95万家，实际利用外资累计超过2.1万亿美元，外商直接投资已经成为中国经济社会发展的重要力量。引进和利用外商投资，有利于通过竞争效应、关联效应和模仿效应等技术溢出效应推动生产力增长。

改革开放前，中国基本没有对外直接投资。改革开放后，中国对外直接投资大幅增长，对外直接投资额从1982年的0.4亿美元增至2018年的1298.3亿美元，年均增长25.2%。发展对外投资，有利于通过资源寻求效应、市场寻求效应、效率寻求效应、战略资产寻求效应等逆向技术溢出效应提升经济发展质量。

由此可知，双向投资是实现经济增长的重要途径。

围绕经济增长要求，通过研究不断完善利用双向投资，有序发展双向投资，更好地实现经济高质量发展。

本书内容共分三部分十章，从双向投资与经济增长之间的互动关系进行研究，分析双向投资如何促进经济增长。

第一部分由第一章至第四章组成，分析FDI与经济增长的互动关系。第一章介绍FDI在中国的发展阶段和发展特点，第二章构建多参数外商投资内生增长模型，分析FDI与经济增长的关系，第三章从国家层面、行业层面、企业层面系统分析影响FDI技术溢出效应的因素，第四章从FDI横向溢出和纵向溢出出发，探讨FDI技术溢出渠道。

第二部分由第五章至第八章组成，分析 OFDI 与经济增长的互动关系。第五章介绍 OFDI 在中国的发展阶段和发展特点，第六章从中国对外投资动机、中国对外投资战略角度出发，分析 OFDI 与经济增长的关系，第七章和第八章以“一带一路”倡议为背景，分析“一带一路”沿线国家区位选择的影响因素和“一带一路”OFDI 技术溢出效应。

第三部分由第九章和第十章组成，分析双向投资与经济增长的互动关系。第九章分析中国与发达经济体、发展中经济体双向直接投资的发展机制，第十章以双向投资推动产业结构升级，进而以促进经济增长为实现路径，分析中国双向投资对经济增长的影响，并提出促进双向投资经济效应发挥的政策建议。

目 录

第一部分 FDI 与经济增长的互动关系

第二部分　OFDI 与经济增长的互动关系

第三部分　双向直接投资与经济增长的互动关系

第一部分

FDI 与经济增长的互动关系

第一章 FDI概述

第一节 FDI背景

一、基本概念

（一）FDI

外商直接投资（Foreign Direct Investment，FDI），是指一国的投资者到其他国家开办或者经营企业，掌握公司的部分产权，以控制经营管理权为核心，通过资本的对外输出获取利润的投资方式。外商直接投资主要采用两种投资形式，一种是兴建企业，通过投资直接在东道国兴建企业、工厂或子公司和分支机构，或者以兼并形式对东道国现有企业进行收并购；另一种是控制股权，通过大规模购买东道国企业的股票，以超过一定的规模比例达到控制外国企业的目的。

外商直接投资的最新表现形式为以利润进行再投资，投资者将其直接投资获得的部分利润或者全部利润追加到原有企业的投资中。随着外商投资的不断发展，这种形式的直接投资，已经越来越成为重要的直接投资形式。

外商直接投资与其他投资相比，具有实体性、跨国性、控制性和渗透性的重要特点。具体表现在：

（1）与短期资本流动相异，外商直接投资是一种长期资本流动，需要投资者在国外拥有企业实体，直接从事各种经营活动。

（2）资本的国际转移与拥有经营权的资本国际资本流动是外商直接投资的两种表现形态，同时具有货币投资形式和实物投资形式。

（3）与间接投资不同，外商直接投资是为了获取企业的经营控制权，通过参与、控制权获取利益。当代外商直接投资又具有以下几个特点：单向流动变为双向流动、规模日益扩大、发展中国家的外商直接投资日益活跃、地区间相互投资日益扩大、外商直接投资的部门结构的重大改变、跨国兼并和收购作为一项重要的投资形式，等等。

（二）FDI 技术溢出

技术溢出是指在贸易或其他经济行为中，先进技术拥有者有意识或无意识地转让或传播他们的技术，这种技术转让行为促进了东道国技术和生产力水平的提高，是经济外在性的一种表现。技术溢出包括国际技术溢出、国内技术溢出、行业间技术溢出、行业内技术溢出四种形式。技术溢出是一个正的外在性的特定情况，在经济活动过程中，经济行为个体的活动使得他方或者社会受益，但是该项活动的产品使用者不能获得其全部利益。也就是说，这种利益对于经济活动本身来讲是外在的，对其他经济主体产生积极影响，产生了外部经济。

根据 FDI 溢出研究领域最著名的两位学者 Blomström 和 Kokko 的定义，FDI 溢出指的是跨国公司在东道国实施 FDI，引起当地技术或生产力的进步，而跨国公司无法获取其中全部收益的一种经济外部效应。FDI 技术溢出效应不仅可以提高引进国的资本存量、保证投资质量、缓解就业压力，更重要的是促进引进国的技术更新、管理经验的丰富、经营效率的提高，协助引进国按照内生化增长路径实现经济飞跃。

FDI 技术溢出具有如下特点：

（1）外在性

溢出的本质是一种外部经济，外在性也是 FDI 技术溢出的一个首要特点。FDI 技术溢出能够给东道国创新带来“好处”，而作为溢出输出方的跨国公司却无法从中获得收益或者收回全部收益。相反，如果东道国企业因受 FDI 技术溢出效应的影响提高了自主创新能力，并反超跨国企业，跨国公司消极作用显现。

（2）非自愿性

这里的非自愿性是对溢出输出方——跨国公司而言，指的是 FDI 溢出不是跨国公司自愿或者说主动的行为结果。东道国企业却是自愿并且主动地吸收

FDI 技术溢出效应，而且他们会主动完善设施建设，提高人力资本水平来充分吸收 FDI 技术溢出效应，东道国政府也积极制定相关政策措施促进技术溢出，促进企业吸收能力的提高。非自愿性是技术转让和技术溢出相互区别的一个主要特点，技术转让体现技术供给和技术需求双方在自愿条件下达成协议。

（3）互动性

技术溢出效应的发生需要多方参与，包括技术的拥有者和技术的需求者。两者参与的时间和空间可以不一致，但是两者的经济行为必须有利于技术溢出。也就是说，技术溢出是否发生，以及发生所产生的效果是由技术拥有者和技术需求者共同作用的结果。

与技术溢出联系较为紧密的还有技术转移与技术扩散两个词。技术扩散是指技术在空间的传播或转移过程，技术转移和技术溢出分别是技术扩散的两种方式。技术转移是指技术持有者通过技术交易或内部化，将其拥有的技术以及有关的权利转移给他人，属于自愿行为；技术溢出是指技术在转移过程中，通过各种渠道（当地企业模仿、人力资本流动、前后向关联等）扩散到别的经济主体中，超出了主体范围的扩散，属于非自愿行为。技术溢出是技术转移的外部性的一种表现，不是技术转移中技术转让方的本来目的，但却是通过技术转移实现的。

二、FDI 技术溢出效应与经济增长的关系

（一）FDI 技术溢出效应与经济增长的理论基础

外商直接投资是资本存量、知识和技术的综合体，是开放经济条件下经济增长的主要动力之一。外商直接投资能够通过新产品或新技术的引进、人才的培训、经营管理技术的扩散、国际市场的开拓，以及通过从东道国供应商那里采购原材料、与东道国企业合作或独立创立研发机构等途经产生技术外溢效应，并以此提升东道国的技术水平。外商直接投资带来的先进技术和现代管理经验，以及产生的外溢效应，对于缩短发展中国家与发达国家的技术差距，提升国家竞争力，促进发展中国家的经济增长产生了巨大而深远的影响。

外商直接投资的溢出效应理论按照研究方法的不同分为三种，它们分别是建立在产业组织理论、国际贸易理论和内生增长理论三个理论框架下。

1. 产业组织理论

在产业组织理论框架下的溢出效应理论，起源于20世纪60年代率先提出的垄断优势理论，该理论是最早进行外商直接投资研究的独立理论。海默认为，美国企业所拥有的技术与知识、资金、组织管理、规模经济等垄断优势，是其进行外商直接投资的必要前提条件。外商投资企业具备的垄断优势，正是东道国企业所缺乏的，因此在竞争中外商投资企业能够战胜东道国同类企业，同时外商投资企业也是由于其具有垄断优势才作出对外投资的决策。海默的垄断优势理论得到了他的导师金德伯格教授的支持，而且研究者约翰逊、凯夫斯、曼斯费尔德、赫尔希、尼科尔博克等人对垄断优势理论也进行了不断的补充和完善。该理论拓展了传统产业组织理论的研究范围，把国际领域内的经济活动纳入产业组织研究中。

利用产业组织理论方法，重点研究了外商直接投资的间接效应或外部效应。产业组织理论不仅分析了FDI的技术转移和技术溢出效应，而且随着对外商直接投资研究的深入，研究者逐渐利用产业组织理论分析外商直接投资的进入对东道国的市场结构以及产品竞争力等方面的影响。产业组织理论认为，跨国公司在进行外商直接投资时，为了克服投资所带来的经营风险和跨国苦难，公司自身必须具备一定的特殊优势。跨国公司通过外商直接投资进入东道国，不仅为东道国带来了资本，而且为东道国带来了先进的技术和高级管理人才。跨国公司一方面利用自身带来的特殊优势与东道国本土企业进行竞争，抢占东道国市场，另一方面跨国企业所带来的先进技术通过各种渠道，例如竞争、示范效应、人力资本、产业关联等渠道，对东道国企业产生了技术溢出效应，东道国企业受益于技术溢出，提升了本国的产业水平。

2. 国际贸易理论

国际贸易理论主要探讨FDI和国际贸易的关系问题，研究投资者如何在FDI、出口以及许可证进入模式中进行选择。国际贸易理论中界定的“公共知识资本”的概念正是FDI具备的一个特征。这个特征表现在：公共知识的产生是不可避免的，即使投资国家采取各种手段避免技术溢出的发生，而且公共知识资本可以被无限次使用，不受使用人员数量的限制。东道国企业利用公共知识推动本国的技术进步，这一过程就是技术溢出。技术外溢的外部性特征，表明 FDI 的溢出效应可以在东道国发生。

3. 内生增长理论

20 世纪 80 年代中期，以卢卡斯 (Lucas 1988)、罗默 (Romer 1990) 以及 Grossman 和 Helpman(1991) 为代表的经济学家提出了内生经济增长理论，也被称之为新经济增长理论，该理论以经济增长模型本身来说明技术的增长率是如何由经济增长的机制内生地决定的。

内生增长理论将技术溢出不再看作是一种外生的，不易控制的外生变量，而是将其内生化，赋予其一个完全内生化的解释，通过改变自身变量获取外部的资源。FDI 的流入为东道国带来了先进的技术水平，促进了人力资本的积累，提高了技术设施建设，FDI 产生的这些“外部性”使东道国企业受益，促进了东道国的经济发展。外溢效应就是外商直接投资促进经济增长的重要方面，FDI 极有可能充当一种传播新思想、新技术以及最新工作经验的工具。这里涉及的“技术”这一概念，具有很强的政策含义，其内涵是一个广义的概念，它不仅包括生产技术和方法，也包括管理技术、劳动者素质的提高等方面，可以通过教育，实行有利于技术创新和新思想形成的政策来促进 FDI 技术溢出的发生。内生增长理论的出现，FDI 的作用得到了全新的评价，FDI 不仅影响投资水平，而且影响投资质量。

(二) FDI 技术溢出效应与经济增长的作用机制

20 世纪 70 年代以后，随着现代科学技术的飞速发展，不仅提高了原有产业的产出水平，而且促进了许多新兴产业的产生和发展，西方经济学家也开始研究知识技术进步与经济增长的关系。他们建立了一系列内生经济增长模型，经济增长不单单受传统生产要素劳动力、资本的影响，技术进步的影响也变得尤为重要，其作用已经超过了传统生产要素，特别是经济发展水平相对落后、技术水平不高、研发能力不强的发展中国家，技术进步的作用更不容忽视。跨国公司作为先进技术的开发者和拥有者，以外商直接投资形式有效地促进东道国技术进步。国际技术转移的一个重要途径就是通过外商直接投资，东道国吸引外商直接投资的一个主要目的就是获取先进技术。

技术溢出效应是指东道国通过引入外商直接投资促进本国技术进步、生产率提高、经济增长，作用效应可以分为直接效应和间接效应。外商直接投资通过跨国企业直接对东道国企业实施技术转移，产生技术转移效应，这是技术溢出效应的直接效应，如果在转移的过程中对东道国其他相关企业产生技术扩散，这个效应就是技术溢出效应的间接效应。直接效应的发挥以两种形式展现，一种是外商直接投资者直接在东道国设立子公司，二是外商直接投资者与东道国企业合作建立合资企业。不论是设立子公司还是建立合资企业，外商直接投资者都将会进行技术转让，不同的是对子公司转让先进技术保持技术垄断，对合资企业转让成熟技术提高产出效率。东道国企业通过与外商直接投资者的合作，获取生产所需的技术，满足经营需求。此外，东道国企业还接受外商直接投资者的培训，提高人员素质，人员创新能力和研发能力得以提升。间接效应主要以模仿、竞争、产业关联、人力资源积累等四种形式间接发挥技术溢出效应。模仿效应：东道国当地企业模仿跨国企业生产销售的产品，并开展逆向工程，探索产品的生产技术，模仿其生产工艺。此外，子公司或合资企业的人员流动会将先进技术带入东道国其他企业，研发能力也随之作为其他企业的有利补充，开发新产品，提高产品质量。竞争效应：外商直接投资者建立的子公司或者合资企业与东道国本土企业共同抢夺东道国市场，市场竞争激烈，跨国企业凭借技术优势占据更大的市场份额，本土企业为保持一定的竞争地位，必须加大研发投入，促进技术提升，借此东道国整体行业实现技术水平提升。产业关联效应：从成本角度考虑，外商直接投资者会主动与东道国市场的上下游企业建立联系，形成比较完善的产业链。在保证生产经营顺利开展的条件下，对上下游企业产生技术扩散，发挥产业关联效应。跨国企业从上游企业采购原材料、零部件、中间产品等，采购产品的质量应达到跨国企业生产的要求，迫使上游企业提高生产标准，购买先进生产设备，接受跨国企业的生产指导，保证产品供给的质量。跨国企业的产品流入下游企业，与下游企业共同构建销售网络，产品的技术信息在销售过程中大范围扩散，带动东道国市场掌握更新的技术动态，推动企业技术革新，促进自身发展。人力资源积累效应：外商直接投资者在东道国地区设立研发机构，或者与当地研发机构合作进行技术研发活动，都会促进当地研发能力的提高，尤其对研发人员的影响更显著。研发人员不仅在合作过程中学习到先进技术，把握前沿科技发展脉搏，扩宽研究思路，丰富研究方法，更是从整体上提高研究人员的创新水平，积累宝贵的人力资本财富，提升东道国人力资本水平。

东道国企业是否能从外商直接投资的技术溢出中受益，受益的大小如何，如果受益需要付出的成本又是多少，这都是值得探讨的内容。首先，从收益的角度分析，东道国引进的外商直接投资能否有效地发挥技术溢出效应，取决于引进的技术是否与当前的生产力发展相匹配，适合本国经济发展的需要，与本国其他生产要素之间能够协调发展。发达国家的技术领先于发展中国家，先进技术的应用需要有完善的基础设施、高素质的人力资本与之配合，才能充分发挥其先进的作用，而发展中国家本身就面临基础设施不完备、人力资本不高等问题，阻碍了先进技术的引入，限制了生产力水平的提高。其次，从成本的角度来看，先进技术的引入需要付出高昂的成本。东道国企业在引进技术的过程中，处于劣势的地位，东道国企业迫切需要利用外商直接投资者的先进技术提高自身的生产力，谈判过程中只能以高价获取，并且接受若干限制条件，这都无形中增加了东道国企业的技术使用成本。因此，东道国在引进技术时，应利用自身优势，充分权衡利益和成本，然后做出决策。

此外，外商直接投资的引入也会对东道国企业的发展产生一些负面影响。例如，在市场规模不变的情况下，跨国企业的进入，使得企业竞争数量增多，竞争程度愈发激烈，跨国企业凭借自身优势占据有利地位，抢占东道国企业的市场份额，逼迫东道国企业退出供给市场，跨国企业逐渐演变成为市场的主导者，垄断并控制市场。跨国企业的技术转让更倾向于转让成熟技术或者是常规技术，东道国企业无法受益于技术研发，技术创新能力也无法得到有效提高，反而更加依赖于跨国企业的技术供给，需要跨国企业不断的技术输出满足企业生产需求，东道国企业付出高昂的引进成本。东道国优秀的研发人员也被跨国公司高额的工资待遇和优越的工作环境所吸引，从东道国企业流入跨国公司，人员流失也成为东道国企业发展面临的一个困境，等等。

第二节 FDI 在中国的发展现状分析

伴随着 1979 年《中华人民共和国中外合资经营企业法》的颁布，中国外资引入发展迅猛。从改革开放零的突破开始，到 20 世纪 90 年代初，跨国公司开始在中国进行较大规模的投资，1992 年中国成为吸收 FDI 最多的发展中国家。进入 21 世纪，经济全球化潮流高速扩张之际，中国加入 WTO，迎来了跨国投资的高峰，2003 年超过美国成为世界吸收外商直接投资最多的国家，此后一直保持在世界前几名的位置上。截至 2018 年底中国累计设立外商投资企业 960725 家，实际使用外商直接投资 21492 亿美元，如图 1.1 所示。

单位：亿美元

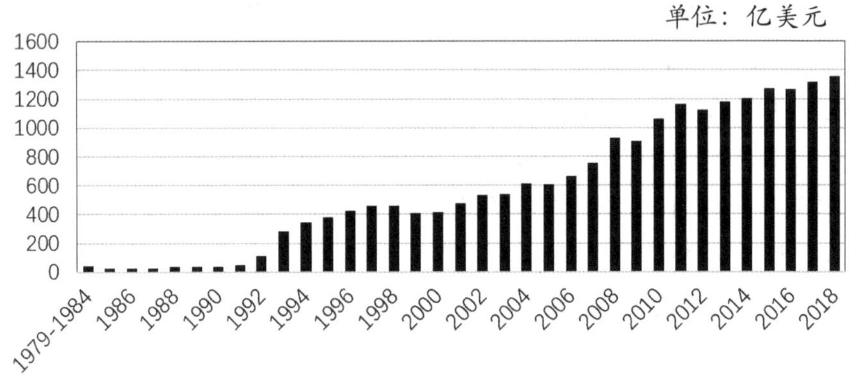

图 1.1 1979—2018 年中国实际利用外商直接投资额

数据来源：中国统计年鉴 2019

一、FDI 在中国的发展阶段

FDI 是中国利用外资的一个主要形式，经济发展过程中 FDI 起着非常重要的推动作用，中国吸引外资可以分为四个阶段。

第一阶段为初步发展阶段（1979—1992 年）。

1978 年党的十一届三中全会后，中国正式提出对外开放政策。1979 年 7 月第五届全国人大第二次会议通过并颁布了《中华人民共和国中外合资经营企业法》，这是中国第一部鼓励引进外商直接投资的正式法律文件，标志着中国FDI引入进入了历史性的起步阶段。为了改善外商直接投资企业发展环境，增强外商投资信心，国家成立了对外经贸部管理外商直接投资，相继开放了5个经济特区、14个沿海城市、3个沿海经济开发区和1个台商投资区。

中国外商开放的初始阶段，由于缺乏相关的引资经验和软硬件设施，外商直接投资的项目和金额都极其有限，以港澳资本和美资为主，对中国总体经济的影响不大。这一阶段中国外商直接投资企业的发展特点在于探索式发展，外商直接投资大部分是合作企业，虽然外商直接投资企业的数量和效益逐步提高，但总体来看，规模不大，经营期限不长，技术含量不高。

第二阶段为快速发展阶段（1992—2001年）。

1992年邓小平南方谈话和党的十四大召开，改革开放进入了全新的局面，逐步建立社会主义市场经济体制，国家采取一系列鼓励外商直接投资的优惠政策，进一步扩大对外开放范围从沿海扩大到内陆省份，形成沿江开放、沿边开放、省会城市开放的多方位开放格局。这一阶段中国外商直接投资企业的发展特点在于加快式发展：外商直接投资企业的数量、规模、经营期限、技术含量得到大幅度的提高；外商直接投资企业的行业分布大大拓宽；一些著名的跨国公司开始大量投资于中国。

第三阶段为创新发展阶段（2002—2018年）。

随着中国加入世界贸易组织，中国也进入了引资发展的新时期，2002年党的十六大提出提高利用外资的质量和水平，标志着中国的外商直接投资企业进入创新发展的阶段。这一阶段中国外商直接投资企业的发展特点在于创新式发展：制造业外商直接投资企业的资本和技术密集度有所提高；金融等个别服务行业的外商直接投资企业发展迅速；跨国并购已经成为中国外商直接投资企业发展的新形式。

第四阶段为制度型开放新阶段（2019年开始）。

2019年3月15日，十三届全国人大二次会议表决通过了《中华人民共和国外商投资法》，并于2020年1月1日施行。《中华人民共和国外商投资法》确立了外商投资促进制度、外商投资保护制度和外商投资管理制度，建立了“准入前国民待遇加负面清单”管理模式，加强了对外商投资企业的产权保护，促进外商投资，保护外商投资合法权益，规范外商投资管理。《中华人民共和国外商投资法》是中国历史上第一部全面系统的外资立法，标志着中国迈进了制度型开放的新阶段，对扩大对外开放和促进外商投资具有里程碑式的意义。

二、FDI 在中国的发展特点

（一）FDI 的来源地分布

中国外商直接投资来源极不平衡，从洲际分布来看，如图 1.2 所示，2018 年中国外资主要来源地是亚洲，其占比接近于八成，亚洲成为对华投资的主导力量。其他各洲中，欧洲对华投资位居第二，占比为 8.29%。非洲在华直接投资占比最低，不到 1%。

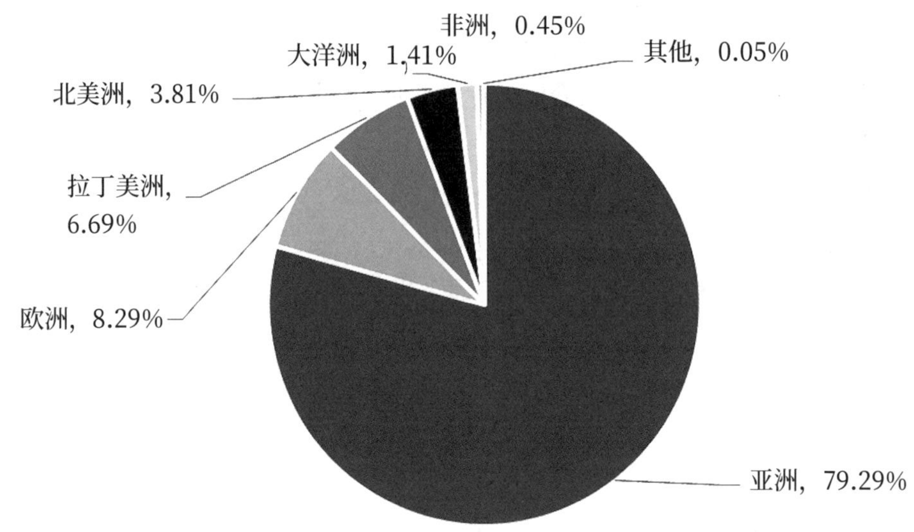

图 1.2 2018 年中国实际利用外商直接投资来源地分布

数据来源：中国统计年鉴 2019

表 1.1 2016—2018 年对华投资前十位国家 / 地区

2016		2017		2018	
前十位国家 / 地区	占比（%）	前十位国家 / 地区	占比（%）	前十位国家 / 地区	占比（%）
中国香港	64.65	中国香港	72.12	中国香港	66.62
维尔京群岛	5.35	新加坡	3.64	新加坡	3.86
新加坡	4.80	维尔京群岛	3.05	维尔京群岛	3.49
开曼群岛	4.09	韩国	2.80	韩国	3.46
韩国	3.77	日本	2.59	开曼群岛	3.01
日本	2.46	美国	2.02	日本	2.81
德国	2.15	开曼群岛	1.66	德国	2.72
美国	1.89	荷兰	1.66	美国	1.99
中国台湾	1.56	中国台湾	1.35	英国	1.84
卢森堡	1.10	德国	1.18	百慕大	1.61
总占比	91.82		91.97		91.42

数据来源：中国统计年鉴 2017—2019

如表 1.1 所示，从中国实际利用外商直接投资具体的来源国家看，2018 年中国 FDI 的主要来源地是中国香港，其次是新加坡、维尔京群岛、韩国、开曼群岛、日本、德国、美国、英国和百慕大，前十位国家 / 地区的对华直接投资占全国实际使用外资金额的 91.42%。2016—2018 年外商直接投资前十位国家 / 地区中，中国香港、新加坡、维尔京群岛、韩国、开曼群岛、日本、德国、美国等 8 个国家 / 地区的外商投资一直稳居前十，说明中国的外商直接投资来源国 / 地区较为稳定。

香港由于其特殊的国际化背景和独特的区位优势，丰富的国际资本往往通过其转向中国大陆，香港对华投资一直保持了稳定的增长速度。台湾由于其特殊的历史原因，对华直接投资发展较为缓慢，而且波动较大。日本对华直接投资还处于一个缓慢发展的阶段，而且伴随着亚洲地区经济的稳定增长，以及贸易和投资自由化的深入，日本对华投资开始迅速增加。但是由于在一定程度上受到国家政治因素的影响，日本和美国在中国的外商直接投资占比波动较大。

（二）FDI 的区域分布

依据经济发展水平与各省的地理位置，将中国各省市划分为三大区域：东部地区、中部地区和西部地区。东部地区包括北京、天津、河北、辽宁、上海、江苏、浙江、福建、山东、广东、海南等 11 个省市。中部地区包括山西、吉林、黑龙江、安徽、江西、河南、湖北、湖南等 8 个省。西部地区包括内蒙古、广西、重庆、四川、贵州、云南、陕西、甘肃、青海、宁夏、新疆、西藏等 12 个省区市。如表 1.2 所示：

表 1.2 2001—2018 年中国各省市实际利用外资金额分地区比重

年份	东部	中部	西部
2001	86.19%	9.57%	4.24%
2002	86.04%	9.96%	4.01%
2003	86.53%	9.78%	3.69%
2004	83.64%	11.95%	4.40%
2005	81.51%	13.18%	5.31%
2006	80.39%	13.70%	5.91%
2007	78.37%	15.45%	6.18%
2008	76.22%	15.56%	8.21%
2009	74.34%	16.34%	9.31%
2010	72.97%	17.15%	9.89%
2011	68.83%	19.11%	12.06%
2012	69.03%	20.54%	10.43%
2013	67.26%	22.05%	10.70%
2014	65.62%	24.00%	10.38%
2015	61.73%	27.43%	10.84%
2016	59.36%	31.07%	9.57%
2017	61.06%	30.36%	8.58%
2018	56.30%	33.86%	9.84%

数据来源：各省统计年鉴 2002—2019

表 1.2 显示了 2001-2018 年中国三大区域实际利用外资金额比重，由于中国各个地区经济状况、资源禀赋的差异以及 FDI 政策的直接影响，中国吸引外商直接投资的地区分布呈现出明显的非均衡特征。东部地区一直占据主导地位，中部地区在利用外资的规模上有较大的增幅，西部地区在利用外资的规模上增幅较小，但中部地区和西部地区利用外资的绝对数远远低于东部地区。东部地区拥有比较完备的基础设施条件、政策环境和较高的市场效率，对外资有着较大的吸引力，再加上高素质的人力资本，相比于中西部地区可以较好地通过与外企的合作与竞争而获得自身效率的提高。

（三）FDI 的产业分布

表 1.3 中国外商直接投资实际利用金额分行业统计情况

产业	行业名称	外商直接投资实际利用金额（万美元）		
		2016	2017	2018
	合计	12600142	13103513	13496589
第一产业	农、林、牧、渔业	189770	107492	80131
	采矿业	9634	130198	122841
	制造业	3549230	3350619	4117421
第二产业	电力、燃气及水的生产和供应业	214677	352132	442390
	建筑业	247744	261940	148809
	交通运输、仓储和邮政业	508944	558803	472737
	信息传输、计算机服务和软件业	844249	2091861	1166127
	批发和零售业	1587016	1147808	976689
	住宿和餐饮业	36512	41914	90107
	金融业	1028901	792119	870366
	房地产业	1965528	1685559	2246740

续表

产业	行业名称	外商直接投资实际利用金额（万美元）		
		2016	2017	2018
第三产业	租赁和商务服务业	1613171	1673855	1887459
	科学研究和技术服务业	651989	684373	681298
	水利、环境和公共设施管理业	42159	56951	47408
	居民服务和其他服务业	49038	56723	56166
	教育	9437	7747	7420
	卫生和社会工作	25411	30516	30178
	文化、体育和娱乐业	26732	69846	52290
	公共管理和社会组织		3057	12

数据来源：中国统计年鉴 2017—2019

根据表 1.3 中国外商直接投资实际利用金额分行业统计情况，第一产业吸收外资金额近三年呈下降趋势，而且比重仍然很小。第一产业对外开放相对较晚，利用外资是以引进国际组织和政府间无偿援助及优惠贷款等方式起步，中国加入世贸组织后，农产品的仓储、运输、销售等流通环节的对外开放进一步扩大，外商投资农产品生产加工领域变得广泛。

第二产业中，各行业的投资比例差距较大，制造业仍是外商投资的主要领域，中国具备良好的工业基础、丰富的劳动力资源以及较为完善的配套设施，这些为跨国公司向中国转移制造业的生产能力提供了客观条件，也对跨国公司参与中国工业品市场的竞争构成了很强的吸引力。另一方面，相对其他产业，中国制造业对外资的开放时间较长，开放程度较高，也吸引了外商投资的进入。

第三产业服务业吸引外资保持平稳较快的增长。第三产业的许多领域在相当长的时期内对外资进入实施了不同程度的限制，随着中国产业结构的调整，对外开放的重点领域逐步向服务业转移，第三产业的开放程度大大加快，外商对服务业的投资表现出了更高的热情和良好的预期，但由于部分服务业的市场发育还不够成熟，各种竞争障碍仍然存在，因而影响了跨国公司对这些领域的实际投资。

（四）FDI 的投资方式

单位：%

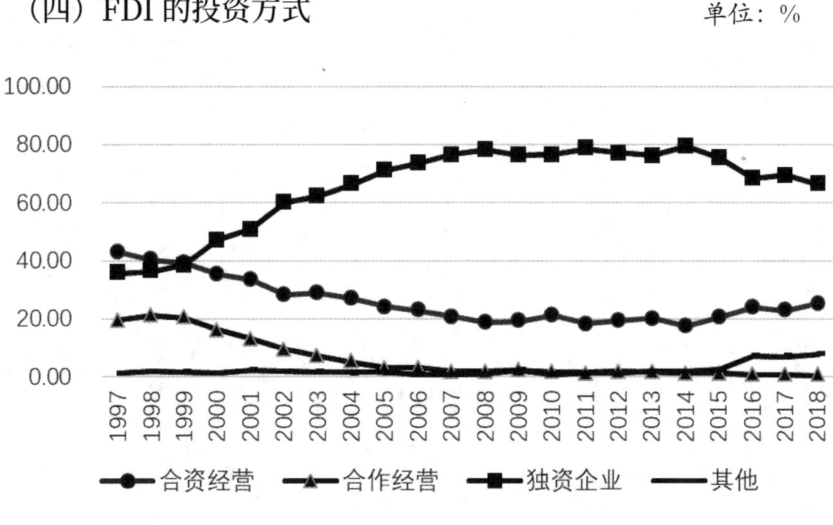

图 1.3 外商直接投资方式的变化趋势

数据来源：中国统计年鉴 1999—2019

外商直接投资进入的模式一般分为合资经营企业、合作经营企业、独资企业和其他形式的企业。根据图 1.3 中国利用外商直接投资方式来看，外商进入中国初期，主要采取与中国当地企业合资方式进行。当时多数外商投资者对中国投资环境不了解，需要当地伙伴协助建立供应商和销售网络。

20 世纪 90 年代末开始，独资企业超过合资企业。此时中国投资硬环境得到改善，投资软环境发生显著变化，跨国公司在经过 80 年代实验性投资和 90 年代大规模投资实践后，积累了相当丰富的经验，可以在中国单独进行投资经营活动。

入世以来，外商越来越多地通过并购进行投资，但是从投资方式看，外商独资和合资经营仍是主要方式，外商在华并购投资的目标已经从过去的追求低成本劳动力上升到追求中国企业的人才和管理团队。

近年来，虽然全球经济低迷和不确定性增加，全球的外商直接投资受到很大影响，但中国外商直接投资仍然处于上升通道。外商独资企业占比虽略有放缓，但仍处于高位。

第二章 FDI 对中国经济增长的影响

第一节 FDI 技术溢出的多参数外商投资内生增长模型与仿真

一、内生增长模型

内生增长理论的主要任务之一是揭示经济增长率差异的原因，解释经济持续增长的可能性。虽然新古典经济增长理论引入了外生技术进步和人口增长率来解释经济的持续增长，但外生技术进步率和人口增长率在理论上并不能解释经济的持续增长问题。内生增长理论是在新古典经济增长模型的基础上发展起来的。从某种意义上说，内生经济增长理论的突破在于放松新古典增长理论的假设并将相关变量内生化。

（一）阿罗的“干中学”模型

1962 年，Arrow 提出了“干中学”模式，他赋予从事生产的人获取知识的过程内生于模型，它是研究与开发模型的一个变种模型。他从普通的 Cobb-Douglas 劳动和资本模型导出了规模报酬递增的生产函数。根据 Arrow 的研究，人们通过学习获得知识，技术进步是知识和学习的产物，学习是经验的不断总结，经验来自行动，经验的积累反映在技术进步上。

“干中学”模型中假设经济增长过程中的要素投入分为有形要素投入和无形要素投入两大类，学习和经验应该是无形要素投入。Arrow 用“干中学”模型把技术进步用累积总投资来表示，也就是说，学习和经验是用物质资本来表示的。因此，学习和经验这些代表着技术进步的无形要素投入就由有形要素投入表现出来，即人力资本作为一个有形要素投入表现出来。Arrow 认为，随着物质资本投入的增加，“干中学”将导致人力资本水平的相应提高。技术进步内生化的设想得以实现。

$$Y(t) = K(t)^{\alpha}[A(t)L(t)]^{1-\alpha} \tag{2.1}$$

$$A(t) = BK(t)^{\varphi} \tag{2.2}$$

$$\dot{K(t)} = sY(t) \tag{2.3}$$

$$\frac{\dot{L(t)}}{L(t)} = n \tag{2.4}$$

各变量定义如下：产量 Y(t)、知识的数量 A(t)、劳动的数量 L(t)、资本占产出的份额 α。模型假定劳动、知识和资本 3 个存量随时间变动。在模型中，时间是连续的，也就是说，该模型中的各个变量均定义于每一时点上。s 表示储蓄率，n 表示人口增长率，B 为转换系数，φ 表示知识生产函数的规模报酬。

（二）含人力资本的增长模型

人力资本是智力、技能和知识的总和，可以用来生产产品或提供各种服务。人力资本增值是通过人力资本的积累、投资和扩张来提升人力资本的价值。

将柯布－道格拉斯生产函数引入劳动生产要素，使研究人力资本在经济增长中的作用成为可能。然而，柯布－道格拉斯生产函数中的劳动投入是一般劳动投入，没有体现不同质量、不同技术水平的劳动投入对产出的差异影响，需要进一步区分生产要素投入，解释人力投资对经济增长的作用。

以卢卡斯（Lucas）为代表的学者在模型中引入人力资本概念，建立了一个以人力资本的外部效应为核心的内生增长模型。卢卡斯模型中的人力资本投资，特别是人力资本的外部效应，使生产具有递增效应，而正是人力资本外部效应带来的递增收益，使人力资本成为“增长引擎”。人力资本是劳动者的技能水平，它将提高劳动者自身的生产率。更重要的是，卢卡斯区分了人力资本的两种效应，即内部效应和外部效应。人力资本的外部效应会从一个人扩散到另一个人，从旧产品扩散到新产品，从家庭的老成员扩散到新成员，从而有助于提高所有生产要素的生产率，进而使产出生产具有递增收益。正是这种来自人力资本外部效应的收益，使人力资本成为经济增长的引擎。

卢卡斯的内生经济增长模型将整个经济划分为两个部门。在一个部门里，每个劳动者都根据物质资本（与产品同质）和部分人力资本生产消费品。在第二部门，人力资本自我形成。假设每个劳动者的能力和他贡献给人力资本的时间（可以看作是接受教育和培训的时间）决定了他进一步获得知识的速度。该模型进一步假设所有个体都是同质的，因此可以得到如下的总生产函数和人力资本形成函数：

$$Q_t = A_t K_t^{\alpha}(\mu_t H_t^{1-\alpha}) \tag{2.5}$$

$$\dot{H}_t = B(1-\mu_t)^{\beta} H_t \tag{2.6}$$

其中A、B、α、β都是正的参数，Q是产出，K是物质资本存量，H是人力资本存量，是人力资本中用于生产的部分，（1-μ）是人力资本用于人力资本形成的部分。进一步的看，当μ是常数时，人力资本的增长率如下：

$$\frac{\dot{H}}{H} = B(1-\mu)^{\beta} \tag{2.7}$$

当经济处于均衡的增长路线时，可推导出如下产出与人力资本增值的关联式：

$$\dot{Q}/Q = \dot{H}/H = \frac{\dot{A}/A}{1-\mu} \tag{2.8}$$

（三）技术外在性模型

技术外在性增长模型坚持技术变化是经济增长的核心，但强调技术变化是在市场机制引导下的人们有意识行为，是内生的而非外生的。这种模型的特点是技术不同于一般商品，技术一旦产生就可以重复应用，而无需任何社会成本。

以罗默（Romer）为代表的技术外在性模型特点是：从技术内生的角度出发，始终强调以创新或知识产品为基础来理解经济增长和发展的机制。在罗默的模型中，除了资本和劳动力这两个生产要素外，还有另外两个要素：人力资本和技术水平。模型中的劳动是指非熟练劳动，而人力资本是指熟练劳动。人力资本是以正规教育和在职培训等教育时间长短来表示，这样，就考虑到知识或教育水平对经济增长的作用了。罗默模型中包含的技术水平要素体现在新设备、新原材料等代表技术创新成果的物质产品上。换言之，知识的进步体现在两个方面：一方面体现在劳动者的熟练程度上，用人力资本来表示；另一方面体现在新设备、新原材料等物质产品上的技术先进性，在模型中用技术水平表示。

罗默的内生增长理论认为，企业创造的新知识是经济增长的主要因素。知识作为一种特殊的生产要素，其本身的生产具有递减报酬，而产出生产中具有递增报酬。此外，知识还具有外在性，即一个企业创造的知识将成为公共知识，并惠及其他企业。只要企业实现对知识生产的最优控制，就能使经济实现长期稳定增长。

罗默于 1990 年给出了第二个模型，其中假设有四种投入：资本、劳动、人力资本和技术，经济中有三种类型的部门：研究部门、中间产品、最终产品部门。

最终产品是劳动力、物资资本和用于最终产品生产的人力资本的函数：

$$Y = H_Y^{\alpha} L^{\beta} \int_0^A x(i)^{1-\alpha-\beta} \tag{2.9}$$

其中，Y 为最终产品的产量，H_Y 为投入到最终产品生产的人力资本，L 为劳动投入量，x(i) 表示中间产品的使用量，A 表示国内中间产品的种类数。

在中间产品部门，在 [0，A] 上分布着无数个中间产品生产企业，每个企业只生产一种中间产品，这些中间产品之间没有直接的替代或互补关系。本部门利用资本和研发部门提供的相关项目来生产中间产品。资本总量 K 与中间产品之间的关系，即中间产品部门的生产函数可以表示如下：

$$K = \eta \sum_{i=1}^{A} x(i) \tag{2.10}$$

由于总产出的一部分用于消费，另一部分用于物质资本的积累，因此，资本的方程可表示为：

$$K(t) = Y(t) - C(t) \tag{2.11}$$

由于知识的外部性，研发部门可以免费获得已有的知识。研发部门利用投入的人力资本，结合国内技术知识存量开展研究活动，其生产函数如下：

$$\dot{A} = \delta H_A A，\ \delta > 0 \tag{2.12}$$

研发部门投入的人力资本越多，研发部门的技术创新成果就越多。国内已有的知识存量越高，研发部门的劳动生产率越高。

二、多参数外商投资内生增长模型

内生增长理论包含三个假设：技术进步是经济增长的动力；人力资本是技术进步的主要要素；技术或者知识是共享性和不完全排他性产品。FDI 技术溢出效应能够促进东道国的技术进步，从而推动东道国经济的发展，而东道国的人力资本水平、研发能力、政策因素、金融体系发达程度等因素又影响着 FDI 技术溢出效应的大小，成为决定 FDI 对东道国经济和技术进步影响的关键因素。FDI 只有与这些因素结合之后，才会产生正向的溢出效应，因此本节通过引入影响 FDI 溢出的各种因素构建理论模型，以放松内生经济增长的假设条件。而且在已有的内生增长模型的构架中，忽视了技术溢出和技术转移的区别，因此本节力图通过构建的理论模型弥补这一缺陷。

本节基于罗默（Romer）的知识驱动型增长模型，分析各种经济因素对 FDI 溢出效应的影响。借鉴包群的假设条件，假设人力资本存量不再是固定不变的，而是具有外生给定的增长率，以及引入技术差距，分析技术差距对技术溢出的影响。依据 Liu 的模型设定，在模型构建中区分知识溢出与知识转移。

虽然 Borensztein 等，Lai 等，包群，Liu 的模型分析了 FDI 技术溢出对东道国经济的影响，但他们模型中假定外商直接投资的技术溢出率水平是 100%，即外商直接投资的知识存量会 100% 溢出，根据 Cohen 和 Levinthal(1989) 的研究表明东道国的技术进步一方面取决于东道国的吸收能力，另一方面取决于外商直接投资对其产生的技术溢出，外商直接投资会采取各种措施预防技术溢出的发生，因此本节放松 Borensztein 等，Lai 等，包群，Liu 的假设条件，引入溢出系数，使得外商直接投资的技术溢出率水平不再是 100%，而是设定在 0 到 1 的范围内。因此，本节通过引入人力资本、知识溢出、技术吸收能力、技术差距等参数，建立三部门多参数外商投资内生增长模型。

经济模型包含三个部门，最终产品生产部门、中间产品生产部门和研发部门。最终产品生产部门是完全竞争性的市场结构，而中间产品生产部门是垄断竞争的市场结构。研发部门将新产品的设计出售给中间产品生产商，中间产品生产商生产出新的中间产品，之后卖给最终产品生产商。

技术进步主要体现在中间产品种类数的提高，东道国技术进步受本国研发和 FDI 技术溢出效应的影响。

人力资本（H）有两类用途，既可以投入到最终产品生产部门，也可以投入到研发部门从事技术的研发。

（一）模型设定

定义三部门最终产品部门生产函数为：

$$Y = AH_Y^{\alpha}K^{1-\alpha} = AH_Y^{\alpha}\int_0^N x_i^{1-\alpha}, \quad 0<\alpha<1 \qquad (2.13)$$

其中，Y 表示最终产品产出量，A>0 为外生的“环境”状况，例如政府行为或者知识水平。H_Y 和 K 分别表示投入到最终产品部门的人力资本和物理资本。x_i 表示中间产品，N 为中间产品的种类数，N=n+n*，n 表示本国企业生产的中间产品种类数，n* 表示外商投资者生产的中间产品种类数。

如果（2.13）式中变量 A 和 H（$H=H_Y+H_R$，H_R 表示投入到研发部门的人力资本）固定不定，最终产品生产部门生产过程中将不会出现“干中学”效应，因此本书放松此假设，假设 FDI 企业进入后，变量 A 和 H 的变化如下：

$$H_t = mH_{t-1} \tag{2.14}$$

$$A_t = \delta H_R^{\beta} A_{t-1}^{\varphi} (u_t (\frac{Z_{t-1}}{A_{t-1}})^{\varpi})^{1-\varphi} \tag{2.15}$$

$$Z_t = \delta H_R^{*\beta} Z_{t-1}^{\varphi} \tag{2.16}$$

其中 δ 为生产力参数，为常数系数。H_R 和 H_R* 分别表示本国企业和外商企业投入到研发部门的人力资本。A_{t-1} 和 Z_{t-1} 分别为本国知识存量和外商知识存量。ϖ 表示溢出系数，u_t 表示本国吸收能力，Z_{t-1}/A_{t-1} 表示本国与外商的技术差距，φ 表示本国已有知识存量贡献系数。由（2.15）式可知本国知识存量的提高一方面来自本国已有的知识存量，另一方面来自外商知识存量对本国的技术溢出。

中间产品种类数 N 的改变受东道国知识存量的影响，表达式如下：

$$N_t = \theta H_{tR}^{\lambda} A_t^{\phi} \tag{2.17}$$

其中 θ 表示生产力参数，表明了基础研究转化成商业产品成功的概率。（2.15）式表明了知识溢出，（2.17）式表明了知识转移，模型构建中区分了知识溢出与知识转移。

(二) 代理人行为

1. 最终产品部门

假设最终产品 Y 的价格为 1，W_Y 和 W_R 分别表示投入到最终产品部门和研发部门的人力资本工资报酬率，中间产品部门以价格 $P(x_i)$ 将中间产品出售给最终产品部门。

最终产品部门通过选择中间产品 x_i 以及人力资本 H_Y 最大化利润函数：

$$\max_{H_Y, x_i} \pi = Y - W_Y H_Y - \int_0^N P(x_i) x_i d_i \tag{2.18}$$

由一阶必要条件得（2.18）式最终产品生产部门利润最大化条件为：

$$W_H = \alpha A_t H_{tY}^{\alpha-1} N_t x_i^{1-\alpha} = \frac{\alpha Y}{H_{tY}} \tag{2.19}$$

$$P(x_i) = A_t(1-\alpha) H_{tY}^{\alpha} x_i^{-\alpha} \tag{2.20}$$

2. 中间产品部门

中间产品部门资本品的生产成本为 rx_i，r 表示市场利率，因此中间部门利润最大化函数为：

$$\max_{x_i} \pi_{x_i}(t) = P(x_i)x_i - rx_i \tag{2.21}$$

将（2.20）式代入（2.21）式，由一阶最优条件得：

$$r = A_t(1-\alpha)^2 H_{tY}^{\alpha} x_i^{-\alpha} \tag{2.22}$$

$$P(x_i) = \frac{r}{1-\alpha} \tag{2.23}$$

中间产品部门资本品的贴现值为$\pi_{x_i} \equiv \int_0^{\infty} e^{-rt}\, \pi_{x_i}(t)dt = \frac{\alpha}{1-\alpha} x_i$，由自由进入条件$\pi_{x_i} \leq P_N$得：

$$P_N = \frac{\alpha}{1-\alpha} x_i \tag{2.24}$$

其中 P_N 表示中间产品生产技术的专利价格，在均衡状态下中间产品生产技术的专利价格应等于中间产品生产者所获得收益的贴现值。

3. 研发部门

完全竞争条件下研发部门的总利润应等于总成本，因此：

$$TR = P_N N_t = P_N \theta H_{tR}^{\lambda} A_t^{\phi} = TC = W_R H_{tR} \tag{2.25}$$

由（2.25）式得：

$$W_R = P_N \theta H_{tR}^{\lambda} A_t^{\phi} \tag{2.26}$$

（三）市场均衡

经济中人力资本可以无成本地在各部门自由流动，那么，在均衡条件下，最终产品部门和研发部门人力资本报酬相等，即 $W_Y = W_R$。

由（2.19）式和（2.26）式，并将（2.22）式的 x_i 和（2.24）式的 P_N 代入得：

$$r = (1-\alpha)\frac{H_Y}{H_R} \tag{2.27}$$

假设消费者对于最终产品的消费偏好一致，消费者在预算限制条件下最大化其效用。效用函数为 $u\big(c(\tau)\big) = (c^{1-\sigma}(\tau)-1)/(1-\sigma)$ ，其中 $U(t) = \int_t^{\infty} e^{-\rho(\tau-t)}u\big(c(\tau)\big)d\tau$ ，σ表示边际效用弹性，ρ表示消费者的主观时间偏好率。最大化条件为：

$$g_c = \frac{r-\rho}{\sigma} \tag{2.28}$$

均衡条件下$g = g_c$，将（2.27）式代入（2.28）式得：

$$g = \frac{1}{\sigma}\left((1-\alpha)\frac{H_Y}{H_R} - \rho\right) \tag{2.29}$$

由（2.29）式可知，FDI是否促进经济增长取决于 H_Y/H_R 的比例。FDI进入初期，本国企业模仿外商技术，外商企业雇佣较少的人力资本从事研发活动，因而更多的资源释放到生产部门。生产部门人力资本的增长率高于研发部门人力资本增长率，$(\dot{H}_Y/H_Y) > (\dot{H}_R/H_R)$，因此FDI促进了经济增长。

随着经济的进一步发展，当外商企业与本国企业的技术差距逐渐缩小，本国企业模仿的空间变小，同时外商企业为了保证技术优势，本国企业为了寻求进一步发展，人力资本将会重新分配，更多的人力资本流入研发部门。当生产部门人力资本的增长率等于研发部门人力资本增长率时 $(\dot{H}_Y/H_Y) = (\dot{H}_R/H_R)$，FDI对经济增长不发挥作用。

三、数值模拟分析

（一）数值模拟分析过程

影响 FDI 技术溢出效应的因素繁杂，这些影响因素存在大量随时间序列而变化的状态，例如，人力资本、知识存量、技术差距等都是随时间而变化的，通过模型构建以及利用仿真技术最适用于描述变量的动态改变。其次，影响 FDI 技术溢出效应的因素之间存在相互影响关系，随时间变化的某种变量的改变导致了另外一些变量的变化，如人力资本的改变影响了知识存量的改变，也就是说，影响 FDI 技术溢出效应的因素之间可以形成各种因果反馈关系，适用于仿真技术来处理这些问题。最后，模型构建、仿真技术与计量方法相比，在数据缺乏的条件下仍可进行研究，即使某些变量没有详细的数据说明，只要估计的参数在其宽容度内，研究工具仍可进行。模型构建以及仿真技术从各种因素之间的相互作用机制入手，关注了各因素的动态变化，对于分析 FDI 技术溢出是一个非常理想的分析工具。引入多参数建立 FDI 溢出效应内生增长模型使模型更接近现实，但同时给模型求解以及分析带来了困难，很难从对模型的直接分析中得出结果，本节采用数值模拟的方法，研究各参数对经济增长的影响。

将（2.22）式中的 x_i，（2.27）式中的 r 代入（2.13）式中，并假设 $H_R = aH$，$H_Y = (1-a)H$，由此得最终产品生产部门生产函数为：

$$Y = a^{\frac{1-\alpha}{\alpha}}(1-a)^{\frac{2\alpha-1}{\alpha}}(1-\alpha)^{\frac{2\alpha-1}{\alpha}}A^{\frac{1}{\alpha}}HN \qquad (2.30)$$

将（2.17）式代入（2.30）式，式两边同取对数并对时间求导得：

$$\frac{\dot{Y}}{Y} = \left(\frac{1}{\alpha}+\phi\right)\frac{\dot{A}}{A} + (1+\lambda)\frac{\dot{H}}{H} \qquad (2.31)$$

根据（2.31）式可知经济增长率依赖于知识存量增长率和人力资本增长率。根据（2.15）式可得（2.31）式中 FDI 引入情况下的$\dot{A}/A$。如果不存在 FDI 的进入（2.15）式变为$A_t = \delta H_R^{\beta} A_{t-1}^{\varphi}$，此时将不存在知识溢出。根据（2.14）

式可得本国人力资本增长率为$\dot{H}/H = m$，同时假设外商人力资本增长率为$\dot{H}^*/H^* = m^*$。

表2.1给出了参数基本赋值，组1表示未引入FDI时的参数模拟，组2、组4、组5、组6分别表示FDI引入后外商人力资本、溢出系数、吸收能力、技术差距改变时的参数模拟，组3表示FDI引入后本国人力资本改变时的参数模拟。组2、组4、组5、组6与组1的对比可分析FDI的引入是否促进了经济增长。组2～组6组内的对比可分析各种经济变量改变时对经济增长的影响。

表2.1 参数基本赋值

组	参数	m	m^*	θ	λ	ϕ	δ	β	φ	u	ϖ	A_0	Z_0
1	未引入FDI	0.2		0.15	0.5	0.5	0.15	0.4	0.5			1	
2	改变外商人力资本	0.2	0.1	0.15	0.5	0.5	0.15	0.4	0.5	0.4	0.5	1	10
		0.2	0.2	0.15	0.5	0.5	0.15	0.4	0.5	0.4	0.5	1	10
		0.2	0.3	0.15	0.5	0.5	0.15	0.4	0.5	0.4	0.5	1	10
3	改变本国人力资本	0.1-0.3	0.2	0.15	0.5	0.5	0.15	0.4	0.5	0.4	0.5	1	10
4	改变溢出系数 ϖ	0.2	0.1	0.15	0.5	0.5	0.15	0.4	0.5	0.4	0.1-0.9	1	10
		0.2	0.2	0.15	0.5	0.5	0.15	0.4	0.5	0.4	0.1-0.9	1	10
		0.2	0.3	0.15	0.5	0.5	0.15	0.4	0.5	0.4	0.1-0.9	1	10
5	改变吸收能力 u	0.2	0.1	0.15	0.5	0.5	0.15	0.4	0.5	0.1-0.9	0.5	1	10
		0.2	0.2	0.15	0.5	0.5	0.15	0.4	0.5	0.1-0.9	0.5	1	10
		0.2	0.3	0.15	0.5	0.5	0.15	0.4	0.5	0.1-0.9	0.5	1	10
6	改变技术差距 Z_0	0.2	0.1	0.15	0.5	0.5	0.15	0.4	0.5	0.4	0.5	1	10-30
		0.2	0.2	0.15	0.5	0.5	0.15	0.4	0.5	0.4	0.5	1	10-30
		0.2	0.3	0.15	0.5	0.5	0.15	0.4	0.5	0.4	0.5	1	10-30

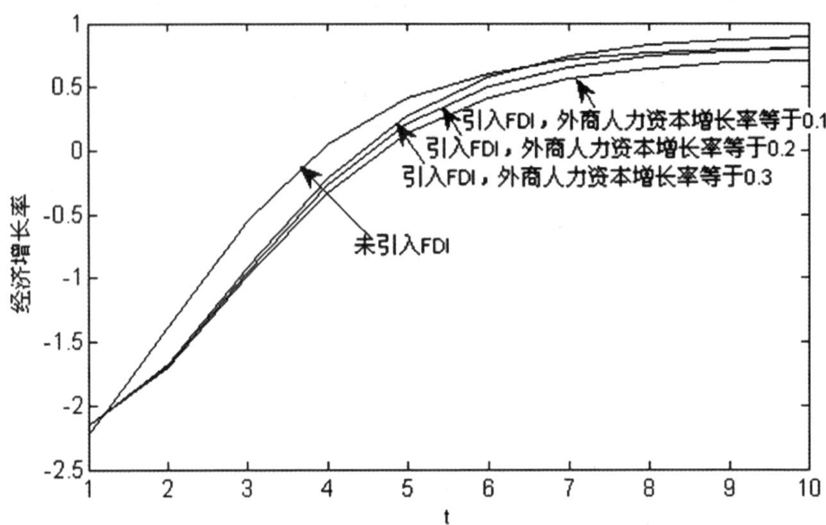

图 2.1 外商人力资本增长率对经济增长率的影响

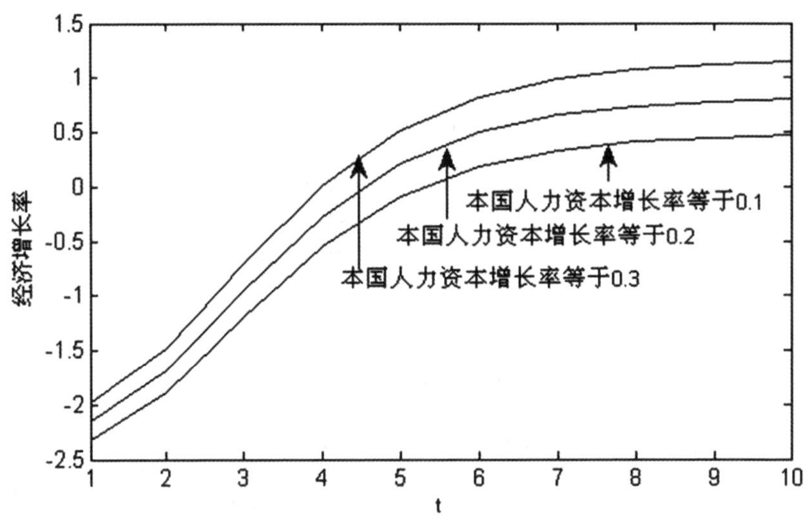

图 2.2 本国人力资本增长率对经济增长的影响

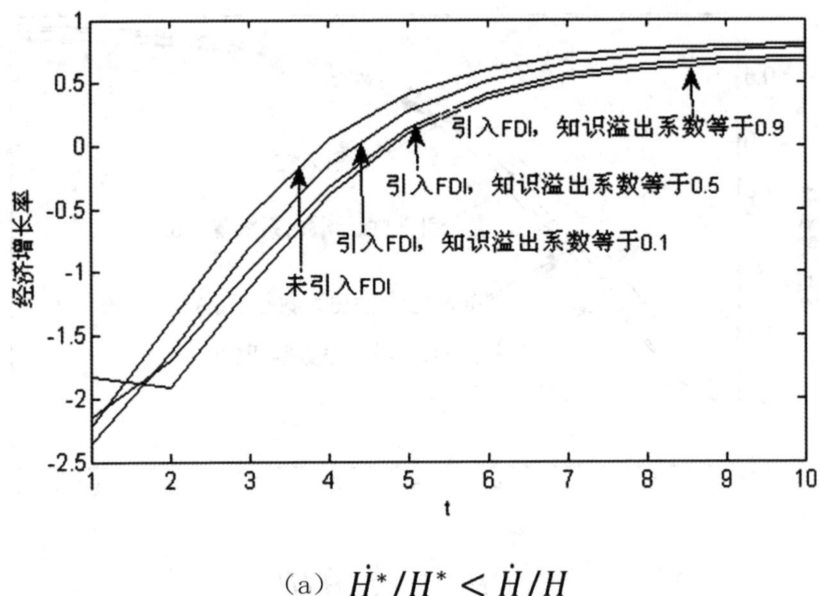

（a） $\dot{H}^*/H^* < \dot{H}/H$

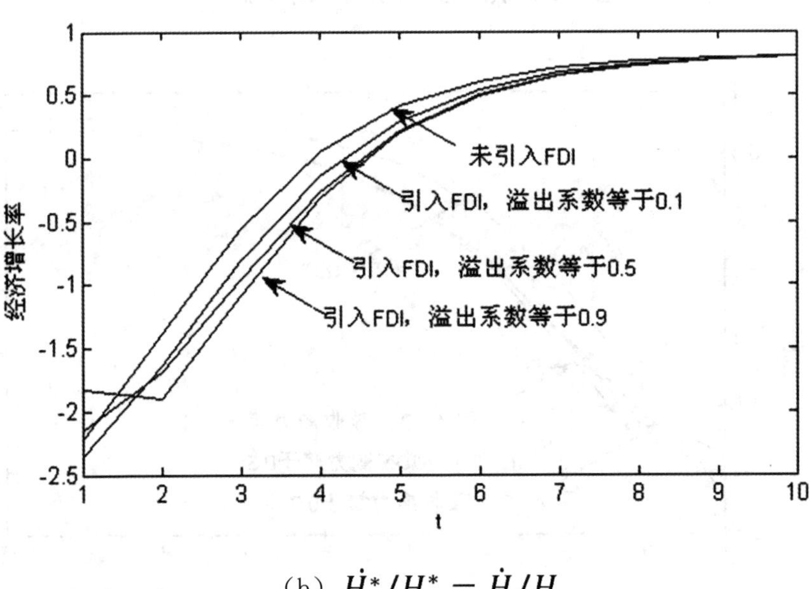

（b） $\dot{H}^*/H^* = \dot{H}/H$

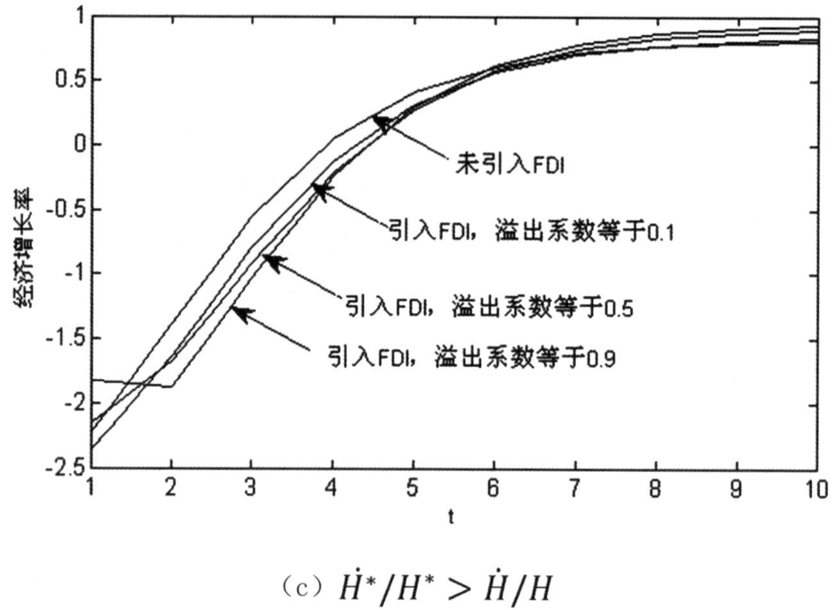

（c）$\dot{H}^*/H^* > \dot{H}/H$

图 2.3 知识溢出对经济增长率的影响

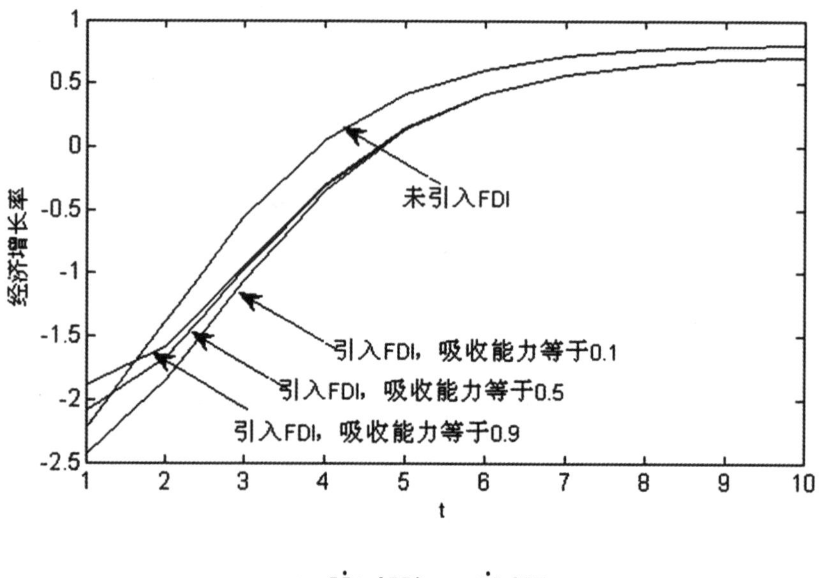

（a）$\dot{H}^*/H^* < \dot{H}/H$

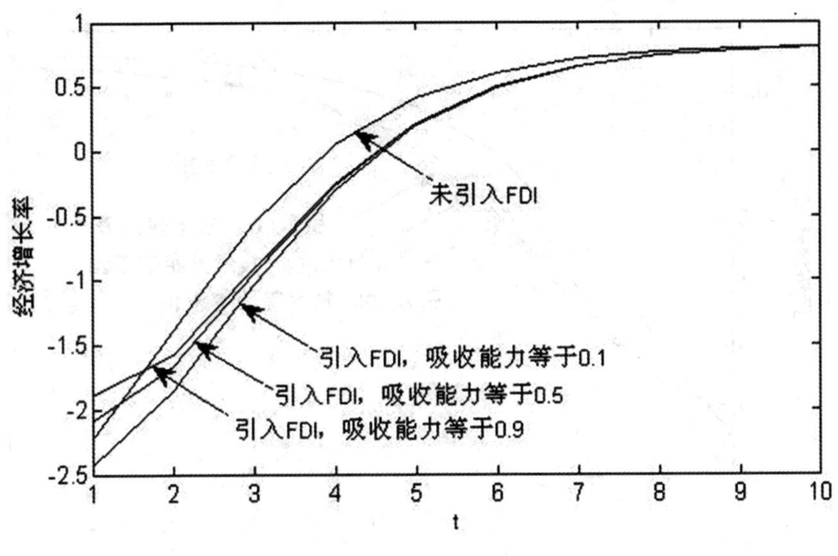

（b）$\dot{H}^*/H^* = \dot{H}/H$

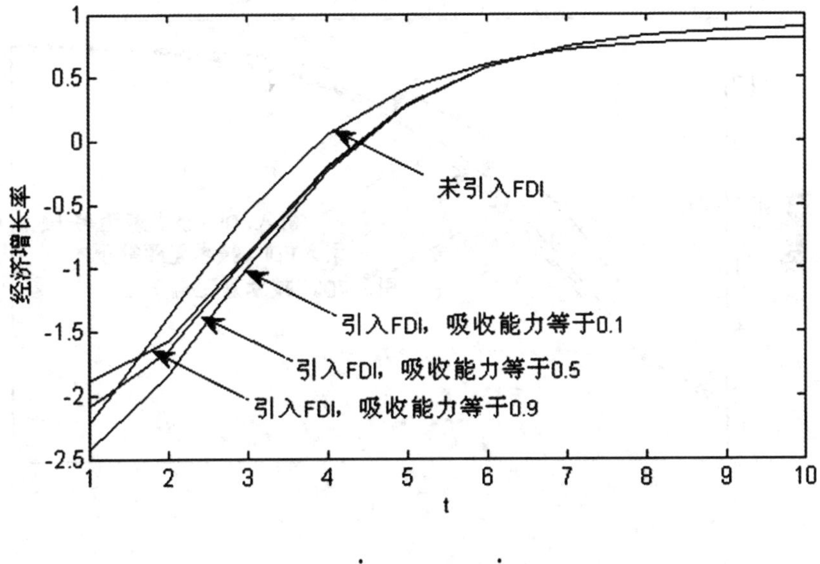

（c）$\dot{H}^*/H^* > \dot{H}/H$

图 2.4 吸收能力对经济增长的影响

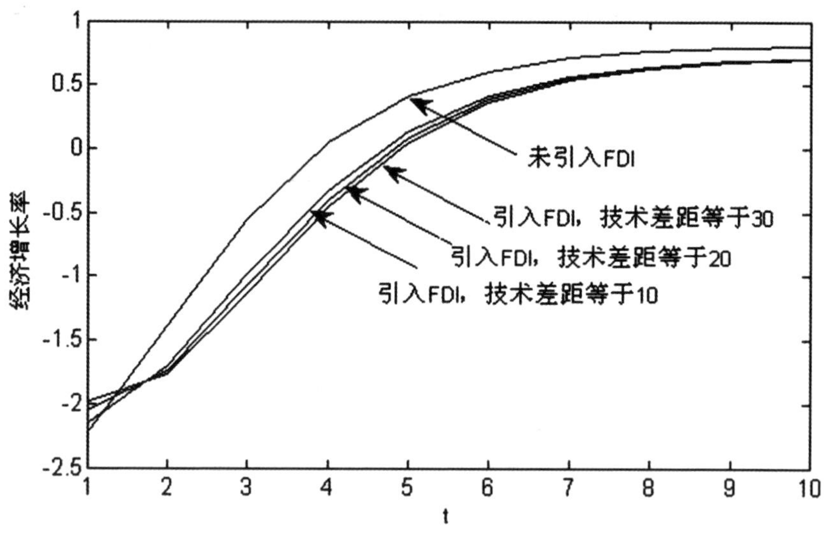

（a） $\dot{H}^{*}/H^{*} < \dot{H}/H$

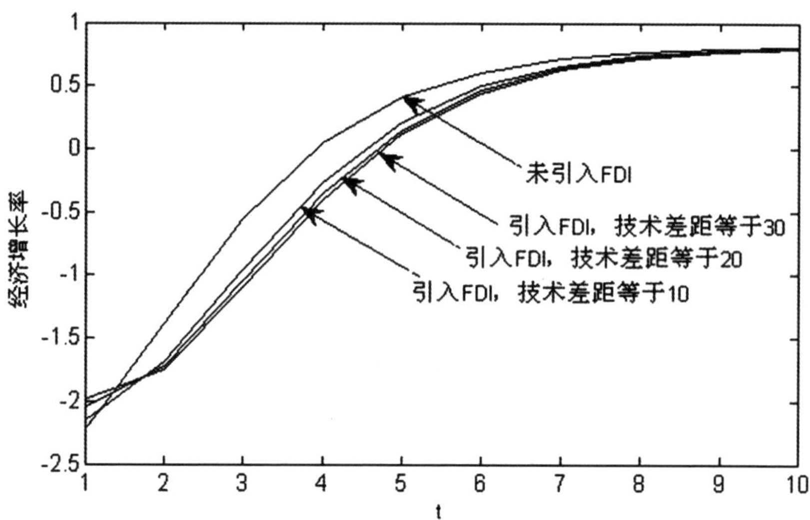

（b） $\dot{H}^{*}/H^{*} = \dot{H}/H$

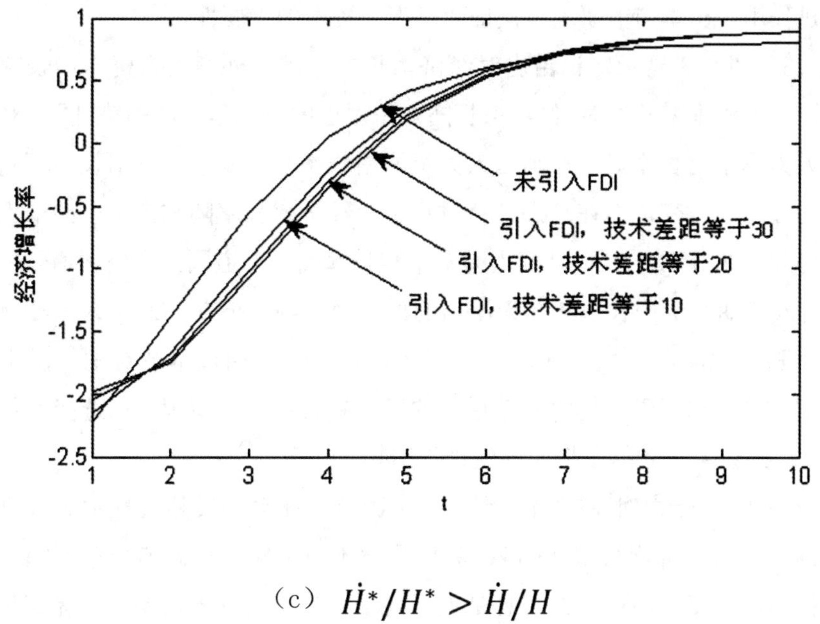

（c） $\dot{H}^*/H^* > \dot{H}/H$

图 2.5 技术差距对经济增长的影响

数值模拟表明，FDI 的引入各参数在不同程度上对经济增长产生了影响，体现在以下几个方面：

（1）由图 2.1、图 2.3、图 2.4 和图 2.5 可知，外商人力资本增长率对东道国 FDI 的引入是否促进东道国的经济发展起到非常重要的作用。外商人力资本增长率高于东道国人力资本增长率时，FDI 的进入促进了东道国的经济增长。外商人力资本增长率等于东道国人力资本增长率时，FDI 的进入与封闭状态下东道国依靠自主创新时的经济增长率相同。外商人力资本增长率小于东道国人力资本增长率时，FDI 进入情况下的东道国经济增长率小于封闭状态下东道国的经济增长率。由本节的研究可知 FDI 的引入不一定促进东道国的经济发展。只有当引进的 FDI 的人力资本增长率高于东道国的人力资本增长率时，FDI 的引入才是有效的。

（2）由图 2.2 知，FDI 引入情况下，东道国人力资本增长率对经济发展起促进作用。由本节的研究再次证明了人力资本的重要性。

（3）图 2.3 显示知识溢出对经济增长的作用。外商人力资本增长率小于东道国人力资本增长率时，经济增长随知识溢出的增大呈下降趋势（图2.3(a)）。外商人力资本增长率等于东道国人力资本增长率时，稳态经济增长率不随知识溢出的改变而改变，但在动态转移过程中，经济增长率随知识溢出的增大呈下降趋势（图 2.3（b））。外商人力资本增长率高于东道国人力资本增长率时，FDI 引入初期经济增长率随知识溢出的增大而下降，但在 FDI 引入后期，经济增长率随知识溢出的增大而增大（图 2.3（c））。通过本节对知识溢出的研究可知，并非知识溢出越大对东道国的发展越有利，东道国只有选择有优势的 FDI 时，知识溢出才能发挥他的促进作用。

（4）吸收能力对稳态增长率不产生影响，在动态转移过程中，吸收能力的提高促进了经济增长率（图 2.4）。虽然本节证实了稳态增长率不随吸收能力的提高而改变，但由于经济总是处于向平稳状态转移的过程中，提高吸收能力能加速经济向稳定状态发展。

（5）技术差距的扩大对稳态增长率不产生影响，在动态转移过程中，技术引进初期，经济增长率随技术差距的扩大而扩大，但是在后期经济增长率反而随技术差距的扩大而降低（图 2.5）。本节通过模型证实了东道国在选择外商技术水平时，应选择适宜的技术水平差距，过多地引入技术含量高的外商投资反而不利于经济的发展。

（二）数值模拟分析结论

外商人力资本增长率对东道国 FDI 的引入是否促进东道国的经济发展起到非常重要的作用，外商人力资本增长率高于东道国人力资本增长率时，FDI 的进入促进了东道国的经济增长。东道国的人力资本增长率也对 FDI 技术溢出效应起到重要的促进作用。此结论告诉我们，人力资本是决定技术模仿与技术学习的关键变量，在其他条件相同的情况下，拥有较高的人力资本，往往能够更有效、更充分地分享到外部先进技术的好处。

虽然 FDI 的引入，能对东道国产生技术溢出效应，但是并非技术溢出越大对东道国的发展越有利。技术差距对稳态增长率不产生影响，在动态转移过程中，技术引进初期，经济增长率随技术差距的扩大而扩大，但是在后期经济增长率反而随技术差距的扩大而降低。发展中国家在制定技术引进政策时往往过于强调初始技术差距所带来的后发优势，事实上，较大的初始技术差距所带来的好处是有限的，尽管从短期来看较大的技术差距意味着本国能够通过技术模仿与吸收迅速地提高本国技术水平，然而从长远来看这一后发优势将消失殆尽。因此东道国选择外商技术水平时，应选择适宜的技术水平差距，过多地引入技术含量高的外商投资反而不利于经济的发展。

吸收能力对稳态增长率不产生影响，但是在经济向稳定状态发展过程中，有效地提高吸收能力能够促进经济增长。东道国的技术吸收能力是决定 FDI 的技术外溢效应大小和技术进步的关键因素，影响本国吸收能力的主要因素包括经济开放度、基础设施水平、金融市场效率、宏观政策环境以及市场环境，等等。因此，如何从提高本国企业的吸收能力，促进产业关联度、提高本国人力资本水平、促进经济开放度的提高等将成为东道国政府制定引资政策依据。

本节模型对现实经济发展的启示意义表现在：第一，发展中国家受到自身资源有限的约束，决定了发展中国家难以单纯依靠自身力量来进行自主技术创新，而且高昂的技术创新成本也制约了发展中国家的技术进步速度，通过技术模仿、技术学习就可以避免高额的研发投入，即使对于发达国家而言，技术引进与吸收也是至关重要的。然而，外商直接投资并不一定会主动地产生技术外溢，它受到东道国各种经济发展水平及政策的影响，发展中国家在制定经济发展政策时，必然要考虑到有效技术的吸收与模仿，本文模型则在这方面提供了有益借鉴。第二，本节通过人力资本增长率、技术溢出、技术吸收能力以及技术差距等参数的分析，对中国经济发展的启示在于，如何将经济开放、利用技术差距所带来的有效技术溢出与提高本国的技术学习能力相结合，是有效的技术模仿与学习的关键所在。第三，本节通过理论模型的构建，描述了在各种经济变量影响下的 FDI 技术溢出效应，反映了主要变量之间的相互关系，为进一步的理论分析和实证检验提供了一定的理论基础。

第二节　FDI 与中国经济增长的关系

一、中国 GDP 的发展动态

中国经济规模不断扩大，综合国力与日俱增，对世界经济增长的贡献率进一步提升。中国近 30 年的经济增长呈一条不断上涨的斜线（如图 2.6 所示），1990 年中国 GDP 总量约为 18872.9 亿元，未超过 2 万亿元。到了 2018 年，中国 GDP 总量达到了 900309.5 亿元，已经突破了 90 万亿元人民币，是 1990 年的 47.7 倍，对世界经济增长的贡献率在 30% 左右，继续成为推动世界经济增长的重要引擎，已成为世界第二大经济体。随着经济总量扩大，中国经济增量规模可观，约相当于一个中等规模发达国家一年的经济总量。

改革开放以来，中国经济实现了快速增长，年均增长 9% 以上。2008 年国际金融危机爆发后，随后中国经济增速降至 6% ～ 7%，但经济运行仍保持在合理区间。1990—2018 年间，GDP 增速经历了波峰、波谷，1992 年、2007 年达到波峰，增速达到 14.2%，1999 年达到波谷，增速为 7.6%。从 2010 年开始，GDP 增长速度呈逐渐下降趋势，由 2010 年的 10.4% 的增长速度下降到 2018 年的 6.6%。目前中国经济增速趋缓，但是稳中向好，传统产业焕发生机、新产业势头强劲、新经济加速成长。

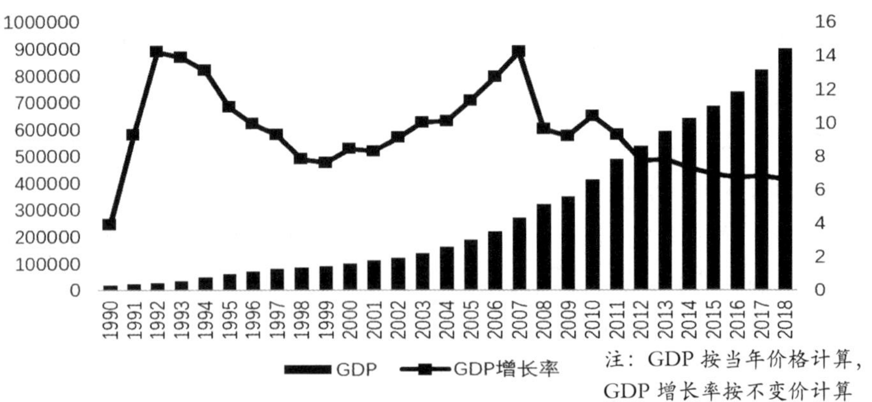

图 2.6 中国 GDP 及增长率

数据来源：中国统计年鉴 2019

二、外商直接投资与 GDP 关系的计量分析

（一）数据选择

利用省份时间跨度 1992—2018 年的数据，检验各省份 FDI 与 GDP 的关系。根据 FDI 在中国的发展阶段，分别检验 1992—2001 年各省份 FDI 技术溢出效应与 2002—2018 年各省份 FDI 技术溢出效应。由于数据原因 1992—2001 年阶段剔除海南省和西藏，1992—2001 年阶段将重庆合并入四川省，2002—2018 年阶段剔除西藏。

经济增长变量（G）用各省市平减后的人均 GDP 的年均增长率来衡量。FDI 用各省市实际外资额占 GDP 比重表示。地区投资额以各省市固定资产投资额表示。初始收入情况用样本中各地区初始年份的人均 GDP 衡量，取自然对数。人力资本变量以居民平均受教育程度衡量地区人力资本水平，指标采用 6 岁及以上人口平均受教育年数，假定文盲半文盲、小学、初中、高中、大专以上教育程度的居民平均教育年数分别为 1、6、9、12 和 16 年。人口增长率变量以各省市年底人口的年均增长率表示。政府规模变量以各省市财政支出占 GDP 比重表示。通货膨胀率用各省市消费价格指数表示。对外开放程度变量用进出口总额占 GDP 比重表示。

表 2.2（a）1992—2001 年样本中的地区

	$G \le q_{25}^{G}$	$q_{25}^{G} \le G \le q_{50}^{G}$	$q_{50}^{G} \le G \le q_{75}^{G}$	$G \ge q_{75}^{G}$
$F \le q_{25}^{F}$	新疆，宁夏 云南，贵州 青海，甘肃	内蒙古		
$q_{25}^{F} \le F \le q_{50}^{F}$	黑龙江	山西，四川	河南，江西 河北	安徽
$q_{50}^{F} \le F \le q_{75}^{F}$		陕西，湖南	吉林，广西 湖北	山东，浙江
$F \ge q_{75}^{F}$		北京，辽宁	天津	广东，上海 江苏，福建

表 2.2（b）2002—2018 年样本中的地区

	$G \le q_{25}^G$	$q_{25}^G \le G \le q_{50}^G$	$q_{50}^G \le G \le q_{75}^G$	$G \ge q_{75}^G$
$F \le q_{25}^F$	新疆，山西	甘肃，云南 宁夏	广西	贵州
$q_{25}^F \le F \le q_{50}^F$	河北	青海	吉林，河南	陕西，四川 内蒙古，重庆
$q_{50}^F \le F \le q_{75}^F$	浙江，广东 北京	黑龙江	湖南，山东	湖北，安徽
$F \ge q_{75}^F$	辽宁，上海	海南，天津	江西，福建 江苏	

根据 FDI 和经济增长率的分位数将省份分成 16 个组，如表 2.2 所示。同时根据FDI和经济增长率的分位数，利用柱形图表示每组平均人均GDP增长率，如图 2.7 所示。q_{25}^G（q_{25}^F），q_{50}^G（q_{50}^F）和 q_{75}^G（q_{75}^F）分别是经济增长率（FDI）的 1/4 分位数，中位数和 3/4 分位数。由图 2.7 观察可知，FDI 对经济增长的促进作用不是很明显。

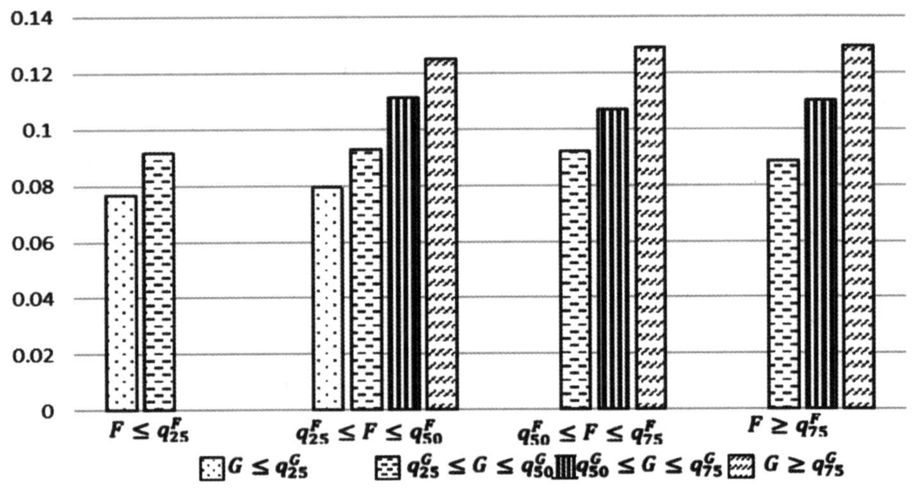

图 2.7（a）1992—2001 年平均人均 GDP 增长率

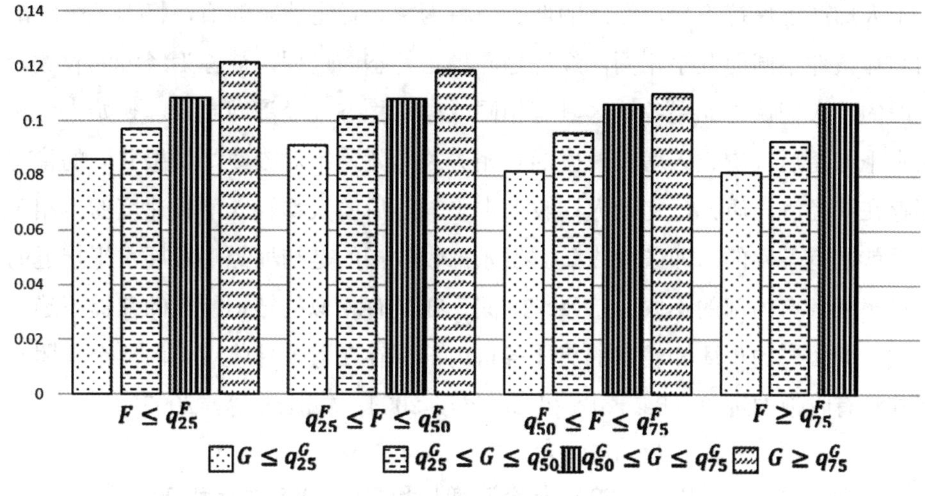

图 2.7（b）2002—2018 年平均人均 GDP 增长率

(二)FDI 与经济增长的分位数回归

利用线性增长回归模型估计 FDI 和经济增长之间的关系。表 2.3 显示了 OLS 和 QR 回归的实证结果。对于 QR 回归，计算了 q 分位点（q=20, 30, 40, 50, 60, 70, 80）的增长分布。如表 2.3 中的 OLS 回归结果显示，无论是 1992—2001 年外商投资快速发展阶段，还是 2002—2018 年外商投资创新发展阶段，FDI 对经济增长的正向影响并不显著。但是对于 QR 回归结果，1992—2001 年外商投资快速发展阶段，在低分位数和中分位数时 FDI 对经济增长的作用为正并且显著，在高分位数上 FDI 对经济增长的正向作用不明显。在 2002—2018 年外商投资创新发展阶段，中分位数的 FDI 对经济增长的作用为正并且显著，在较低分位数和较高分位数上 FDI 对经济增长的正向作用不明显。利用地区横截面数据研究 FDI 对经济增长的作用，由 QR 分析结果可知，FDI 对于经济增长分布的不同分位点产生相互独立的影响。

由 OLS 回归可知，本地投资对经济增长产生正向作用，但不显著，QR 回归表明在不同分位数上本地投资对经济增长的正向显著作用不同。

新古典经济增长理论认为，由于资本的边际产出呈现递减趋势，经济的发展最终将趋于稳定的状态（主要指人均产出保持不变）。当经济处于稳定状态时，由于人均产出保持不变，经济的增长率将为零。稳定状态的值，将因各个经济的具体条件不同而互不相同。经济趋向稳定状态的过程，被称为经济的收敛。一般的，人们认为如果各地区具有相同或类似稳态（经济同质），初始人均收入水平与随后人均收入增长速度的负相关关系就是绝对收敛。如果共同的稳态不存在（经济异质），初始人均收入水平与随后的人均收入增长速度的负相关关系就是有条件的，即条件收敛。俱乐部收敛指的是初期经济发展水平接近的经济集团各自内部的不同经济系统之间，在具有相似的结构特征的前提下趋于收敛，即较穷的集团和较富的集团各自内部都存在着条件收敛，而两个集团之间却没有收敛的迹象（Barreto 和 Hughes，2004；Aghion 等，2005）。

表 2.3（a） 1992—2001 年经济增长和 FDI：OLS 估计和 QR 估计

系数	OLS	QR						
		q20	q30	q40	q50	q60	q70	q80
常数	0.295*	0.328*	0.309*	0.258*	0.240*	0.258*	0.306*	0.337*
	(0.092)	(0.123)	(0.085)	(0.049)	(0.060)	(0.058)	(0.107)	(0.142)
FDI	0.007	0.018*	0.018*	0.017*	0.014*	0.013*	0.009	0.004
	(0.006)	(0.005)	(0.004)	(0.003)	(0.004)	(0.004)	(0.009)	(0.013)
本地投资	0.030	0.047*	0.032*	0.023*	0.023*	0.024*	0.028	0.015
	(0.019)	(0.021)	(0.016)	(0.009)	(0.012)	(0.012)	(0.026)	(0.033)
初始收入	-0.009	0.003	-0.001	0.006	0.004	-0.001	-0.004	-0.015
	(0.012)	(0.015)	(0.011)	(0.006)	(0.008)	(0.008)	(0.016)	(0.020)
人力资本	-0.048*	-0.102*	-0.088*	-0.077*	-0.052*	-0.048*	-0.053	-0.033
	(0.027)	(0.020)	(0.020)	(0.012)	(0.018)	(0.018)	(0.040)	(0.048)
政府规模	-0.036*	-0.042*	-0.038*	-0.028*	-0.023*	-0.024*	-0.030*	-0.029
	(0.009)	(0.008)	(0.006)	(0.004)	(0.006)	(0.006)	(0.013)	(0.014)
人口增长率	-1.166	0.511	0.693	0.246	-0.760	-0.943*	-1.387	-1.977
	(0.693)	(0.637)	(0.552)	(0.317)	(0.450)	(0.499)	(1.128)	(1.461)
通货膨胀率	-0.288	-0.575*	-0.400	-0.532*	-0.521*	-0.387*	-0.494	-0.376
	(0.328)	(0.234)	(0.244)	(0.154)	(0.213)	(0.214)	(0.467)	(0.519)
开放程度	0.005	-0.009	-0.009*	-0.008*	-0.004	-0.003	0.004	0.014
	(0.007)	(0.005)	(0.005)	(0.004)	(0.005)	(0.005)	(0.011)	(0.014)

表 2.3（b） 2002—2018 年经济增长和 FDI：OLS 估计和 QR 估计

系数	OLS	QR						
		q20	q30	q40	q50	q60	q70	q80
常数	0.207*	0.422*	0.183*	0.176*	0.169*	0.237*	0.287*	0.279
	(0.109)	(0.209)	(0.054)	(0.040)	(0.050)	(0.083)	(0.142)	(0.189)
FDI	0.005	0.002	0.003*	0.003*	0.003*	0.006*	0.007*	0.006
	(0.003)	(0.006)	(0.002)	(0.001)	(0.001)	(0.002)	(0.003)	(0.005)
本地投资	0.017	0.021	0.009	0.011	0.011	0.018	0.030	0.033
	(0.015)	(0.025)	(0.008)	(0.006)	(0.007)	(0.012)	(0.023)	(0.031)
初始收入	−0.003	−0.023	−0.010	−0.011*	−0.009	−0.014	−0.023	−0.012
	(0.012)	(0.025)	(0.007)	(0.005)	(0.006)	(0.010)	(0.015)	(0.024)
人力资本	−0.025	−0.031	0.000	0.003	0.003	0.010	0.039	−0.002
	(0.045)	(0.107)	(0.021)	(0.017)	(0.020)	(0.034)	(0.050)	(0.072)
政府规模	−0.009	−0.011	−0.012*	−0.013*	−0.011*	−0.006	−0.005	−0.007
	(0.010)	(0.019)	(0.005)	(0.004)	(0.005)	(0.007)	(0.013)	(0.020)
人口增长率	−0.450	−0.003	−0.782*	−0.852*	−0.890*	−0.886*	−0.596	−0.396
	(0.499)	(1.007)	(0.266)	(0.199)	(0.228)	(0.383)	(0.678)	(0.942)
通货膨胀率	−0.847	−1.591	0.592	0.965*	0.844	0.088	−0.215	−1.157
	(1.274)	(2.294)	(0.566)	(0.471)	(0.583)	(0.972)	(1.768)	(2.682)
开放程度	−0.005	0.007	0.001	0.002	0.002	0.003	0.006	0.001
	(0.006)	(0.012)	(0.003)	(0.002)	(0.003)	(0.004)	(0.007)	(0.011)

注 1：初始收入 =log(1990 年人均 GDP)，人力资本 =log(平均受教育年数)，政府规模 =log(财政支出 /GDP 的平均比例)，人口增长率 = 平均年底人口增长率，通货膨胀率 =log（1 + 平均通货膨胀率），开放程度 =log(进出口总额 /GDP 的平均比例)

注 2：* 表示在 10% 的水平上显著，括号内为标准差

中国各地区经济发展水平存在差异性，也就是共同的稳态不存在，因此可通过 OLS 回归验证中国是否存在条件收敛，由表 2.3 中 OLS 估计得出，初始收入的系数为负，但不显著，表明中国经济增长的条件收敛特征不显著。利用分

位数将中国各地区的经济发展水平进行区分，可验证中国是否存在俱乐部收敛现象，由表 2.3 中 QR 估计不同分位数上初始收入的系数均为负，只有在 FDI 创新发展阶段中的 q=40 分位数上统计显著，其他都是统计上不显著，表明中国不同的收入地区还不存在明显的“俱乐部收敛”特征。

在 FDI 快速发展阶段，OLS 回归和 QR 回归结果显示人力资本不论是均值研究还是不同分位数上的研究，人力资本对经济增长的影响为负，说明早期中国人力资本明显匮乏，人力资本还没有起到推动经济发展的作用。在 FDI 创新发展阶段，QR 回归结果显示人力资本对经济增长的影响已由负转为正，但统计上还不显著，说明中国的人力资本有所发展，但还有待进一步提高。

对人口增长率的研究中，OLS 回归表明人口增长率对经济增长产生负向作用，但不显著。FDI 快速发展阶段，通过 QR 研究不同分位数时表明，在低分位数人口增长率对经济增长率产生正向作用，但不显著，在其余分位数上人口增长率对经济增长率产生不显著负向作用，回归结果显示中国规模效应不明显，而且在不发达地区扩大人口规模可推动地区经济发展。FDI 创新发展阶段，通过 QR 分位数回归可知，在中分位数上人口增长率对经济增长产生明显的负向作用，表明可通过降低人口增长率提高经济增长。

OLS 回归和 QR 回归结果都显示政府规模对经济增长产生显著的负向影响，如果要加快经济增长步伐，应该适量减少财政支出比重。在对开放程度的研究中，FDI 快速发展阶段，QR 回归结果显示在低分位数上开放程度对经济增长产生显著负向影响，在其余分位数上以及 FDI 创新发展阶段，开放程度对经济增长的影响都不显著，研究表明中国还应不断提高开放程度，扩大对外贸易，积极参加与其他国家的经济合作。

第三章 FDI 技术溢出效应影响因素分析

第一节 FDI 技术溢出影响因素

外商直接投资的技术溢出并不总是正向，只有东道国具备一定的条件，或者调整相关政策，外商直接投资才能够产生正向的技术溢出效应。

一、国家层面的宏观影响因素

（一）经济开放度

外商直接投资实际上是资本、技术、经营管理知识的综合体由投资国转移到东道国的同一产业部门内，FDI 把先进的生产函数带到东道国并通过对当地职工、管理者的培训，以及诱发当地企业参与竞争等形式固定下来。东道国的开放程度越高，跨国公司进入东道国从事外商直接投资的壁垒就越少，外商直接投资进入的容易性使得外商投资数量增多，此时东道国企业与外商企业的接触机会就逐渐增多，东道国企业学习外商企业先进技术的机会也越来越多。外资数量的增多对东道国企业形成较强的竞争压力，东道国企业迫于市场竞争的压力而进行更多的研发投入，以便拥有较强的技术吸收能力。

但是，如果东道国的企业所在的行业比较弱小时，开放程度较高将会使东道国企业遭到外商企业的冲击，从而无法实现资本和技术的积累，进而无法进行有效的消化吸收和技术创新，此时东道国企业从外资公司那里获得的技术溢出效应不会很明显。与此同时，如果一个行业中的外商企业多数以外向型为主，它与国内部门的经济联系就会相应减少，此时 FDI 的技术溢出效应也不会得到很好的发挥。

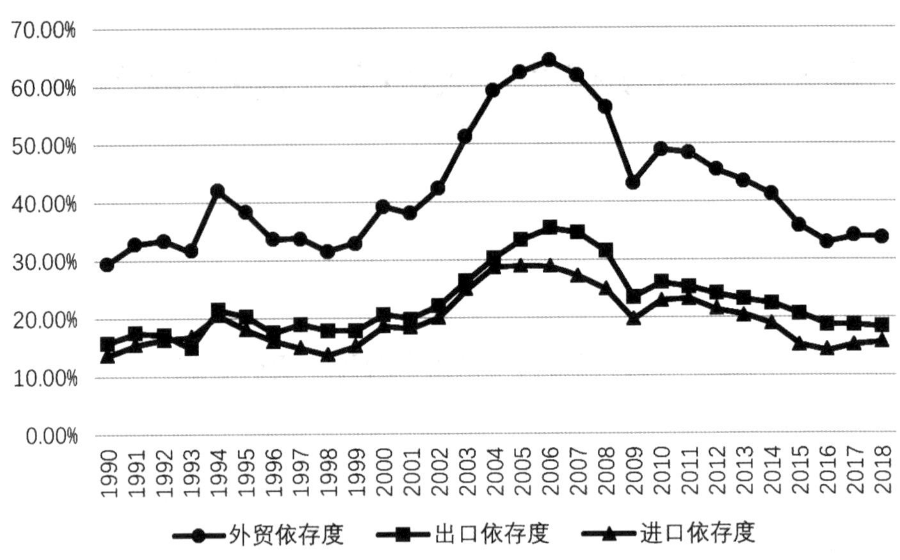

图 3.1 1990—2018 年中国外贸依存度的演变趋势

数据来源：中国统计年鉴 2019

外贸依存度是评价一国经济对外依赖程度常用的指标之一，一般是用一个国家或地区的对外贸易总额除以 GDP。外贸依存度可以分为“出口依存度”和“进口依存度”，出口依存度用出口总额除以 GDP，进口依存度用进口总额除以 GDP。如图 3.1 所示，改革开放后，中国外贸依存度持续上升，高点出现在 2005—2006 年，之后逐渐回落。从外贸依存度的趋势来看，对外需求对中国经济增长发挥了重要作用。2006 年以后，外贸依存度逐渐下降，此时中国经济结构正处于转型期，正逐步由外向型经济向内向型经济转变。2006 年中国进出口总额占国内生产总值的比重达到顶峰，占比为 64.24%，随后逐步下降。到 2018 年，中国进出口总额占国内生产总值的比重下降到 33.88%，基本回落到 20 世纪 90 年代的水平。

（二）经济发展水平

一个地区的经济发展水平的高低，主要反映在该地区的产业结构、企业的规模、研发能力和企业的管理水平等方面。在东道国经济发展水平较低时期，国民收入水平较低，消费者需求较少，市场规模也偏小，研发能力和企业管理水平也会很低，跨国公司与上下游厂商的联系也会很少，这些因素制约了当地企业对 FDI 技术溢出的吸收。随着东道国的经济增长，人均收入水平的提高，基础设施不断完善，从业人员的数量和技术水平有了显著提升，市场规模不断扩大，此时，跨国公司争相进入，在东道国建立分支机构，成立合资企业和研发机构，投资规模不断扩大，当地企业在合作中学习了外商企业的先进技术，并用学来的技术提高了当地企业的生产率，技术外溢效应也逐步显现出来。

（三）贸易政策

东道国不同的贸易政策对 FDI 的流向产生不同的影响，而究其原因是贸易政策的不同造成外商投资动机的不同，进而使跨国公司处于东道国不同的市场结构地位中。良好的贸易政策是外商直接投资能够顺利进行的重要保障，对 FDI 技术溢出产生直接影响。

保护贸易政策下，外商进行直接投资是为了避开关税、非关税壁垒，进入东道国市场，此时外商投资通常是市场追求型的。跨国公司在实施保护贸易政策的东道国进行 FDI，其主要目的就是为了占领东道国的当地市场。跨国公司主要将资金投资于当地企业无法生产，或者当地企业无法进入的行业，在这种缺乏竞争的保护性行业中，跨国公司形成垄断地位获取高额垄断利润。

自由贸易政策下，外商进行直接投资是为了充分发挥东道国的比较优势，利用东道国的原材料，获取东道国的廉价劳动力，其投资通常是效率追求型的。跨国公司在实施自由贸易政策的东道国进行 FDI，其最终目的是占据国际市场。跨国公司主要的投资部门是以出口导向为主的部门，在该国具有国际比较优势的行业。跨国公司在东道国的投资越多，进出口总额也就越多。跨国公司的投资目的导致了其无法在东道国市场形成垄断地位。

（四）金融市场效率

东道国的金融市场效率是影响 FDI 技术溢出的一个关键因素，东道国金融市场的功能在促进 FDI 发展东道国经济时所起到的作用主要体现在以下几点：

首先，东道国金融市场的发展能够为本国企业吸收 FDI 的技术外溢效应提供融资支持。东道国企业为了提高技术水平，需要不断地更新机器设备、重新整合企业结构、雇佣新的管理者和有技能的劳动力，这些都需要一定的资金支持，而在发展中国家自筹资金有限的情况下，金融市场所担任的外部融资就变得相当重要了。

其次，金融体系的不完善还将限制外商投资企业与东道国企业建立前、后向联系的可能性。FDI 进入增加了对东道国企业产出的需求，而前、后向联系的建立，使得东道国企业实现规模经济效应乃至刺激更多本土企业的出现，但是，在缺少金融市场融资服务的前提下，这些潜在的经济增长效应会因本土企业规模扩张受阻而无法实现。

再次，金融市场效率低下降低了国内企业家创业的可能性。FDI 的进入带来了新思想，提供了新商机，从而会激发国内企业家创业的积极性，而企业家的创业在很大程度上离不开金融市场为其开办企业提供的融资借贷服务。

最后，东道国金融市场的资源再配置功能可以确保在信息不对称的情况下，让外资投放到生产效率更好、回报率更高的生产项目中。

（五）知识产权保护

跨国公司在进行投资决策时一方面会考虑利用其技术上的优势分享发展中国家的成本优势，另一方面，也会评估创新技术被东道国企业学习、模仿或逆向工程破解等使得自身技术优势削弱乃至丧失的风险。于是，东道国的知识产权保护制度就成为跨国公司决定跨国生产决策的重要制度安排，因此东道国的知识产权保护水平直接影响了外资的技术溢出效应，进而对东道国的经济增长产生影响。

知识产权保护对 FDI 技术溢出效应同时具有促进和抑制两方面的作用。一方面，发展中国家和地区对知识产权保护的加强能够创造良好的技术创新环境，促进 FDI 研发的本地化，吸引更多先进技术的流入。同时，知识产权保护增强还可以刺激东道国的自主投入，增强技术吸收和二次创新能力，从而加速自身的技术进程，提高生产率。另一方面，发展中国家和地区加强知识产权保护会增加本国使用国外技术的成本。而且，随着国际知识产权体系的建立，发达国家可能会由于知识产权的实施而保护了自己技术的扩散，从而形成技术垄断，丧失技术创新的动力。

(六) 基础设施建设

基础设施建设是吸引跨国公司进行外商直接投资的重要物质条件，是东道国企业实现有效技术吸收的必要条件。基础设施建设的完善程度不仅影响 FDI 的流入，还影响东道国企业对 FDI 的有效利用。如果基础设施建设不完备，跨国公司进行外商投资的成本就会增大，影响跨国公司全球化的资源配置，东道国企业也无法吸收跨国公司的先进技术。因此，基础设施建设不仅是吸引外商直接投资的一个重要因素，而且也对推动外商企业发生技术溢出效应产生积极的促进作用。

二、行业层面的中观影响因素

(一) 技术差距

同一行业内的国内企业与外商企业存在一定的技术差距时，由于竞争效应和示范效应的影响，国内企业将改进技术，积极地学习和模仿外商企业的技术，由此形成了技术溢出效应。

技术差距对技术溢出的促进作用主要体现在两个方面：一方面，外商企业与东道国企业的技术差距给本国企业带来了竞争压力，推动东道国企业进行自主研发，建立自己独特的产品优势。外商企业的先进产品不断抢占东道国市场，东道国企业为了避免退出市场，需要进行技术创新，改进技术水平，建立自己的品牌。另一方面，当外商企业与东道国企业存在技术差距时，东道国企业可以通过模仿、示范等效应，学习外商企业的先进技术，实现技术赶超。技术差距空间大意味着东道国企业赶超外商企业的潜力就大，本国企业可以以较低的学习成本实现后发优势。

但并不是东道国企业与外商企业的差距越大，国内企业学习和赶超的空间就越大。一方面，技术差距太大时，外商企业所采用的技术可能与国内企业采用的技术完全不相关，从而国内企业无法学习；另一方面，差距太大，国内企业也缺乏相应的学习能力，从而无法学习和模仿。所以，技术差距只有在一定范围时，才有利于技术溢出的发生。

（二）竞争程度

行业竞争程度影响跨国公司先进技术的转移，进而影响 FDI 的技术外溢。市场的竞争程度是影响 FDI 技术转移的速度和技术引进的先进程度的外在力量。一方面，行业的竞争越激烈，跨国公司受到的压力也就越大，为了维持在东道国的高额垄断利润，取得较大的市场份额，跨国公司就会加快技术转移的速度，不断进行产品、工艺的创新，促进技术溢出的发生。另一方面，跨国公司较高的劳动生产率、先进的技术水平和管理经验，会给东道国企业带来压力，在压力的促使下，东道国企业进行技术改进和创新，提高自身的技术水平。

（三）产业集群化程度

产业集群会产生知识的外溢效应，对区域内的不同产业有不同的作用，在同类产业中，产业集群会诱发高水平的知识外溢并且对技术创新有一定的作用。在不同产业中，产业集群能促进产业之间的协同效应，促进产品的多样化和产品变异。在一定程度上产业集群加剧了跨国企业与东道国企业之间的合作和竞争，本国企业加入外商企业的产业链中，形成一种良性循环的“产业生态链”和“经济生态圈”，技术溢出的联系效应就得以加强，产业集群化的程度越高，溢出效应就越大。处于产业集群中的本国企业，由于外商企业对其产生的竞争压力，以及在模仿示范效应的推动下，本国企业也会加大技术的模仿、学习和创新的力度。

三、企业层面的微观影响因素

（一）人力资本

人力资本是决定企业吸收能力强弱的关键因素，直接影响企业对引进技术的吸收效果以及对所吸收的技术的创新能力。拥有良好训练的人力资本是有效吸收外商企业技术溢出效应的必要条件之一。首先，人力资本是技术的主要贮存形式，先进的技术通过人这一载体，得以传播和扩散。外商企业作为先进技术的持有者，也是通过人来掌握和应用的，如果东道国企业具备与之匹配的人力资本，就有可能吸收外商企业的技术溢出，提高本国技术水平。其次，人力资本的流动影响着技术溢出的效果。跨国公司为了在东道国市场上取得投资顺利，必须培训和开发当地的人力资源。通过人员的流动，外商企业凝结在人身体内的知识、技术等转移到东道国企业。但是如果人员流动过于频繁，外商企业就会减少对人员的培训时间，从而在一定程度上控制了技术溢出。再次，如果东道国企业的人力资本水平高，跨国公司将会考虑把产品的研发项目转移到东道国市场中，培训当地的高级技术人才，以降低跨国公司在人力资源方面的成本。如果东道国企业的人力资本水平与跨国公司的需求差距太大时，无形中就增大了跨国公司的投入成本，导致跨国公司的投资量减少，随之带来的就是技术溢出的减少。

（二）研发能力

知识产品的生产具有很强的自我累积性和路径依赖性，任何新知识都是在已有知识的基础上开发出来的。东道国较高的知识存量，不仅使东道国企业自身具有较强的研发能力，而且增强了其对外来技术的模仿、学习和吸收能力，研发投入是提高知识存量最关键的物质支持。如果东道国企业的自有研发实力很强，则对跨国公司带来的先进技术的模仿、吸收速度就快，而且东道国企业可以在此基础上进行自我创新。如果内资企业缺乏自身的学习、研发和创新能力，就会错失与跨国公司合作而吸收先进技术的机会，降低对外商企业技术含量的有效吸收。同时研发投入对追赶发达国家的技术水平也具有很重要的意义。

第二节　FDI 技术溢出效应影响因素的 IVQR 模型与实证分析

一、IVQR 模型

1978 年 Koenker 和 Bassett(1978) 提出了分位数回归 (QR) 的思想，分位数回归模型能够全面地刻画分布的特征，描述自变量对于因变量的变化范围以及条件分布形状的影响，因此在经济应用中得到迅速发展。但由于经济变量之间的内生关系使得分位数回归模型在一些分位数上无法发现变量之间的因果关系，因此Chernozhukov 和Hansen(2001) 建立工具变量分位数回归 (IVQR) 模型，证实存在内生性条件下分位数中的因果关系。在此研究基础上，Chernozhukov 和 Hansen(2002) 建立了 IVQR 的样本特性，验证了其统计性。随后的研究中，Chernozhukov 和 Hansen(2006，2007，2008) 分析了 IVQR 的估算过程，渐近线和有限样本的置信区间，以及稳健性检验。

实证检验 FDI 技术溢出效应使用的经济模型通常如（3.1）式所示：

$$G_i = \alpha F_i + \beta' X_i + \varepsilon_i \tag{3.1}$$

G_i 代表实际人均 GDP 增长率，F_i 为净 FDI 流入占 GDP 的比例，X_i代表条件变量，条件变量应选择与被解释变量有关的重要解释变量。本节着重研究 FDI 对经济增长的影响，因此条件变量应选择对经济增长产生重大影响的因素。根据 Alfaro，Carkovic 和 Levine 的研究成果选择一系列条件变量，本节选取的X_i变量包括地区投资额、初始收入、人力资本、人口增长率、政府规模、通货膨胀率、对外开放程度等指标。α 和 β 分别为 FDI 和条件变量的回归系数，ε_i 为无法观察到的随机变量。

一般线性回归分析的是研究对象的平均水平受到其他因素影响的程度大小，即刻画的是研究对象的均值（即样本平均数）或者说长期平均水平。然而在研究当中，研究者更愿意知道处在不同水平下的研究对象（而不仅仅局限于平均水平）受各种因素的影响是否相同。分位数回归则利用解释变量的多个分位数来得到被解释变量的条件分布的相应的分位数方程。采用的线性条件分位数回归方程为：

$$G_i = \alpha(q)F_i + \beta(q)'X_i + e_i(q) \tag{3.2}$$

α(q) 和 β(q) 代表 q 分位点时的未知参数，F_i 代表 FDI 变量，X_i 代表条件变量，$e_i(q)$ 代表 q 分位点时的随机变量。由于不同分位数中误差项的影响，随着 q 的改变，模型（3.2）中的参数也随之变化。在研究变量 FDI 对经济增长不同点的影响时，如果 FDI 是外生变量，则可以使用标准的分位数回归方法，但由于 FDI 与经济增长相关，这就导致了内生性问题，内生性的存在使得 FDI 的估计系数和标准差产生偏差。为了控制 FDI 的潜在内生性，利用 Chernozhukov 和 Hansen 提出的工具变量分位数回归方法估计内生分位数影响。构建 FDI 工具变量如下：

$$F_i = \gamma' Z_i + \delta' X_i + \varsigma_i \tag{3.3}$$

F_i 和 X_i 所代表的含义与（3.1）式相同，Z_i 为工具变量，γ' 和 δ' 分别为工具变量和条件变量的回归系数，ς_i 为无法观察到的随机变量。当随机解释变量与随机误差项相关时，寻找一个与随机解释变量高度相关，但与随机误差项不相关的变量，用该变量替代模型中的随机解释变量，此替代随机解释变量的变量为工具变量。Carkovic 和 Levine 研究表明 FDI 对经济增长不产生正向影响作用，但是 FDI 的作用将随国家或地区吸收能力的不同产生不同影响，吸收能力高的地区 FDI 溢出效应明显，吸收能力影响 FDI 溢出，此时可将吸收能力作为 FDI 的工具变量。

定义结构分位数函数如下：

$$S_G(q|F,X) = \alpha(q)F_i + \beta(q)'X_i \tag{3.4}$$

$S_G(q|F,X)$为结构分位数函数，描述了潜在结果变量 G 的 q 分位数函数，在条件变量 X 的作用下，通过固定解释变量 F 获得，式中 G，F_i，X_i，α(q)，β(q) 和 q 代表的含义与（3.2）式相同。

从而：

$$IP(G_i \le S_G(q|F,X)|Z,X) = q \quad (3.5)$$

等式(3.5)提供了矩条件，式中G_i, F, X, $S_G(q|F,X)$和 q 代表的含义与(3.4)式相同，Z 为工具变量。利用（3.5）式估计结构参数 α 和 β。也就是说条件于 Z 和 X 的 q 分位数$G - S_G(q|F,X)$求解了如下问题：

$$0 = \arg\min_{h \in B} \ IE\rho_q[G - S_G(q|F,X) - h(Z,X)] \quad (3.6)$$

B 为可观测函数 (Z,X) 的集，h(Z,X) 表示一般线性函数。

$\rho_q(u) = (q - I(u < 0))$，u 为检测函数，I ($u < 0$) 为指标函数，其余变量所代表的含义与前述相同。

Chernozhukov 和 Hansen 提出通过一系列分位数回归过程估计结构分位数模型。目标函数如下：

$$Q_n(q,\alpha,\beta,\gamma) = \frac{1}{n}\sum_{i=1}^{n} \rho_q(G_i - \alpha F_i - \beta' X_i - \gamma' Z_i) \quad (3.7)$$

$Q_n(q,\alpha,\beta,\gamma)$为 IVQR 回归的目标函数，n 为样本数量，其余变量所代表的含义与前述相同，γ 的维度大于等于 α 的维度。IVQR 的估计过程如下，

通过一系列合适的 α 值$\{\alpha_j, j = 1, \ldots, J\}$，执行分位数回归获得系数$\hat{\beta}(\alpha_j,q)$和$\hat{\gamma}(\alpha_j,q)$：

$$\left(\hat{\beta}(\alpha_j,q), \hat{\gamma}(\alpha_j,q)\right) = \arg\min_{\beta,\gamma} \ Q_n(q,\alpha,\beta,\gamma) \quad (3.8)$$

（3.8）式中各变量代表的含义与（3.7）式相同，通过 χ^2 统计检验 $\gamma(\alpha,q) = 0$，寻求 α 值使得$\hat{\gamma}(\alpha_j,q)$尽可能接近于 0。

$$\hat{\alpha}(q) = \arg\underset{\alpha \in A}{inf_{c}} W_n(\alpha) \tag{3.9}$$

$W_n(\alpha)$表示 Wald 检验值，给定$\hat{\beta}(q) = \hat{\beta}(\hat{\alpha}(q), q)$估计$\beta(q)$。通常情况下$\hat{\alpha}(q)$和$\hat{\beta}(q)$是相合渐近正态的。

以上推导可以看出，与 OLS 方法或者工具变量法（IV）相比，IVQR 模型可以研究不同分位数下各种因素对研究对象的影响。IVQR 模型与 IV 模型相比，当工具变量为弱工具变量时，即工具变量与内生解释变量仅微弱地相关，IV 方法易受到弱工具变量的影响而得到有偏的估计结果，IVQR 估计即使在弱工具变量条件下也是稳健的。IVQR 模型与 QR 模型相比，可以消除 QR 中存在的内生性问题，使得回归结果更接近现实。

二、FDI 技术溢出效应影响因素的实证分析

（一）对外开放程度对 FDI 技术溢出效应的影响——IVQR 分析

东道国自由开放的贸易环境有助于吸收更具有活力的 FDI 的流入，进而促进东道国经济持续快速的增长。本节将利用 IVQR 回归方法检验对外开放程度是否有利于推动 FDI 促进经济的增长。将对外开放程度指标作为工具变量引入 IVQR 模型，不仅解决了分位数回归的内生性问题，而且分析了不同地区对外开放程度对 FDI 溢出效应的影响。

本节利用 IVQR 方法分别检验外商直接投资快速发展阶段和创新发展阶段时期，不同经济发展水平下的贸易开放度对 FDI 技术溢出的影响。

表 3.1（a） 1992—2001 年 IVQR 估计 FDI、对外开放和经济增长

系数	IVQR								
	q10	q20	q30	q40	q50	q60	q70	q80	q90
常数	0.305*	0.348*	0.332*	0.273	0.276	0.279	0.295	0.314	0.326
	(0.092)	(0.078)	(0.098)	(0.192)	(0.197)	(0.194)	(0.172)	(0.223)	(0.207)
FDI	0.009*	0.010*	0.011*	0.010*	0.011*	0.011*	0.012*	0.013*	0.013*
	(0.002)	(0.002)	(0.003)	(0.004)	(0.004)	(0.004)	(0.004)	(0.005)	(0.005)
本地投资	0.040*	0.058*	0.037	0.027	0.031	0.027	0.031	0.025	0.016
	(0.022)	(0.024)	(0.030)	(0.040)	(0.041)	(0.040)	(0.034)	(0.039)	(0.035)
初始收入	−0.003	−0.007	−0.014	−0.006	−0.004	−0.006	−0.002	−0.007	−0.010
	(0.007)	(0.010)	(0.012)	(0.022)	(0.022)	(0.022)	(0.019)	(0.026)	(0.025)
人力资本	−0.082*	−0.067*	−0.044	−0.056*	−0.040*	−0.040*	−0.058*	−0.063*	−0.067*
	(0.034)	(0.034)	(0.032)	(0.031)	(0.021)	(0.021)	(0.018)	(0.024)	(0.029)
政府规模	−0.051*	−0.041*	−0.039*	−0.037*	−0.026*	−0.026*	−0.029*	−0.029*	−0.025*
	(0.008)	(0.010)	(0.013)	(0.018)	(0.008)	(0.009)	(0.007)	(0.008)	(0.008)
人口增长率	0.089	−0.774	−0.444	−0.392	−1.317*	−1.247*	−1.237*	−1.433*	−1.652*
	(0.922)	(1.059)	(1.396)	(1.543)	(0.637)	(0.691)	(0.543)	(0.660)	(0.598)
通货膨胀	−0.795	−0.607	−0.331	−0.353	−0.339	−0.273	−0.404	−0.014	−0.422
	(0.464)	(0.386)	(0.333)	(0.471)	(0.386)	(0.395)	(0.353)	(0.578)	(0.579)

注：* 表示在 10%的水平上显著，括号内为标准差

表 3.1（b） 2002—2018 年 IVQR 估计 FDI、对外开放和经济增长

系数	IVQR								
	q10	q20	q30	q40	q50	q60	q70	q80	q90
常数	−4.121	−3.791	−28.81	36.87	10.08	−1.221	−0.824	−1.314	1075.3
	(22.40)	(74.80)	(41.95)	(121.6)	(28.95)	(4.366)	(2.388)	(4.447)	(9404)
FDI	−0.152	−0.187	−1.997	2.830	0.656	−0.120	−0.061	−0.086	37.9
	(0.831)	(2.838)	(2.696)	(7.640)	(1.894)	(0.303)	(0.133)	(0.239)	(347)
本地投资	−0.220	−0.429	−0.797	−2.074	0.219	0.082	0.092	0.122	60.9
	(1.299)	(4.164)	(3.616)	(8.330)	(0.921)	(0.229)	(0.143)	(0.212)	(520)
初始收入	0.036	0.168	0.929	−2.875	−0.640	0.131	0.026	0.038	−17.9
	(0.266)	(1.594)	(3.258)	(7.514)	(1.948)	(0.378)	(0.114)	(0.158)	(126)
人力资本	1.001	0.254	2.786	1.2033	−0.079	−0.194	0.145	0.239	−224.9
	(5.447)	(15.18)	(11.29)	(35.96)	(1.645)	(0.489)	(0.627)	(1.244)	(2144)
政府规模	−0.305	−0.248	−1.173	1.224	0.473	−0.073	−0.072	−0.1014	−71.4
	(1.602)	(5.116)	(3.099)	(11.13)	(1.364)	(0.237)	(0.202)	(0.380)	(677)
人口增长率	−7.259	−10.78	−59.69	87.11	15.865	−0.927	−0.512	−1.058	1354.9
	(45.94)	(161.1)	(196.3)	(185.7)	(54.35)	(5.024)	(2.620)	(3.604)	(16794)
通货膨胀	18.06	12.64	217.6	−137.5	−20.96	0.645	4.317	7.449	−3925
	(73.23)	(223.8)	(293.6)	(734.9)	(98.00)	(10.58)	(13.60)	(26.94)	(34958)

注：* 表示在 10%的水平上显著，括号内为标准差

由表 3.1 IVQR 回归结果显示：中国在外商直接投资的快速发展阶段，不论是在低分位数上还是高分位数上，在对外开放程度的推动下，FDI 对经济增长产生显著的正向影响。经济开放的规模与 FDI 技术溢出之间存在正相关关系，表明中国的对外开放程度促进了 FDI 技术溢出。中国出口导向型的引资战略提供了自由开放的经济和制度环境，有助于吸引更具活力的 FDI 流入，也有助于 FDI 在东道国建立出口导向型企业，这类企业更容易被跨国公司纳入其全球生产和采购系统之中，从而为其提供更先进的技术，即提升技术层次，而且母公司也更愿为其提供技术支持和人员培训，这些因素都促进了 FDI 技术溢出的实现与强化。

中国在外商直接投资的创新发展阶段，在低分位数和高分位数上，在对外开放程度的推动下，FDI 对经济增长产生了负向影响，但不显著；在中分位数上，在对外开放程度的推动下，FDI 对经济增长产生了正向影响，但同样不显著。这可能是因为在 FDI 和对外开放的双重压力下，国内投资被挤占，使得在这两种作用的共同作用下反而限制了经济增长。

（二）基础设施建设对 FDI 技术溢出效应的影响——IVQR 分析

基础设施建设是吸引 FDI 的一个基本条件，完备的基础设施，降低了外商投资的成本并且提高了回报率。同时基础设施建设刺激了经济增长，它可能是经济增长回归中省略的变量，因此利用 IVQR 方法控制内生性估计 FDI 对经济增长的稳健性。

为解决内生性问题，确认基础设施建设作为工具变量，将东部地区和中部地区虚拟变量作为工具变量。各省差异与各省吸收能力是紧密联系的，将东部地区和中部地区虚拟变量作为解释变量对基础设施建设进行回归，如表 3.2 所示。由 F 统计量的 p 值可知，各省分布能够解释基础设施的差异。

表 3.2 吸收能力和工具变量

系数	1992—2001 年			2002—2018 年		
	FDI	公路	电力	FDI	公路	电力
常数	-4.989*	2.759*	-2.464*	-4.802*	3.735*	-1.080*
	(0.200)	(0.136)	(0.138)	(0.181)	(0.119)	(0.126)
东部	2.268*	-0.738*	0.555*	1.629*	-1.038*	0.228
	(0.291)	(0.197)	(0.200)	(0.270)	(0.177)	(0.187)
西部	0.791*	-0.512*	-0.094	0.840*	-0.410*	-0.418*
	(0.291)	(0.197)	(0.200)	(0.270)	(0.177)	(0.187)
F 统计量	31.070	7.423	5.903	18.343	17.230	5.574
p-value	0.000	0.003	0.007	0.000	0.000	0.010
观测值	28	28	28	29	29	29

注：* 表示在 10%的水平上显著，括号内为标准差

表 3.3（a） 1992—2001 年 IVQR 估计 FDI、基础设施建设和经济增长

系数	IVQR								
	q10	q20	q30	q40	q50	q60	q70	q80	q90
常数	0.165	0.235*	0.337	0.908	0.249	0.674	0.312	0.595	0.640
	(0.222)	(0.126)	(0.330)	(1.550)	(0.285)	(0.944)	(0.201)	(1.724)	(1.070)
FDI	0.043	0.029	0.040	0.152	0.020	0.097	0.009	-0.036	-0.048
	(0.037)	(0.026)	(0.050)	(0.633)	(0.040)	(0.220)	(0.089)	(0.298)	(0.192)
本地投资	0.038	0.048	0.061	0.109	0.025	0.114	0.028	0.042	0.044
	(0.033)	(0.030)	(0.040)	(0.141)	(0.061)	(0.158)	(0.108)	(0.069)	(0.057)

续表

系数	IVQR								
	q10	q20	q30	q40	q50	q60	q70	q80	q90
初始收入	0.036	0.021	0.022	0.099	0.012	0.053	-0.005	-0.075	-0.090
	(0.043)	(0.033)	(0.059)	(0.629)	(0.046)	(0.180)	(0.096)	(0.417)	(0.262)
人力资本	-0.132	-0.126*	-0.130	-0.391	-0.072	-0.244	-0.052	0.005	0.015
	(0.084)	(0.072)	(0.108)	(1.583)	(0.080)	(0.549)	(0.167)	(0.249)	(0.185)
政府规模	-0.013	-0.035	-0.010	0.108	-0.017	0.018	-0.030	-0.092	-0.111
	(0.041)	(0.025)	(0.055)	(0.640)	(0.034)	(0.148)	(0.051)	(0.439)	(0.284)
人口增长率	2.774	1.718	0.535	6.812	-0.448	4.014	-1.430	-4.905	-5.692
	(2.758)	(2.046)	(2.967)	(39.80)	(2.605)	(13.36)	(5.729)	(22.09)	(13.96)
通货膨胀	-0.531	-0.576	-0.395	-2.863	-0.635	-2.313	-0.500	0.009	0.129
	(0.494)	(0.447)	(0.783)	(13.92)	(0.792)	(4.692)	(0.866)	(3.351)	(2.072)
开放程度	-0.047	-0.027	-0.033	-0.130	-0.010	-0.089	0.005	0.068	0.084
	(0.056)	(0.038)	(0.058)	(0.635)	(0.045)	(0.225)	(0.123)	(0.442)	(0.284)

注：* 表示在 10%的水平上显著，括号内为标准差

表 3.3（b） 2002—2018 年 IVQR 估计 FDI、基础设施建设和经济增长

系数	IVQR								
	q10	q20	q30	q40	q50	q60	q70	q80	q90
常数	-0.860	-0.227	0.083	-0.383	-0.011	0.003	-0.228	-0.292	-0.430
	(4.251)	(1.411)	(0.249)	(1.707)	(0.333)	(0.410)	(0.468)	(0.490)	(0.491)
FDI	-0.038	-0.012	-0.002	-0.036	-0.010	-0.020	-0.029	-0.036	-0.037
	(0.158)	(0.056)	(0.012)	(0.110)	(0.020)	(0.026)	(0.031)	(0.034)	(0.032)

续表

系数	IVQR								
	q10	q20	q30	q40	q50	q60	q70	q80	q90
本地投资	-0.032	-0.012	-0.020	-0.005	0.008	0.046	0.053	0.059	0.077
	(0.248)	(0.088)	(0.033)	(0.091)	(0.048)	(0.043)	(0.053)	(0.057)	(0.062)
初始收入	-0.024	-0.006	-0.007	-0.009	-0.002	0.004	0.012	0.014	0.001
	(0.114)	(0.059)	(0.030)	(0.096)	(0.045)	(0.066)	(0.061)	(0.056)	(0.050)
人力资本	0.342	0.098	-0.001	0.143	0.007	-0.014	0.030	0.045	0.136
	(1.119)	(0.376)	(0.071)	(0.421)	(0.128)	(0.207)	(0.265)	(0.268)	(0.300)
政府规模	-0.088	-0.040	-0.023	-0.028	-0.029	-0.026	-0.039	-0.040	-0.061*
	(0.300)	(0.109)	(0.018)	(0.071)	(0.023)	(0.026)	(0.030)	(0.030)	(0.030)
人口增长率	-2.873	-1.757	-0.339	-2.510	-0.648	-0.256	0.140	0.131	1.350
	(10.45)	(4.002)	(1.095)	(5.182)	(1.690)	(1.023)	(1.130)	(1.138)	(1.575)
通货膨胀	5.920	2.484	0.556	4.035	0.944	0.596	0.600	0.485	1.295
	(12.39)	(4.213)	(2.522)	(11.92)	(3.651)	(4.473)	(5.131)	(5.121)	(5.071)
开放程度	0.016	0.005	-0.012	0.015	-0.0089	0.008	0.002	0.003	-0.001
	(0.056)	(0.031)	(0.021)	(0.079)	(0.027)	(0.035)	(0.037)	(0.036)	(0.034)

注：* 表示在 10%的水平上显著，括号内为标准差

如表 3.3 所示由 IVQR 估计可知，1992—2001 年外商直接投资快速发展阶段，在基础设施的推动作用下，低分位数和中分位数上 FDI 产生正向技术溢出，但其正向作用不显著，高分位数上 FDI 产生负向技术溢出，负向作用不显著。表明如果一个地区拥有完备的基础设施建设，地区将从 FDI 溢出中受益，获得较高的经济增长率。90 年代为了吸引大量优质外资，中国东部沿海地区（尤以

珠三角、长三角为典型）提供日益完善的基础设施，减少外资的运作成本，为外商企业提供了良好的投资环境，使外商企业在东道国可以实现资源的优化配置，从而有利于技术溢出的实现。

2002—2018 年外商直接投资创新发展阶段，在基础设施的推动下，FDI 产生负向技术溢出，但负向作用不显著。从理论上分析，基础设施建设对于经济增长会产生“先扬后抑”的倒“U”型影响。在到达“拐点值”之前，基础设施将对经济增长起推动作用，而超过“拐点值”后，过度的基础设施建设将抑制经济增长。在外商直接投资创新发展阶段，中国的基础设施建设部分地区已经超过促进经济增长的最大效用点，基础设施投资挤占了其他生产要素投入，造成基础设施产能过剩，财政资源浪费，对经济增长带来了负向影响。

（三）金融市场对 FDI 技术溢出效应的影响——IVQR 分析

借助良好的金融市场，FDI 能投放到高效率的回报项目之中，对经济增长产生促进作用，鉴于金融市场对 FDI 溢出效应有着一定的影响，本节将金融市场作为工具变量引入 IVQR 模型。IVQR 模型中的工具变量可分析在此工具变量的作用下，解释变量如何影响被解释变量，将金融市场作为工具变量可以分析不同地区金融市场的完善程度对 FDI 溢出效应的影响。

金融相关比率的变动反映金融上层结构与经济基础结构之间在规模上的变化关系，它被视为金融发展的一个基本特点。在一定的国民财富或国民总收入的基础上，金融体系越发达，金融相关系数也越高，所以在经济发展的过程中，金融相关比率会逐步提高，而且可以根据金融相关比率来衡量金融发展水平。所以本书采用全部金融相关比率作为金融市场的量化指标，表达如下：

$$TFIR = (S_t + L_t)/GDP \tag{3.10}$$

$TFIR$ 为全部金融相关比率，S_t、L_t分别代表全部金融机构存款和全部金融机构贷款。

表 3.4（a） 1992—2001 年 IVQR 估计 FDI、金融市场和经济增长

系数	IVQR								
	q10	q20	q30	q40	q50	q60	q70	q80	q90
常数	0.197	-13.44	0.198	0.326	0.430	0.233	0.846	1.413	1.263
	(1.661)	(57.00)	(0.407)	(10.15)	(0.324)	(0.241)	(2.909)	(8.428)	(8.780)
FDI	0.036	4.320	0.076	0.059	0.055	0.030	0.114	-0.198	-0.164
	(0.534)	(19.30)	(0.175)	(2.348)	(0.127)	(0.032)	(0.707)	(1.897)	(2.007)
本地投资	0.044	1.196	0.076	0.053	0.068*	0.021	0.143	0.057	0.044
	(0.372)	(6.400)	(0.086)	(2.592)	(0.038)	(0.050)	(0.493)	(0.175)	(0.151)
初始收入	0.030	5.537	0.075	0.043	0.034	0.026	0.050	-0.297	-0.246
	(0.663)	(20.90)	(0.208)	(2.247)	(0.138)	(0.037)	(0.510)	(2.375)	(2.500)
人力资本	-0.134	-5.994	-0.220	-0.188	-0.188	-0.100	-0.250	0.198	0.124
	(1.051)	(14.10)	(0.394)	(6.478)	(0.405)	(0.077)	(1.582)	(1.586)	(1.602)
政府规模	-0.024	5.748	0.013	0.000	-0.007	-0.009	0.033	-0.313	-0.264
	(0.429)	(26.40)	(0.147)	(2.708)	(0.101)	(0.032)	(0.483)	(2.689)	(2.808)
人口增长率	2.231	243.7	3.448	1.568	1.486	0.212	4.752	-16.33	-14.26
	(32.66)	(1143)	(11.02)	(55.59)	(8.043)	(2.048)	(42.46)	(131.1)	(139.7)
通货膨胀	-0.520	-45.03	-0.765	-0.655	-0.822	-0.963	-2.851	1.301	0.985
	(0.491)	(193.1)	(1.719)	(41.90)	(2.202)	(0.638)	(16.45)	(17.02)	(19.45)
开放程度	0.016	0.005	-0.012	0.015	-0.0089	0.008	0.002	0.003	-0.001
	(0.056)	(0.031)	(0.021)	(0.079)	(0.027)	(0.035)	(0.037)	(0.036)	(0.034)

注：* 表示在 10%的水平上显著，括号内为标准差

表 3.4（b） 2002—2018 年 IVQR 估计 FDI、金融市场和经济增长

系数	IVQR								
	q10	q20	q30	q40	q50	q60	q70	q80	q90
常数	-1.233	0.639	-0.800	-0.817	1.105	1.366	2.220	29.69	30.11
	(12.47)	(0.451)	(13.28)	(18.48)	(1.294)	(2.608)	(26.93)	(2819)	(181.9)
FDI	-0.051	0.028	-0.069	-0.070	0.064	0.077	0.139	1.2405	1.164
	(0.458)	(0.031)	(0.921)	(1.283)	(0.090)	(0.173)	(1.746)	(97.00)	(7.147)
本地投资	-0.051	-0.026	-0.002	-0.002	-0.021	0.024	0.082	1.8291	2.411
	(0.659)	(0.058)	(0.098)	(0.127)	(0.089)	(0.098)	(1.076)	(188.0)	(11.44)
初始收入	-0.013	-0.007	0.008	0.009	-0.020	-0.042	-0.090	-0.646	-0.251
	(0.208)	(0.050)	(0.306)	(0.408)	(0.072)	(0.134)	(1.377)	(48.00)	(4.956)
人力资本	0.403	-0.162	0.186	0.190	-0.170	-0.155	-0.101	-4.392	-7.258
	(2.904)	(0.277)	(2.437)	(3.457)	(0.275)	(0.324)	(0.839)	(579.0)	(34.11)
政府规模	-0.115	0.001	-0.043	-0.043	0.035	0.051	0.080	2.343	2.017
	(0.829)	(0.028)	(0.402)	(0.554)	(0.068)	(0.108)	(0.876)	(182.0)	(12.27)
人口增长率	-3.597	1.132	-3.639	-3.663	-0.462	0.389	2.396	61.64	34.84
	(28.58)	(1.656)	(38.60)	(54.75)	(2.843)	(4.962)	(45.71)	(4457)	(359.7)
通货膨胀	7.234	-3.568	6.171	6.168	-8.272	-6.489	-16.56	-129.6	-90.29
	(35.02)	(8.005)	(85.93)	(118.4)	(10.46)	(16.09)	(187.6)	(12436)	(360.99)
开放程度	0.018	-0.025	0.034	0.034	-0.031	-0.017	-0.035	0.089	0.201
	(0.029)	(0.050)	(0.478)	(0.672)	(0.051)	(0.055)	(0.291)	(9.000)	(1.613)

注：* 表示在 10%的水平上显著，括号内为标准差

由表 3.4 的 IVQR 回归结果可知，1992—2001 年外商直接投资快速发展阶段，金融市场的功效随地区发展水平的不同，其发挥的作用将不同，低分位数上金融市场推动 FDI 溢出，使得 FDI 对经济增长产生正向影响，而在高分位数上金融市场对 FDI 溢出产生负向影响，但都不显著，表明在中国经济快速发展时期，金融市场体系逐渐显示出其不完善的地方。2002—2018 年外商直接投资创新发展阶段，低分位数上金融市场对 FDI 溢出产生负向影响，高分位数上金融市场对 FDI 溢出产生正向影响，同样都不显著。

FDI 流入时所内含的技术和知识溢出转化为现实的程度，有赖于一个国家金融市场的效率。金融市场发展越完善、效率越高，FDI 的溢出效应就越充分，对经济增长的贡献就越大。完善的金融市场为投资于高新技术产业的技术密集型 FDI 提供资金，同时也为国内企业的技术模仿、创新提供资金。中国的金融市场发展尚不完善，金融体系的显著特点是“重规模、轻机制”，金融体系规模很大，但是市场机制发挥作用的空间不大。历经 40 年金融改革，中国的金融抑制现象依然非常严重。改革前期，市场机制和监管机制不健全，金融抑制会降低风险，适应实体经济发展需求，将存款转为投资，促进对 FDI 技术溢出的吸收，从而对经济增长产生正面影响。改革后期，金融抑制下的金融体系难以满足企业对资本市场的需求，随着中国经济转型，未来增长点是高成本、高附加值、高技术的服务业，这类产业由创新驱动，创新型民企、中小微企业的融资需求无法通过银行解决，从而抑制了对 FDI 溢出效应的吸收，进而影响了经济增长。

（四）人力资本对 FDI 技术溢出效应的影响——IVQR 分析

外商直接投资技术溢出效应的充分发挥需要以一定的人力资本水平为前提，人力资本存量的提高必须达到一定水平，才能消化吸收外商企业的先进技术，并将技术应用于东道国的相应需求上。FDI 并不是单独对东道国经济增长起着促进作用，外商直接投资与东道国人力资本的结合效果决定了外商企业对东道国经济增长的影响作用。因此本节选取人力资本作为工具变量，分析中国人力资本对 FDI 技术溢出效应的影响。

本节选择受教育年限法作为人力资本的指标，这一方法简明扼要，数据的可得性和精确性都令人满意，这种方法的不足体现在忽略了或无法计算知识的累积效应，但是使用受教育年限法估计的人力资本存量比其他方法更接近实际，因此，本节仍采用受教育年限计量标准来计量人力资本存量水平。

表 3.5（a） 1992—2001 年 IVQR 估计 FDI、人力资本和经济增长

系数	IVQR								
	q10	q20	q30	q40	q50	q60	q70	q80	q90
常数	0.260*	0.204	0.355*	0.414*	0.381*	0.369*	0.385*	0.573	0.568
	(0.149)	(0.134)	(0.129)	(0.131)	(0.166)	(0.177)	(0.126)	(0.588)	(0.502)
FDI	-0.007	-0.005	-0.003	-0.002	-0.007	-0.005	-0.007	-0.037	-0.041
	(0.025)	(0.021)	(0.010)	(0.010)	(0.021)	(0.016)	(0.015)	(0.084)	(0.067)
本地投资	-0.051	-0.026	-0.002	-0.002	-0.021	0.024	0.082	1.8291	2.411
	(0.659)	(0.058)	(0.098)	(0.127)	(0.089)	(0.098)	(1.076)	(188.0)	(11.44)
初始收入	0.015	0.027	0.051*	0.053*	0.036	0.033	0.035	0.037	0.031
	(0.037)	(0.041)	(0.024)	(0.024)	(0.045)	(0.040)	(0.035)	(0.064)	(0.058)
人力资本	-0.032	-0.026*	-0.029*	-0.035*	-0.037*	-0.036*	-0.040*	-0.071	-0.073
	(0.019)	(0.010)	(0.013)	(0.014)	(0.021)	(0.017)	(0.014)	(0.116)	(0.096)
政府规模	-0.071*	-0.071*	-0.040*	-0.038*	-0.045*	-0.043*	-0.047*	-0.095	-0.096
	(0.019)	(0.021)	(0.010)	(0.010)	(0.021)	(0.017)	(0.017)	(0.155)	(0.125)
人口增长率	-0.416	-0.182	-2.655*	-3.004*	-2.56*	-2.465*	-2.644*	-4.873	-5.035
	(2.553)	(1.969)	(0.979)	(1.003)	(1.136)	(1.076)	(1.206)	(6.149)	(4.964)
通货膨胀	-0.564	-0.255	-0.081	0.025	0.133	0.248	0.306	-0.106	-0.049
	(0.581)	(0.466)	(0.444)	(0.391)	(0.466)	(0.447)	(0.422)	(1.402)	(1.206)
开放程度	0.019	0.015	0.016	0.017	0.025	0.021	0.024	0.072	0.076
	(0.025)	(0.018)	(0.011)	(0.011)	(0.030)	(0.019)	(0.018)	(0.124)	(0.099)

注：* 表示在 10%的水平上显著，括号内为标准差

表3.5（b） 2002—2018年IVQR估计FDI、人力资本和经济增长

系数	q20	q30	q40	q50	q60	q70	q80
常数	0.114	0.034	0.594	10.76	0.016	0.148	5.405
	(4.603)	(8.326)	(0.581)	(110.8)	(1.067)	(0.442)	(128.7)
FDI	−0.005	−0.008	0.027	0.699	−0.018	−0.004	0.265
	(0.094)	(0.420)	(0.044)	(7.253)	(0.074)	(0.034)	(6.623)
本地投资	−0.004	0.007	0.022	0.233	0.042	0.030	0.687
	(0.389)	(0.170)	(0.023)	(3.871)	(0.088)	(0.041)	(16.80)
初始收入	−0.013	−0.003	−0.035	−0.690	0.000	−0.008	−0.307
	(0.323)	(0.619)	(0.034)	(6.960)	(0.076)	(0.036)	(7.736)
人力资本	−0.022	−0.021	0.006	0.509	−0.025	−0.017	0.295
	(0.193)	(0.212)	(0.036)	(3.861)	(0.069)	(0.020)	(7.967)
政府规模	−1.231	−0.709	−0.553	16.85	−0.291	0.138	11.84
	(9.734)	(24.90)	(1.087)	(201.2)	(1.126)	(0.827)	(323.5)
人口增长率	2.015	1.400	−1.512	−22.02	0.648	−0.511	−13.11
	(61.16)	(24.90)	(3.977)	(470.4)	(2.597)	(2.646)	(149.15)
通货膨胀	0.006	0.003	0.002	0.009	0.006	−0.001	0.113
	(0.088)	(0.022)	(0.012)	(0.584)	(0.014)	(0.015)	(3.138)
开放程度	−0.025	0.034	0.034	−0.031	−0.017	−0.035	0.089
	(0.050)	(0.478)	(0.672)	(0.051)	(0.055)	(0.291)	(9.000)

注：q10和q90矩阵接近奇异值，结果可能不准确，因此删除这两个分位数的结果

由表3.5的IVQR回归结果显示，1992—2001年外商直接投资快速发展阶段，人力资本对FDI技术溢出产生负向影响，但不显著。2002—2018年外商直接投资创新发展阶段，在q40、q50和q80分位数上，人力资本对FDI技术溢出产生正向影响，但不显著，在其他分位数上人力资本对FDI技术溢出还是产生负向影响。研究表明中国的人力资本还没有起到推动FDI技术溢出的作用，人力资本的不足阻碍了FDI技术溢出效应的产生。在经济不发达地区，由于人力资本的欠缺不能吸收FDI的技术外溢，但在经济发达地区虽然人力资本丰富，但仍不能有效吸收FDI的技术外溢，这可能是由于在经济发达地区FDI由于技术垄断、吸引大量国内人才、占据大量廉价资源等原因，技术外溢的效应已经是相当微弱。

第四章 FDI 技术溢出渠道

第一节 FDI 技术溢出渠道

一、FDI 横向溢出

FDI 横向溢出主要是指一方面内资企业为了应对同行业外商企业进入所带来的市场份额减少而努力提高技术和管理能力从而提高劳动生产率的效应，另一方面内资企业通过对同行业外商企业进入所带来先进技术的学习、模仿和创新对劳动生产率提高所带来的作用和效果。

（一）技术示范和模仿

示范和模仿是指外商企业的先进技术或产品、经营方式、市场定位等由于其容易外漏性，对东道国的同类企业起到了示范作用，本地企业为了采用与外商企业相似的技术，与其进行市场竞争，在示范的基础上对外商企业的技术或产品进行简单的模仿和创新。东道国企业与外商企业的技术差距是技术示范和模仿存在的前提条件。

外商投资企业的进入不仅为东道国带来了先进的技术水平，也为模仿效应的产生创造了可能性，但是东道国企业只有获取并掌握相关的技术信息后才有可能实施技术模仿。企业获取、掌握新技术的手段很多，对于技术含量较低的生产工艺、生产流程等，东道国企业可以通过与外商投资企业直接接触后，采取直接模仿的手段，提高自身技术水平，实现技术溢出。对于技术含量较高的生产工艺，东道国企业可以通过购买竞争对手的产品，对其进行深入研究来掌握生产该产品的技术，即所谓的“逆向工程”，“逆向工程”是获取产品技术信息重要而便捷的手段。模仿效应还可以通过挖走外商企业的员工，聘请跨国公司内掌握先进技术的人才，将其掌握的先进技术以及管理经验运用到东道国企业中。此外，东道国企业还可以通过参加科技会议，查阅科研类杂志和专利文献，与外商投资企业的员工进行非正式交流等各种途径发挥模仿效应。

但是示范和模仿效应的发生，可能使东道国企业失去技术创新能力。如果产业中的关键技术主要依靠外商投资企业，而外商企业出于全球战略化考虑，采取各种手段阻止产业技术的外溢，这就遏制了本国产业技术进步和实现技术超越的潜力。

（二）人力资本流动

人力资本是通过投资形成的凝结在人身体内的知识、能力、健康等所构成，能够物化于商品和服务，增加商品和服务供应，并以此获得收益的价值。人力资本的载体也被称为人力资源。国外资本通常是和人力资源的开发相结合，这也正是他的竞争优势所在，任何先进的技术、设备等，不能完全脱离了人力资源而单独存在。外商投资企业对当地雇用员工进行培训，提高了东道国的人力资本水平，促进了 FDI 的技术溢出。培训形式多样化，例如向雇员提供直接的短期课程学习，派遣到国外母公司学习，对其进行职业发展规划，让其参与母公司的人事培训等。另外，当地企业的技术人员在跨国公司中参与研发活动，在与投资企业的专家不断的接触过程中，学习到外商企业的管理经验，运作流程等。当这些人员由外商企业的当地雇员转移流动到东道国本土企业时，他们所掌握的先进技术知识也随之外流，技术溢出随之产生，这种溢出的产生过程可以被称为人力资源的流动效应。

外商企业为了保证在东道国的投资能够顺利进行，需要雇佣和开发当地的人力资源，其原因主要来自三方面的考虑：（1）本地人员成本低，发展中国家的工资普遍低于发达国家，外来雇员的工资水平以发达国家为标准，大大提高了外商企业的生产成本。（2）地区之间在文化、经济环境、贸易政策、法律法规等方面都存在着差异，本地人员熟悉当地的实际情况，人才本地化利于人员的交流，消除由于差异性引发的误解。（3）利用当地人员的人际关系网，拓展市场，扩大销售渠道，降低交易成本。通过人才的流动，创造先进生产力的要素被带到国内企业，促进了国内企业生产率的发展。人力资本的流动导致技术溢出的过程可以描述为：外商投资的增加 —— 东道国人力资本平均水平提高 —— 人力资本流动 ——FDI 技术溢出。

（三）市场竞争

竞争效应是指外商企业进入东道国市场后，打破了原有市场均衡，加剧了市场竞争，促使东道国企业改进技术以提高劳动生产率，迫使外商企业加快技术转移的速度。外商企业与本地企业的相互影响程度决定了竞争效应的大小。

竞争效应具有两面性。从正向影响来看，首先，外商企业的进入将与东道国企业争夺市场，激励和刺激当地企业更有效地利用资源，加大研发力度，提高自己在产品市场上的竞争能力，推动当地企业成为有国际竞争力的企业；其次，东道国存在一些垄断行业，外资的进入可以在一定程度上消除垄断，提高行业的整体水平，社会福利也得以改善。此外，当地企业对跨国公司形成的竞争压力，也会迫使跨国公司子公司采用更为先进的技术，增加产生技术溢出的可能性。再次，外商企业在激烈的市场竞争下，为了维持和提高自身竞争实力，对其供应商的产品制定也提出了严格而苛刻的技术检验标准，作为关联企业的本国供应商只有通过不断的技术更新来达到合作的目的，同时外商企业也愿意为有潜力的供应商提供技术支持、信息服务甚至资金援助。市场竞争的负面影响则体现在跨国公司有可能利用其强大的市场竞争能力将本土企业挤出市场，甚至形成垄断。在本书关于技术溢出与市场竞争的研究中，只关注竞争的正向影响。

跨国公司的进入也给众多的本土企业带来了活力。面对强有力的竞争，本土企业要么奋起迎接挑战，要么就要被挤出市场。为了能在市场上与持有较高技术的跨国公司相抗衡，本土企业必须改变原来效率低下的局面，进行管理体制的革新，加大研发力度，并用各种办法虚心地向外国进入者学习先进的技术和管理经验。

（四）出口

外商企业的业务一般都包括出口，东道国企业通过与外商企业的合作，可以学习外商企业的产品出口经验，例如如何在海外市场建立销售网络，如何了解顾客偏好，物流的经验，如何签订协议等。外商企业的这些出口优势，可以使东道国企业少走弯路，进而节约进入国外市场的成本。

（五）科研合作

跨国公司为了提高国际竞争力，一般会选择在东道国设立研发机构，这就会对当地企业的技术进步、市场竞争和产业发展带来很大影响。一方面，跨国公司在当地设立研发机构，就有可能与当地的大学或研发机构合作，如开展学术交流、联合进行课题研究、共同开展技术研发等，通过合作就有可能给当地研发机构带来先进的技术、管理经验，为中国的教育和研发机构提供了极好的“免费搭车”机会。跨国公司的先进技术和管理经验会促使当地研发机构进行创新，从而带来当地研发机构研发水平的提高。另一方面，跨国公司在当地设立研发中心，这将有利于当地企业融入跨国公司的全球技术整合中，从而有利于当地企业各方面能力的提高。当地企业通过参与外资机构的研发，就有可能更快地学到国外的先进技术，这样就能更好地为促进当地企业发展服务。

二、FDI 纵向溢出

纵向技术溢出渠道是指 FDI 通过与东道国形成前向、后向产业关联而形成的技术溢出渠道。拥有先进技术或信息优势的外商企业与东道国企业发生供求联系时，东道国企业能从外商企业先进产品、工序技术或市场知识中“免费搭车”，不需支付任何成本，于是就发生了技术溢出。产业间的关联本质上是由各个产业的供给和需求决定的，并且各个产业之间因在产业链中所处的位置不同而有所差别。

跨国公司子公司之所以愿意与当地供应商建立非正式的，又具有一定稳定性的“联系”关系，原因在于既可以充分利用当地廉价的投入要素，增强产品竞争力；又可以根据市场上产品的需求趋势及时调整生产规模，最大化地保证自身的赢利水平。这种通过产业关联渠道带来的技术溢出效应，一般称其为联系效应。

随着经济全球化和生产非一体化的发展，国际分工由以往的产业间贸易逐步转向垂直产业内贸易。在这种分工背景下，中国参与国际贸易的格局也发生了较大的变化，基于垂直专业化并且由外资所主导的加工贸易逐渐超过了一般贸易，近年来前者已经占据中国对外贸易的50%左右。因此，研究FDI对东道国的技术溢出问题自然使人联想到除了水平溢出之外，还需关注垂直专业化分工中前、后向产业联系即行业间的技术溢出效应问题。

（一）前向联系

前向联系是指外商直接投资企业与东道国销售商、当地顾客厂商、外包生产企业等发生的联系，东道国企业为外商企业提供销售服务、半成品、成品的加工和其他服务。产业内以及产业间都存在前向联系。当东道国某个产业的前向关联系数越大，说明该产业越可能成为牵头产业，大大促进相关产业的发展。

外商企业对与之发生前向关联的东道国企业进行相关产品的演示、使用及售后等相关方面的培训，同时外商企业可以通过自己的销售网络，向东道国企业展示其销售策略和销售技巧，在前向联系的发生过程中外商企业对东道国企业产生技术溢出。前向联系中，外商企业与东道国企业通过市场形成一种合作的契约关系，这种契约关联提高了东道国企业的竞争力，也正是因为这种关联，大量的知识、技术、管理经验从外国子公司转移到本土企业。

（二）后向联系

后向联系是指东道国企业为外商企业提供生产所需的原材料、零部件以及其他各种服务。在后向关联中，外商企业通过技术帮助、人员培训、质量控制和标准化等方式将技术转移给当地供应商，从而引起技术的扩散，外商企业对产品的高要求，促使东道国原料供应商不断改善技术。外商企业通过与当地供应商建立后向联系，充分利用当地廉价且质量好的要素，压缩成本，加强产品价格的竞争能力。当东道国的后向联系程度越大，由外商企业向本地企业发生技术溢出的可能性就越大。例如，外商企业为了确保每个零部件的高质量供应，会积极主动地向其提供零部件的中小企业进行产品培训，提高其技术水平。

第二节 FDI 技术溢出渠道理论分析与数值模拟

外商投资企业通过多种溢出途径对东道国的经济发展产生重要影响。一方面，外商投资企业的进入加剧了东道国国内市场的竞争程度，迫使东道国企业更有效的利用现有资源或研发新技术，从而提高了东道国企业的生产力。

另一方面，外商投资企业通过与东道国形成前向、后向关联企业改变东道国的产业结构。通过前向关联效应，东道国企业可以从处于上游行业的外商投资企业获得质量好、技术含量高且价格低廉的中间投入品，由此提高东道国企业的生产效率。通过后向关联效应，东道国企业可以获得外商投资企业的技术援助、咨询、人员培训等服务，从而改善了东道国企业的经济管理，提高了产品质量。

Markusen 和 Venables（1999）在局部均衡的框架下，综合分析了生产最终消费品的跨国公司对东道国产业发展所产生的影响。研究表明：由于竞争效应的存在，跨国公司的生产导致最终消费品总产出的增加，降低了消费品价格，从而将不具备竞争力的国内企业挤出市场。由于后向关联效应的存在，跨国公司创造了对中间产品的额外需求，非完全竞争的国内企业平均成本会因生产规模的扩大而下降，从而增加了中间产品生产者的利润，导致了其他企业进入中间产品生产行业。由于前向关联效应，中间产品生产企业数量的增加导致中间产品价格的下降，由于投入成本的下降导致国内企业进入最终消费品生产行业。

Matouschek 和 Venables（2005）建立了一个包括两种产品和三类企业（东道国生产中间产品和最终产品的企业以及仅生产最终产品的跨国公司）的局部均衡模型，更深入地研究了跨国企业进入对本国市场产生的竞争效应与后向关联。分析结果认为跨国公司创造了对国内生产的中间产品的需求，一方面增加了国内供应企业的利润，另一方面增强了上游中间产品生产者的竞争力，并且这两个方面都对专门生产中间产品的国内供应企业的整体生产能力具有正的效应。

Markusen 和 Venables（1999），Matouschek 和 Venables（2005）的研究中前向关联和后向关联独立存在，在一个产业链中没有同时包含前向关联和后向关联，同时在他们的研究中假定商品进口也作为一种最终消费品的生产。本节基于 Markusen 和 Venables，Matouschek 和 Venables 的理论模型，在分析中剔除进口贸易的影响，只分析外商投资对东道国经济的影响，对 Markusen 和 Venables，Matouschek 和 Venables 模型中的竞争效应和前向关联或者竞争效应和后向关联进行数值模拟分析，而且在其理论模型基础上对其进行扩展，将竞争效应、前向关联和后向关联同时包含在产业链中，分析横向溢出和纵向溢出对东道国经济的影响。

首先分析外商投资企业作为最终产品生产者而产生的竞争效应和后向联系关系；其次分析外商投资企业作为中间产品生产者而产生的竞争效应和前向联系关系；最后分析一种特例情况，外商投资企业既作为最终产品生产者，也作为中间产品生产者，在此情况下同时分析竞争效应，前向联系和后向联系。本节通过理论模型构建和数值模拟分析，反映外商投资企业如何通过各种溢出途径对东道国的经济发展产生影响。

一、外商投资企业与东道国企业发生后向联系的数值模拟分析

（一）理论模型

从需求和供给两个方面描述理论模型。中间产品仅由本国企业生产，最终产品由本国企业和外商投资企业共同生产。外商投资企业通过后向联系获得本国企业的中间产品。n_i，p_i，x_i分别代表生产中间产品的本国企业数量，中间产品的价格和每个企业的产出。n_d，p_d，x_d 分别代表生产最终产品的本国企业数量、本国企业销售最终产品的价格和生产最终产品的每个本地企业的产出。n_m，p_m，x_m 分别代表生产最终产品的外商投资企业数量、外商投资企业销售最终产品的价格和生产最终产品的每个外商投资企业的产出。

1. 需求

生产者生产异质产品，产品的替代弹性为常数，构建中间产品价格指数为：

$$q_i = (n_i p_i^{1-\theta})^{1/(1-\theta)} \tag{4.1}$$

变量θ表示产品异质性程度，θ值较小表示产品具有较高的异质性，θ→∞表示产品之间可以完全替代。假设市场对中间产品的需求总量为I，根据谢泼德引理得出每一种产品的需求函数为：

$$x_i = p_i^{-\theta} I q_i^{\theta} \tag{4.2}$$

消费品c由本国企业和外商投资企业共同生产，服务于本地市场，构建消费品c价格指数如下：

$$q_c = (n_d p_d^{1-\varepsilon} + n_m p_m^{1-\varepsilon})^{1/(1-\varepsilon)} \tag{4.3}$$

变量ε表示产品异质性程度，市场对消费品c的需求总量为$Cq_c^{-\eta}$，η表示关于价格指数q_c的需求弹性，C为常数。根据谢泼德引理得出每一种产品的需求函数为：

$$x_d = p_d^{-\varepsilon} C q_c^{\varepsilon-\eta} \tag{4.4}$$

$$x_m = p_m^{-\varepsilon} C q_c^{\varepsilon-\eta} \tag{4.5}$$

2. 供给

每一种产品的生产厂商根据利润函数最大化其利润从而决定其最优产出，中间产品生产厂商的利润函数为：

$$\pi_i = p_i(x_i) - b_i(x_i + F_i) \tag{4.6}$$

每一个企业的主要生产要素为资本。b_i为效率参数，等于边际生产成本，为常数，$b_i F_i$表示固定成本。根据需求函数（4.2），得出最优的价格为：

$$p_i\left(1 - \frac{1}{\theta}\right) = b_i \tag{4.7}$$

根据（4.6）式和（4.7）式，当生产厂商的销售收入等于生产成本时：

$$x_i = (\theta - 1)F_i \qquad (4.8)$$

生产消费品 c 的本地企业的利润函数为：

$$\pi_d = p_d x_d - b_d(x_d + F_d)(1 - u_d + u_d q_i) \qquad (4.9)$$

b_d为效率参数，$1 - u_d$表示生产需要的主要生产要素的比例，u_d表示需要的中间产品的比例，u_d为输入—产出系数，表示生产单位产品 c 需要中间产品 i 的量。根据利润最大化得：

$$p_d\left(1 - \frac{1}{\varepsilon}\right) = b_d(1 - u_d + u_d q_i) \qquad (4.10)$$

根据零利润条件得：

$$x_d = (\varepsilon - 1)F_d \qquad (4.11)$$

同理，生产消费品 c 的外商投资企业的利润函数为：

$$\pi_m = p_m x_m - b_m(x_m + F_m)(1 - u_m + u_m q_i) \qquad (4.12)$$

b_m为效率参数，u_m表示外商投资企业生产单位产品 c 需要的本地中间产品 i 的量。由于外商投资企业与本地企业技术水平的不同，输入—产出系数可能不同，如果$u_m < u_d$，外商投资企业相对于本地企业较少的利用本地企业的中间产品。

根据利润最大化和零利润条件得：

$$p_m\left(1 - \frac{1}{\varepsilon}\right) = b_m(1 - u_m + u_m q_i) \qquad (4.13)$$

$$x_m = (\varepsilon - 1)F_m \qquad (4.14)$$

在给定外商投资企业数量n_m的情况下，生产中间产品和消费品 c 的本国企业根据零利润条件调整厂商数量n_i和n_d。

根据本地企业和外商投资企业生产消费品 c 时对中间产品的需求，确定中间产品的需求总量为：

$$I = n_d u_d b_d (F_d + x_d) + n_m u_m b_m (F_m + x_m) \tag{4.15}$$

（二）数值模拟分析

本节通过数值模拟分析方法，分析外商投资企业与东道国企业发生竞争关系和后向联系的理论模型。假设产品 i 和产品 c 的本国企业产出为单位产出，即 $x_i = 1$，$x_d = 1$，其余参数赋值如表 4.1 所示。

表 4.1 参数基本赋值

组	参数	ε	θ	η	C	b_i	b_d	b_m	u_d	u_m	n_m
1	FDI 未进入东道国	5	5	1.1	2	1	1	1	0.667	0.667	0
2	FDI 进入东道国	5	5	1.1	2	1	1	1	0.667	0.667	0.2

当外商投资企业未进入东道国市场时，图 4.1 反映了处于上游和下游的东道国企业相互影响关系。图 4.1 的横轴表示了生产产品 i 的本国企业数量n_i，纵轴表示了生产产品 c 的本国企业数量n_d。

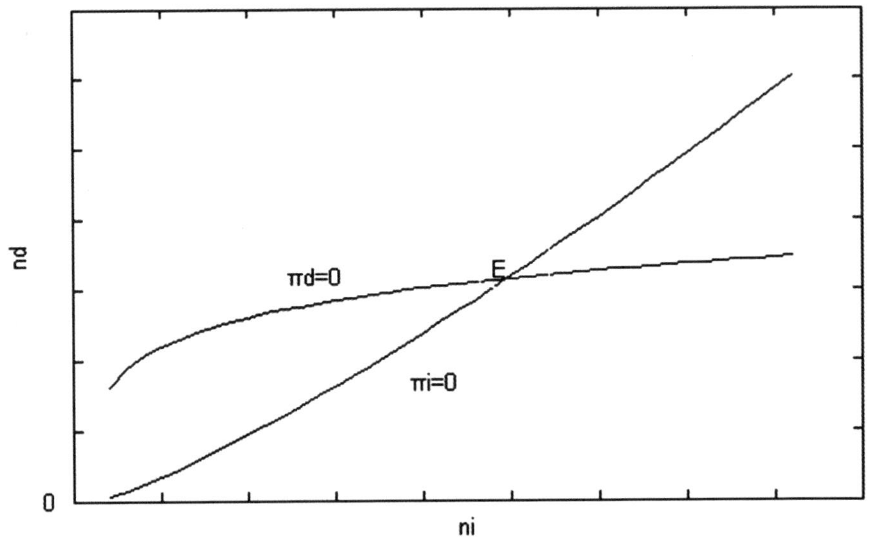

图 4.1 外商投资企业未进入时的市场均衡

图 4.1 中两条曲线分别代表$\pi_i = 0$和$\pi_d = 0$，市场存在唯一均衡点E。$\pi_i = 0$曲线表示生产产品 i 的企业利润为零，曲线右边表示有较多的本国企业进入 i 产品的生产，此时企业利润为负，曲线左边表示对产品 i 的较高需求使得 i 产品的生产企业获得较高的利润。$\pi_d = 0$曲线表示生产产品 c 的企业利润为零，曲线上方表示有较多的本国企业进入 c 产品的生产，曲线下方表示本国企业进入 c 产品市场仍存在利润空间。

外商投资企业的进入从两方面影响市场均衡：一方面是竞争影响，如等式（4.3）所示，n_m的提高降低了价格指数q_c，从而降低了本国企业的销售量，导致一部分本国企业退出市场，其余本国企业维持零利润水平；另一方面是后向关联影响，如等式（4.15）所示，外商投资企业的进入可能扩大对中间产品 i 的需求，对 i 产品需求的扩大可能导致 i 产品产出的增大。如图 4.2 所示，原均衡点E由于外商投资企业的进入变为E'，本节从均衡点的变化，分析外商投资企业如何通过竞争和后向关联对东道国产生影响。

从本国企业数量角度出发：由于市场竞争的原因，曲线$\pi_d = 0$向下移动。外商投资企业的进入会扩大对中间产品 i 的需求，因此曲线$\pi_i = 0$先向右移动，此影响被称为后向联系影响，图中的 b-1 即表示后向联系影响，但由于外商投资企业的进入使得生产产品 c 的本国企业数量剧烈减少，外商投资企业对中间产品 i 需求量的增加无法弥补本国企业对中间产品 i 需求量的减少，由此$\pi_i = 0$曲线向左移动在点E'达到新的均衡点。由图 4.2 表明，较弱的后向联系，不仅降低了生产产品 c 的本国企业数量，而且降低了生产中间产品的本国企业数量。

从东道国福利角度出发：假设主要生产要素的价格不变，市场中的每一个企业都是零利润，因此福利的增加主要来源于消费者剩余 —— 产品 c 的供应量和价格指数q_c的改变。由等式（4.3）知，q_c随n_d和n_m的增大而减小，随p_d和p_m的增大而增大，根据等式（4.1）、（4.10）和（4.13）知，p_d和p_m随n_i的增大而减小。根据本节构建的模型，消费者剩余与q_c成反比例关系。均衡点E'，生产产品 c 的本国企业数量减少，东道国福利由于本国企业数量的减少而造成福利损失，但由于外商投资企业的进入不仅弥补了这部分损失，而且使得东道国总体福利增加。

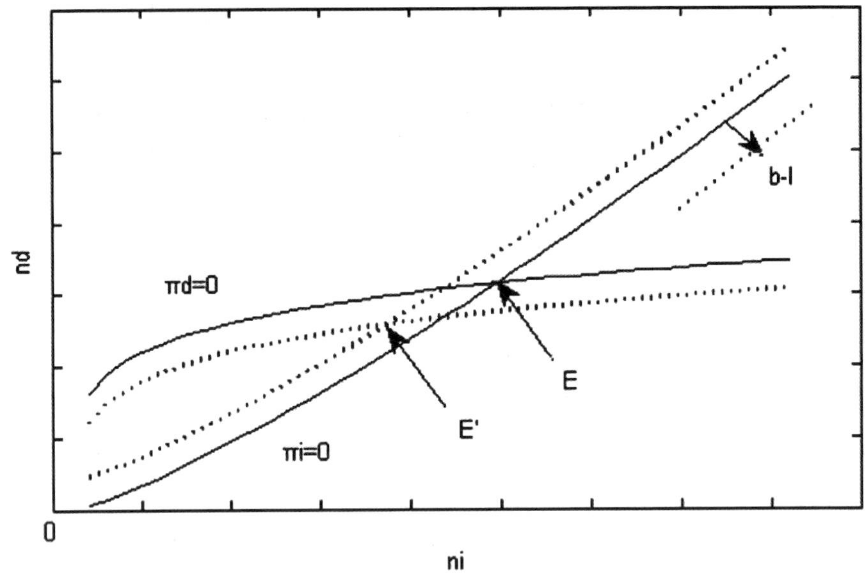

图 4.2 外商投资企业进入后的市场均衡

二、外商投资企业与东道国企业发生前向联系的数值模拟分析

（一）理论模型

本节同样从需求和供给两个方面描述理论模型。当外商投资企业作为中间产品的生产者时，东道国市场的中间产品由本国企业和外商投资企业共同生产，最终产品由本国企业单独生产。外商投资企业通过前向联系为东道国企业提供中间产品的输入。n_i，p_i，x_i分别代表生产中间产品的本国企业数量、本国企业销售中间产品的价格和每个企业的产出。n_{mi}，p_{mi}，x_{mi}分别代表生产中间产品的外商投资企业数量、外商投资企业销售中间产品的价格和生产中间产品的每个外商投资企业的产出。n_d，p_d，x_d 分别代表生产最终产品的本国企业数量、本国企业销售最终产品的价格和生产最终产品的每个本地企业的产出。

1. 需求

中间产品由本国企业和外商投资企业共同生产，价格指数构建为：

$$q_i = (n_i p_i^{1-\theta} + n_{mi} p_{mi}^{1-\theta})^{1/(1-\theta)} \tag{4.16}$$

变量 θ 表示产品异质性程度，假设市场对中间产品的需求总量为 I，根据谢泼德引理得出每一种产品的需求函数为：

$$x_i = p_i^{-\theta} I q_i^{\theta} \tag{4.17}$$

$$x_{mi} = p_{mi}^{-\theta} I q_{mi}^{\theta} \tag{4.18}$$

消费品 c 由本国企业单独生产，价格指数为：

$$q_c = (n_d p_d^{1-\varepsilon})^{1/(1-\varepsilon)} \tag{4.19}$$

变量 ε 表示产品异质性程度，市场对消费品 c 的需求总量为$Cq_c^{-\eta}$，η 表示关于价格指数q_c的需求弹性，C 为常数。根据谢泼德引理得出每一种产品的需求函数为：

$$x_d = p_d^{-\varepsilon} C q_c^{\varepsilon-\eta} \tag{4.20}$$

2. 供给

生产中间产品的本国企业的利润函数为：

$$\pi_i = p_i(x_i) - b_i(x_i + F_i) \tag{4.21}$$

b_i为效率参数，等于边际生产成本，为常数，$b_i F_i$表示固定成本。根据需求函数，得出最优的价格为：

$$p_i\left(1 - \frac{1}{\theta}\right) = b_i \tag{4.22}$$

根据零利润条件得：

$$x_i = (\theta - 1)F_i \tag{4.23}$$

同理，生产中间产品的外商投资企业的利润函数为：

$$\pi_{mi} = p_{mi}x_{mi} - b_{mi}(x_{mi} + F_{mi}) \tag{4.24}$$

b_{mi}为效率参数，$b_{mi}F_{mi}$表示固定成本。根据利润最大化和零利润条件得：

$$p_{mi} = \left(1 - \frac{1}{\theta}\right) = b_{mi} \tag{4.25}$$

$$x_{mi} = (\varepsilon - 1)F_{mi} \tag{4.26}$$

生产消费品 c 的本地企业的利润函数为：

$$\pi_d = p_d x_d - b_d(x_d + F_d)(1 - u_d + u_d q_i) \tag{4.27}$$

b_d为效率参数，$1 - u_d$表示生产需要的主要生产要素的比例，u_d表示生产单位产品 c 需要中间产品 i 的量。根据利润最大化得：

$$p_d\left(1 - \frac{1}{\varepsilon}\right) = b_d(1 - u_d + u_d q_i) \tag{4.28}$$

根据零利润条件得：

$$x_d = (\varepsilon - 1)F_d \tag{4.29}$$

在给定外商投资企业数量n_{mi}的情况下，生产中间产品和消费品 c 的本国企业根据零利润条件调整厂商数量n_i和n_d。

根据本国企业生产消费品 c 时对中间产品的需求，确定中间产品的需求总量为：

$$I = n_d u_d b_d(F_d + x_d) \tag{4.30}$$

（二）数值模拟分析

本节通过数值模拟分析方法，分析外商投资企业与东道国企业发生竞争关系和前向联系的理论模型。假设产品 i 和产品 c 的本国企业产出为单位产出，即$x_i = 1$，$x_d = 1$，其余参数赋值如表 4.2 所示。

表 4.2 参数基本赋值

组	参数	ε	θ	η	C	b_i	b_d	b_{mi}	u_d	n_{mi}
1	FDI 未进入东道国	5	5	1.1	2	1	1	1	0.85	0
2	FDI 进入东道国	5	5	1.1	2	1	1	1	0.85	0.025

图 4.3 的实线代表外商投资企业未进入中间产品 i 生产时的市场均衡，虚线代表外商投资企业进入中间产品 i 生产时的市场均衡。曲线表示生产产品 i 的企业利润为零，曲线下边表示有较多的本国企业进入 i 产品的生产，此时企业利润为负，曲线上边表示生产产品 i 的本国企业利润大于零。$\pi_d = 0$曲线表示生产产品 c 的企业利润为零，曲线上方表示有较多的本国企业进入 c 产品的生产，曲线下方表示本国企业进入 c 产品市场仍存在利润空间。

外商投资企业的进入从两方面影响市场均衡：一方面是竞争影响，如等式（4.16）所示，n_{mi}的提高降低了价格指数q_i，从而降低了本国企业的销售量，导致一部分本国企业退出市场，其余本国企业维持零利润水平；另一方面是前向关联影响，如等式（4.30）所示，外商投资企业的进入可能使得中间产品 i 的供给增加，从而使得更多的本国企业进入产品 c 的生产。

如图 4.3 所示，原均衡点E由于外商投资企业的进入变为E'，本节从均衡点的变化，分析外商投资企业如何通过竞争和前向关联对东道国产生影响。

从本国企业数量角度出发：由于市场竞争的原因，曲线$\pi_i = 0$向上移动，生产产品 i 的本国企业减少。外商投资企业的进入扩大了对中间产品 i 的生产，通过前向联系，需要更多的最终产品生产企业，因此曲线$\pi_d = 0$向上移动，此影响被称为前向联系影响，由此在点E'达到新的均衡点。由图 4.3 表明，通过竞争和前向联系，外商投资企业的进入提高了生产产品 c 的本国企业数量，降低了生产中间产品 i 的本国企业数量。

从东道国福利角度出发：假设主要生产要素的价格不变，市场中的每一个企业都是零利润，因此福利的增加主要来源于消费者剩余 —— 产品 c 的供应量和价格指数q_c的改变。由等式（4.19）知，q_c随n_d的增大而减小，随p_d的增大而增大，根据等式（4.16）和（4.28）知，p_d随n_i和n_m的增大而减小。根据本节构建的模型，消费者剩余与q_c成反比例关系。均衡点E'，生产产品 c 的本国企业数量增加，东道国福利由于企业数量的增加而导致福利提高。

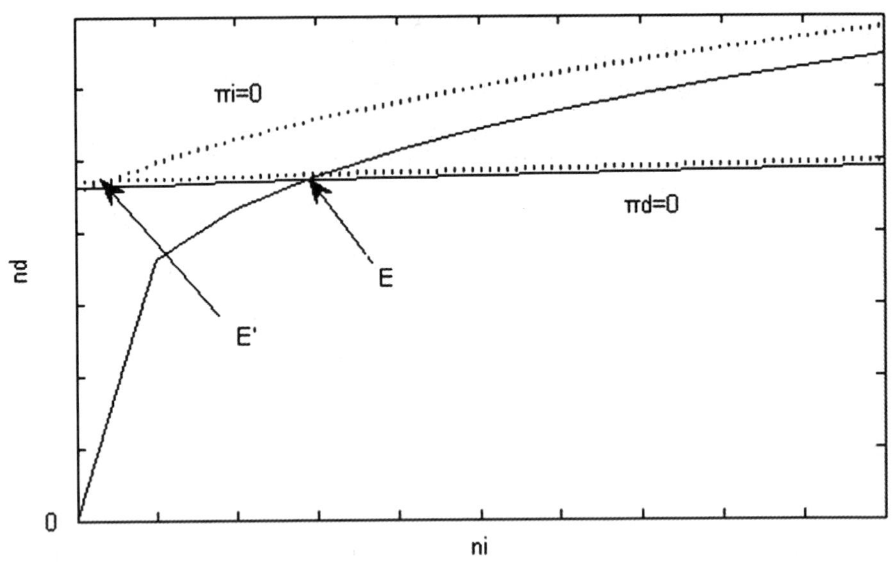

图 4. 3 外商投资企业未进入和进入时的市场均衡

三、外商投资企业与东道国企业同时发生前向和后向联系的数值模拟分析

（一）理论模型

产品 i 作为产品 c 的中间产品投入到 c 的生产过程中，部分产品 c 又作为产品 f 的中间产品投入到 f 的生产过程中。产品 i 由本国企业生产，产品 c 由本国企业和外商投资企业共同生产，产品 f 由本国企业生产。外商投资企业通过后向联系获得本国企业的中间产品 i，同时外商投资企业通过前向联系为本国企业提供中间产品 c。n_i，p_i，x_i分别代表生产产品 i 的本国企业数量、产品 i 的销售价格和每个企业的产出。n_d，p_d，x_d 分别代表生产产品 c 的本国企业数量、本国企业销售产品 c 的价格和生产产品 c 的每个本地企业的产出。n_m，p_m，x_m 分别代表生产产品 c 的外商投资企业数量、外商投资企业销售产品 c 的价格和生产产品 c 的每个外商投资企业的产出。n_f，p_f，x_f分别代表生产产品 f 的本国企业数量、产品 f 的销售价格和每个企业的产出。

1. 需求

产品 i 由本国企业生产，价格指数为：

$$q_i = (n_i p_i^{1-\theta})^{1/(1-\theta)} \tag{4.31}$$

变量 θ 表示产品异质性程度，市场对产品 i 的需求总量为 I，根据谢泼德引理得出每一种产品的需求函数为：

$$x_i = p_i^{-\theta} I q_i^{\theta} \tag{4.32}$$

产品 c 由本国企业和外商投资企业共同生产，产品 c 的价格指数为：

$$q_c = (n_d p_d^{1-\varepsilon} + n_m p_m^{1-\varepsilon})^{1/(1-\varepsilon)} \tag{4.33}$$

变量 ε 表示产品异质性程度，市场对产品 c 的需求总量为 C。根据谢泼德引理得出每一种产品的需求函数为：

$$x_d = p_d^{-\varepsilon} C q_c^{\varepsilon} \tag{4.34}$$

$$x_m = p_m^{-\varepsilon} C q_c^{\varepsilon} \tag{4.35}$$

产品 f 由本国企业生产，价格指数为：

$$q_f = (n_f p_f^{1-\sigma})^{1/(1-\sigma)} \tag{4.36}$$

变量 σ 表示产品异质性程度，市场对产品 f 的需求总量为 $Qq_f^{\sigma-\eta}$，η 表示关于价格指数 q_f 的需求弹性，Q 为常数，根据谢泼德引理得出每一种产品的需求函数为：

$$x_f = p_f^{-\sigma} Q q_f^{\sigma-\eta} \tag{4.37}$$

2. 供给

生产产品 i 的本国企业的利润函数为：

$$\pi_i = p_i x_i - b_i(x_i + F_i) \tag{4.38}$$

b_i为效率参数，等于边际生产成本，为常数，b_iF_i表示固定成本。根据需求函数，得出最优的价格为：

$$p_i\left(1-\frac{1}{\theta}\right)=b_i \tag{4.39}$$

根据零利润条件得：

$$x_i=(\theta-1)F_i \tag{4.40}$$

生产产品 c 的本地企业的利润函数为：

$$\pi_d=p_dx_d-b_d(x_d+F_d)(1-u_d+u_dq_i) \tag{4.41}$$

b_d为效率参数，$1-u_d$表示生产需要的主要生产要素的比例，u_d表示生产单位产品 c 需要产品 i 的量。根据利润最大化得：

$$p_d\left(1-\frac{1}{\varepsilon}\right)=b_d(1-u_d+u_dq_i) \tag{4.42}$$

根据零利润条件得：

$$x_d=(\varepsilon-1)F_d \tag{4.43}$$

同理，生产产品的外商投资企业的利润函数为：

$$\pi_m=p_mx_m-b_m(x_m+F_m)(1-u_m+u_mq_i) \tag{4.44}$$

b_m为效率参数，u_m表示外商投资企业生产单位产品 c 需要的产品 i 的量。根据利润最大化和零利润条件得：

$$p_m\left(1-\frac{1}{\varepsilon}\right)=b_m(1-u_m+u_mq_i) \tag{4.45}$$

$$x_m=(\varepsilon-1)F_m \tag{4.46}$$

生产产品 f 的本地企业的利润函数为：

$$\pi_f=p_fx_f-b_f(x_f+F_f)(1-u_f+u_fq_i) \tag{4.47}$$

b_f为效率参数，$1-u_f$表示生产需要的主要生产要素的比例，u_f表示生产单位产品 f 需要产品 c 的量。根据利润最大化得：

$$p_f\left(1-\frac{1}{\sigma}\right)=b_f(1-u_f+u_fq_c) \quad (4.48)$$

根据零利润条件得：

$$x_f=(\sigma-1)F_f \quad (4.49)$$

在给定外商投资企业数量n_m的情况下，生产产品 i，产品 c 和产品 f 的本国企业根据零利润条件调整厂商数量n_i，n_d和 n_f。

根据本地企业和外商投资企业生产产品 c 时对产品 i 的需求，确定产品 i 的需求总量为：

$$I=n_du_db_d(F_d+x_d)+n_mu_mb_m(F_m+x_m) \quad (4.50)$$

根据本地企业生产产品 f 时对产品 c 的需求，确定产品 c 的需求总量为：

$$C=\frac{1}{s}n_fu_fb_f(F_f+x_f) \quad (4.51)$$

本国企业和外商投资企业生产的产品 c 既可以直接作为消费品被消费者购买，也可以作为产品 f 的中间投入品，（4.51）式中的 s 表示产品 c 作为中间投入品的比例。

（二）数值模拟分析

本节通过数值模拟分析方法，分析外商投资企业与东道国企业发生竞争关系、前向联系和后向联系的理论模型。假设产品 i、产品 c、产品 f 的本国企业产出为单位产出，即$x_i=1$，$x_d=1$，$x_f=1$其余参数赋值如表 4.3 所示。

表 4.3　参数基本赋值

组	参数	ε	θ	σ	η	Q	b_i	b_d	b_m	b_f	u_d	u_m	u_f	n_m	S
1	FDI 未进入东道国	5	5	5	1.1	2	1	1	1	1	0.67	0.67	0.67	0	0.1
2	FDI 进入东道国	5	5	5	1.1	2	1	1	1	1	0.67	0.67	0.67	0.2	0.1

图 4.4 的实线代表外商投资企业未进入产品 c 生产时的市场均衡，虚线代表外商投资企业进入产品 c 生产时的市场均衡。

外商投资企业的进入从三方面影响市场均衡：①竞争影响，如等式（4.33）所示，n_m的提高降低了价格指数q_c，从而降低了本国企业的销售量，导致一部分本国企业退出市场；②后向关联影响，如等式（4.50）所示，外商投资企业的进入可能扩大对产品 i 的需求，i 产品需求的扩大可能导致 i 产品产出的增大；③前向关联影响，如等式（4.51）所示，外商投资企业的进入可能使得产品 c 的供给增加，从而使得更多的本国企业进入产品 f 的生产。

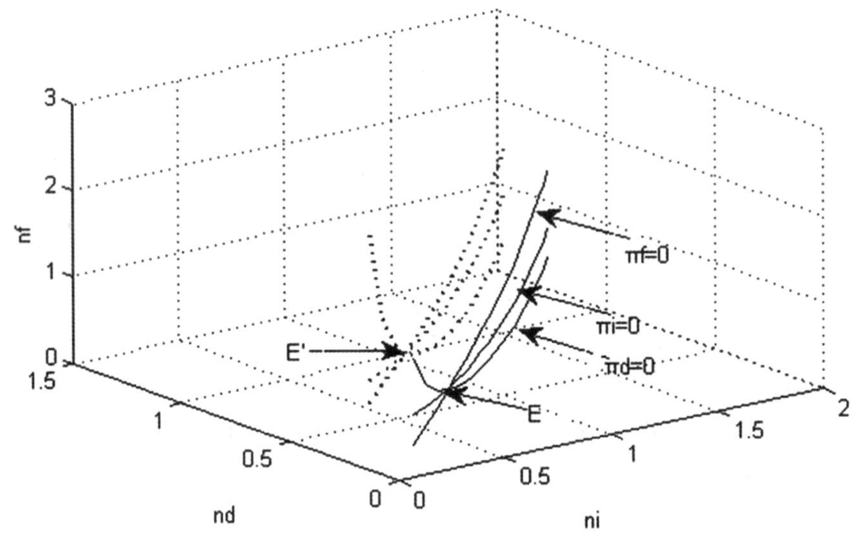

图 4.4 外商投资企业未进入和进入时的市场均衡

如图 4.4 所示，原均衡点E由于外商投资企业的进入变为E'，本节从均衡点的变化，分析外商投资企业如何通过竞争，后向关联和前向关联对东道国产生影响。

从本国企业数量角度出发：外商投资企业的进入导致了生产 c 产品的本国企业和外商投资企业的竞争，由于竞争原因，$\pi_d = 0$曲线向右移动，生产 c 产品的本地企业数量减少。同时，由于外商投资企业的进入所带来的前向关联使得生产 f 产品的本国企业数量增加，$\pi_f = 0$曲线向左上方移动。f 产品供给量的增加反过来推动了对 c 产品需求量的增加，前向关联间接导致生产 c 产品的本国企业数量的增加，从而导致$\pi_d = 0$曲线向左移动。当前向关联效应的作用大于竞争作用时，生产 c 产品的本国企业数量增加。外商投资企业的进入扩大了对产品 i 的需求，通过后向联系，i 产品的本国企业数量增加，曲线$\pi_i = 0$向n_i增大的方向移动。在竞争、前向联系和后向联系的作用下，形成了新的均衡点E'，由图 4.4 表明，外商投资企业的进入提高了生产产品 i，c，f 的本国企业数量。

从东道国福利角度出发：假设主要生产要素的价格不变，市场中的每一个企业都是零利润，因此福利的增加主要来源于消费者剩余 —— 产品 c 和产品 f 的供应量，以及价格指数q_c和q_f的改变。由等式（4.33）知，q_c随n_d和n_m的增大而减小，随p_d和p_m的增大而增大，由等式（4.36）知，q_f随n_f的增大而减小，随p_f的增大而增大。根据等式（4.31）、（4.42）和（4.45）知，p_d和p_m随n_i的增大而减小，根据等式（4.31）、（4.33）、（4.42）、（4.45）和（4.48）知p_f随n_i，n_d和n_m的增大而减小。根据本节构建的模型，产品 c 的消费者剩余与q_c和n_f成正比例关系，产品 f 的消费者剩余与q_f成反比例关系。均衡点E'，n_i，n_d，n_m和n_f的值变大，由此导致产品 c 的消费者剩余降低，产品 f 的消费者剩余提高，但是增加量无法弥补损失量，因此东道国总体福利降低。

四、FDI 技术溢出渠道的理论分析结果

外商投资企业作为最终产品生产者而产生竞争效应和后向联系时：一方面，外商投资企业的进入，不仅降低了生产最终产品的本国企业数量，而且降低了生产中间产品的本国企业数量；另一方面，东道国福利由于本国企业数量的减少而造成福利损失，但由于外商投资企业的进入不仅弥补了这部分损失，而且使得东道国总体福利增加。外商投资企业作为中间产品生产者而产生竞争效应和前向联系时：外商投资企业的进入提高了生产最终产品的本国企业数量，降低了生产中间产品的本国企业数量。东道国福利由于生产最终产品的本国企业数量的增加而导致福利提高。外商投资企业同时作为最终产品生产者和中间产

品生产者，发生竞争效应、前向联系和后向联系时：外商投资企业的进入虽然提高了本国企业的数量，但是总体福利降低。

结合本节关于 FDI 技术溢出渠道的理论分析，可以引申出如下一些政策建议。

（1）“市场换技术”战略的调整。“市场换技术”战略在中国失败的主要原因在于忽视了技术转移在中国发生的关键机制。核心技术是跨国公司的竞争力所在，他们不会轻易将这些技术转移给东道国国内同行业的竞争者。因此，为了促进技术由 FDI 转移到东道国，应该考虑行业间的溢出。通过加强与上下游外商企业的协作关系，借助其技术支持提升自身竞争力和技术实力，从垂直联系中获益。

（2）强化外商企业与东道国下游企业的前向联系。通过理论模型分析知，外商企业与东道国企业发生前向联系时，不仅提高了本国企业的数量，而且提高了东道国的整体福利。因此在引资方面，加强对外商企业中间产品的引入，同时中国的下游企业提高自身的吸收和消化能力，缩小本国企业与外商企业之间的技术差距。

第三节　FDI 技术溢出渠道实证分析

中国是引进外商直接投资最多的发展中国家，充分利用外商投资的技术溢出效应对中国经济增长以及技术进步有重大意义。拥有技术或信息优势的外商投资企业与当地关联企业发生供求联系时，后者就有可能从外商投资企业获得先进的技术，于是发生了技术溢出。外商投资企业也受益于这种供求联系，获得高质量或廉价的投入要素，不必担心生产要素的奇缺和大量产品的积压，最大限度地保证其正常生产、运作和盈利水平。

各种经济因素会影响跨国公司在东道国的市场地位，从而影响到 FDI 技术溢出的渠道，进而影响到技术溢出效应。本节从各种经济因素出发，分析在不同经济变量的作用下，FDI 通过何种溢出渠道对中国经济发展产生重要作用。

本节将选取中国工业部门作为研究对象，分析 FDI 技术溢出效应。首先，同时检验 FDI 横向溢出和纵向溢出。行业的最终产出不仅依赖于本行业的投入，其他行业的直接中间投入，还依赖于其他行业的间接投入，而利用李昂提夫逆矩阵能够考虑前向联系和后向联系中的直接影响和间接影响。其次，假设不同行业 FDI 水平溢出不同，各种经济因素包含在实证模型中作为决定 FDI 溢出的关键因素。

选取中国工业部门作为研究对象是因为：首先，中国外商投资量呈逐年增长趋势，通过选取最新数据同时检验 FDI 的横向溢出和纵向溢出具有一定的实践意义。其次，中国的工业部门覆盖了较广泛的范围，从传统的劳动密集型部门到机械运输设备部门，通过实证检验可以为其他国家提供借鉴。

一、开放程度对 FDI 技术溢出渠道的影响

东道国的对外开放程度贯穿于 FDI 技术溢出的几种渠道中，在推动 FDI 促进东道国经济增长中发挥着重要的作用。

（一）开放程度对示范 / 模仿渠道的影响

东道国的对外开放程度越高，东道国企业学习和模仿跨国公司先进技术的机会就越高，FDI 技术溢出效应越明显。一方面，开放程度越高，东道国企业越可以从发达国家引进更多的先进技术，为东道国企业进行技术模仿提供更高的可能性。另一方面，开放的贸易环境为跨国公司向其子公司转移新产品和新技术提供了便利的外部环境。

（二）开放程度对竞争渠道的影响

东道国开放程度的提高，加剧了东道国企业与跨国公司的竞争，从而间接推动了 FDI 技术溢出。一旦东道国的贸易壁垒被解除，东道国企业将与跨国公司处于激烈的市场竞争环境之中，这必然促使东道国企业不断提高企业的竞争能力，靠自己的实力获取跨国公司的先进技术，促使跨国公司提高对东道国企业投资的技术含量。东道国企业竞争力的提高，加强了其与跨国公司合作的可能性，特别是在技术上的合作，通过共同研发核心技术，逐步形成自主性的知识产权，缩短了与发达国家的技术差距。

（三）开放程度对前后向关联渠道的影响

开放程度的提高，可以激励跨国公司与东道国企业建立更为紧密的联系，加强两者之间的前后向关联，以实现跨国公司对东道国企业的技术转移。一方面，东道国贸易壁垒的解除，东道国企业可以为跨国企业提供更多成品生产制造所需的原材料、零部件和各种服务，东道国企业与跨国公司的后向联系开始产生。另一方面，东道国的贸易开放度越高，东道国企业为跨国公司提供成品市场营销服务、半成品、零部件或原材料的再加工服务就会变得更为便利，东道国企业与跨国公司的前向联系更为紧密。

二、贸易政策对 FDI 技术溢出渠道的影响

贸易政策是一国政府在其社会经济发展战略的总目标下，运用经济，法律和行政手段，对贸易活动进行的有组织管理和调节的行为。国际上贸易政策的具体措施包括：关税政策、非关税壁垒政策、鼓励出口和出口限制、倾销与反倾销政策等。

不同的贸易政策导致跨国公司在东道国不同的市场地位，从而影响到 FDI 技术溢出的各种渠道，进而影响到技术溢出效应。

（一）贸易政策对示范 / 模仿渠道的影响

保护性贸易政策下，跨国公司依据其在东道国的垄断性地位获得高额垄断利润，使得跨国公司倾向于维持现状，采用新技术的动力被大大减弱，技术更新速度降低。跨国公司技术更新慢意味着跨国公司的技术示范效应降低，当地企业无从模仿，FDI 技术溢出效应减弱。

自由贸易政策下，跨国公司与东道国企业形成竞争态势，跨国公司为了在竞争中占据有利地位，加大研发力度，不断更新技术产品，加快了技术更新的速度。跨国公司技术更新快，当地企业模仿的机会就会增大，FDI 技术溢出效应就可能变大。

（二）贸易政策对人力资本流动渠道的影响

贸易保护政策下形成的垄断性市场结构，使得人员流动性变差。跨国公司由于其垄断带来的高利润使得其员工待遇、福利高于东道国企业，同时由于其技术、知识的专业性，员工难以流动到东道国的其他企业，因此保护贸易政策阻碍了人力资本的流动。

自由贸易政策下，跨国公司与东道国企业的竞争关系，使得员工流动不存在技术、知识专业性的限制，同时两类企业为了吸引人才，制订了各种优惠措施，这些都促进了员工的流动性。人员的流动使得跨国公司的先进技术流入东道国企业，增强了FDI技术溢出的可能性，因此自由贸易保护措施促进了人力资本的流动。

（三）贸易政策对出口渠道的影响

贸易保护政策下，跨国公司关心的是东道国国内市场，出口国际市场不是跨国公司的主要目的。跨国公司没有出口业务，东道国企业就不可能通过任何方式学习到跨国公司如何在海外市场建立销售网络、建立运输基础设施、了解顾客偏好、签订协议等出口方面的知识和技术，从而也就不能通过出口来实现经济的快速增长。

自由贸易政策下，跨国公司的主要目的就是通过出口，提高全球市场份额。东道国企业通过合作、人力资本流动等方法学习跨国公司开拓新市场的经验，从而提高了东道国企业的出口额，实现生产、管理方法、技术水平等方面的改进。

（四）贸易政策对前向 / 后向关联渠道的影响

保护贸易政策下，跨国公司的垄断地位使其在挑选上游供应商时，可以挑选产品质量最好、成本最低的供应商，这样跨国公司为供应商提供技术支持的机会大大降低，相应技术溢出效应也会比较小。跨国公司由于其产品的垄断性，其下游企业只能选择跨国公司的产品，相反的跨国公司不会担心下游企业的流失，因此跨国公司不会为下游企业提供技术支持和服务咨询。

自由贸易政策下，由于竞争的存在，跨国公司不一定能够选到技术最高的供应商与之合作，此时跨国公司必须为其供应商提供技术支持以获得相应的产品生产需求，因此通过前向联系，东道国企业获得较多的技术溢出。另一方面，跨国公司由于不再处于垄断优势，其下游企业有了更多的选择，跨国公司为了尽可能地争取更多的客户，获取较高的市场份额，会为其下游企业提供更高技术、更好的服务。在东道国企业与跨国公司不断地联系中，东道国企业获得较高的技术溢出。

三、FDI 技术溢出渠道计量分析

（一）计量模型

不同于以往研究中或者只分析行业内技术溢出，或者只分析行业间技术溢出问题，本节把 FDI 的行业内技术溢出和行业间技术溢出纳入一个统一的分析框架内，即基于横向溢出渠道和纵向溢出渠道分析 FDI 技术溢出效应。基于扩展的柯布－道格拉斯生产函数模型的对数形式，运用计量经济学的多元线性回归分析方法，构建回归模型如下：

$$
\begin{aligned}
lnY_{ij} = {} & \alpha_0 + \alpha_1 lnK_{it} + \alpha_2 lnL_{it} + \alpha_3 lnK_{it} * lnL_{it} + \alpha_4 (lnK_{it})^2 + \alpha_5 (lnL_{it})^2 \\
& + \alpha_6 CON_{it} + \alpha_7 ERP_{it} + \alpha_8 CON_{it} * ERP_{it} + \alpha_9 FOR_{it} + \alpha_{10} FOR_{it} * ERP_{it} \\
& + \alpha_{11} FOR_{it} * QL_{it} + \alpha_{12} BACK_{it} + \alpha_{13} BACK_{it} * ERP_{it} + \alpha_{14} BACK_{it} * QL_{it} \\
& + \alpha_{15} FORW_{it} + \alpha_{16} FORW_{it} * EPR_{it} + \alpha_{17} FORW_{it} * QL_{it} + \eta_{it}
\end{aligned}
\tag{4.52}
$$

下标 i 和 t 分别代表行业和时间，η_{it}为随机误差项，服从独立同分布。利用（4.52）式可分析开放程度、贸易政策、人力资本对技术溢出的影响。

最早经济开放程度的度量是从分析对外贸易依存度开始的，即用进出口贸易总额与国内生产总值 GDP 的比值表示，包括出口依存度和进口依存度。由于这种度量方法简单、直观，所以一直为研究者广泛采用。贸易依存度作为对外开放度指标，只能反映贸易的一个方面，他并不能真实反映贸易政策，因此一些研究者从贸易保护的角度出发，采用关税和非关税壁垒来直接测量经济开放程度。从关税角度度量经济开放度的指标有平均关税率、集体关税率和有效保护率。从非关税壁垒角度来度量经济开放度的指标有数量限制平均覆盖率和非关税壁垒覆盖率。

对外贸易政策是通过实施具体的措施实现的，这些具体措施主要包括关税措施、非关税措施、出口管理措施等。因此对外贸易政策的测量也主要是通过对这些方面的间接度量来体现对外贸易政策。

本节选取有效保护率作为开放程度和贸易政策的度量指标，一方面，有效保护率越低表示对国际贸易的限制越少，对外开放程度就越高，从某种意义上讲有效保护率的高低反映了开放程度的大小；另一方面，有效保护率体现了国际贸易政策中最传统也是最为重要的一种措施——关税，反映了关税制度对行业的保护程度。

（二）FDI技术溢出渠道计量模型的参数分析

Y_{it}表示工业部门各年总产出，选取各行业的工业总产值表示。

K_{it}表示工业部门各年资本投入，采用固定资产净值年平均余额表示。

L_{it}表示工业部门各年从业人数，采用各行业全部从业人员平均人数表示。

CON_{it}和ERP_{it}代表影响生产率的两个行业因素。CON_{it}表示行业集中度，行业集中度指标是对整个行业的市场结构集中程度的测量指标，政策制定者用此指标表示行业的竞争程度，防止任何破坏竞争的行为。本书采用行业中份额最大的前4名省份的份额的累积之和表示。ERP_{it}表示有效保护率，关税保护一方面可以增加国家的财政收入，另一方面长期执行保护关税政策会造成对国内一部分低效率企业的保护，从而阻碍产业结构的升级和生产力的发展以及引致国内消费者的福利损失，为了进一步研究关税保护对经济的影响，本节选择有效保护率作为关税保护的一个测量指标。

利用名义关税率和投入产出表计算行业的实际保护率，依照巴拉萨（Balassa, 1971），第j个行业的实际保护率为：

$$ERP_j = \frac{T_j - \sum_i a_{ij} T_i}{1 - \sum_i a_{ij}} \tag{4.53}$$

其中T_j为第j个行业的名义关税率，T_i为第j个行业进行中间投入的第i个行业的名义关税率，a_{ij}是自由贸易状态下的直接消耗系数，即用第j个部门的总投入去除该部门生产经营中所直接消耗的第i部门的产品数量。在这里没有考虑间接税和非贸易投入品的影响。

但由于存在贸易扭曲，现实中a_{ij}是未知的，根据深作、波纳德和雷考姆特（Fukasaku，Bernard and Lecomte, 1996），在对最终产品和中间产品进行关税保护的情况下的系数a'_{ij}与a_{ij}存在以下关系：

$$a_{ij} = a'_{ij} \frac{1+T_j}{1+T_i} \tag{4.54}$$

将其带入上式得到可计算的实际保护率为：

$$EPR'_j = \frac{1 - \sum_i a'_{ij}}{\frac{1}{1+T_j} - \sum_i \frac{a'_{ij}}{1+T_i}} - 1 \tag{4.55}$$

直接消耗系数a_{ij}矩阵共 42 个部门，包括 6 个农业部门和 36 个工业部门，根据 42×42 部门的基本流量表计算得出。

$CON_{it} * ERP_{it}$乘积项加入回归模型是为了修正行业集中度在测量市场竞争性方面存在的缺陷，行业集中度指标不能刻画竞争的动态方面，行业的“竞争”特性使得行业集中对生产率产生正向影响。在竞争环境中，低效率企业将会退出市场，所以一个高度集中的行业结构更能领导企业执行创新活动，因此为了更准确地描述行业特性，本书将$CON_{it} * ERP_{it}$乘积项包括在回归模型中。

外商参与程度FOR_{it}表示外商企业的横向溢出，用外商企业产出占行业总产出的比重表示。

$$FOR_{it} = FDI_{it}^{output}/Total_{it}^{output} \tag{4.56}$$

这里FDI_{it}^{output}为第 i 行业的外商企业在第 t 年的产出，$Total_{it}^{output}$为 i 行业在第 t 年的总产出。

QL_{it}表示影响外商企业溢出的人力资本因素，用工业企业的工程技术人员占全部从业人员总数的比重表示，比重越高，劳动力质量越高，吸收能力越强。ERP_{it}有效保护率同时表示开放程度和贸易政策因素。

FDI 通过与东道国形成前向、后向产业关联而产生纵向技术溢出，行业的最终产出不仅依赖于本行业的投入，其他行业的直接中间投入，还依赖于其他行业的间接投入，为了同时考虑行业的直接影响和间接影响，本书通过李昂提夫逆矩阵系数构造前向、后向关联指数。

每个产业的总产出（供给）分别为中间需求部门及最终需求部门所吸收，此关系可由平衡方程表示：

$$X = Z + Y \tag{4.57}$$

X 表示总产出，Z 表示中间需求，Y 表示最终需求。

在一定期间内，生产要素投入为固定比例，且为固定规模报酬，生产要素投入比例在投入产出分析中称之为技术系数、投入产出系数或直接投入系数，利用基本的投入产出比可以得到技术系数：

$$a_{ij} = \frac{z_{ij}}{x_j} \tag{4.58}$$

（4.58）式表示在一定期间内，生产一单位 j 产品，所需各产业提供多少比例的投入。

将（4.58）式代入（4.57）式，并对 X 求解得：

$$X = (I - A)^{-1} * Y \tag{4.59}$$

（4.59）式中$A = [a_{ij}]_n$为系数矩阵，I 为单位矩阵，$(I - A)^{-1}$为直接加间接需求系数矩阵，又称之为李昂提夫逆矩阵。

李昂提夫逆矩阵的每一个行向量b_{ij}表示第 j 行业的产出需要第 i 行业的直接投入和间接投入，b_{ij}刻画出了测量过程中的直接和间接影响。后向溢出变量用来衡量外商企业对上游行业的国内厂商的生产效率的溢出影响，Blalock（2001）对后向溢出定义时，只描述了 j 行业对 i 行业的直接需求，因此本节根据李昂提夫逆矩阵修正后向溢出系数，得出后向溢出$BACK_{it}$变量。$BACK_{it}$值越大，表示通过后向联系产生的纵向溢出越多。

$$BACK_{it} = \sum_{j(j \neq i)} b_{ij} \frac{Y_j^f}{Y_j} \tag{4.60}$$

其中Y_j^f为 j 行业中外商企业的产出，Y_j为 j 行业总产出。

李昂提夫逆矩阵的每一个列向量b_{ik}表示第 k 行业的产出投入到第 i 行业的生产中。前向溢出变量用来衡量外商企业通过提供高质量的产品或示范效应而对东道国下游行业的国内厂商的生产效率的溢出影响。同样为了考虑直接和间接影响，本书根据李昂提夫逆矩阵修正前向溢出系数，得出前向溢出$FORW_{it}$变量。$FORW_{it}$值越大，表示通过前向联系产生的纵向溢出越多。

$$FORW_{it} = \sum_{i(i \neq k)} b_{ik} \frac{Y_i^f}{Y_i} \tag{4.61}$$

（三）数据来源

本节数据来源于 2006—2017 年的《统计年鉴》《中国科技统计年鉴》《中国工业经济统计年鉴》《中华人民共和国进出口关税条例》。

后向溢出系数和前向溢出系数根据《中国统计年鉴——42 部门基本流量表》的数据计算而来，文中假定各行业间的结构在短期内不会发生变化，使用 2005 年、2007 年、2010 年和 2012 年的投入产出表构造行业间的链接关系。

对工业部门进行归口，归口方法参考喻世友（2005），分为 22 个工业部门，如表 4.4 所示。黑色金属矿采选业，有色金属矿采选业归口金属矿采选业；食品加工业、食品制造业、饮料制造业归口食品制造与烟草加工业；纺织服装、鞋、帽制造业及皮革、毛皮、羽毛（绒）及其制品合并到服装皮革羽绒及其制品业；木材加工及竹、藤、棕、草制品业，家具制造业合并到木材加工及家具制造业；造纸及纸制品业，印刷业、记录媒介的复制，文教体育用品制造业合并到造纸印刷及文教用品制造业；化学原料及化学制品制造业、医药制造业、化学纤维制造业、橡胶制品业、塑料制品业合并到化工工业；黑色金属冶炼及压延加工业、有色金属冶炼及压延加工业合并到金属冶炼及压延加工业；通用机械制造业、专用设备制造业合并到通用、专用设备制品业。其他名称相同的行业不变。

表 4.4 模型中的 22 个工业部门

序号	工业部门
1	煤炭开采和洗选业
2	石油和天然气开采业
3	金属矿采选业
4	非金属矿采选业
5	食品制造及烟草加工业
6	纺织业
7	服装皮革羽绒及其制品业
8	木材加工及家具制造业
9	造纸印刷及文教用品
10	石油加工、炼焦及核燃料加工业
11	化工工业
12	非金属矿物制品业
13	金属冶炼及压延加工业
14	金属制品业
15	通用、专用设备制品业
16	交通运输设备制造业
17	电气机械及器材制造业
18	通信设备、计算机及其他电子设备制造业
19	仪器仪表及文化、办公用机械制造业
20	工艺品及其他制造业
21	电力、热力的生产和供应业
22	燃气生产和供应业

（四）计量方法

本节将采用面板数据的计量模型研究在各种影响因素的推动下 FDI 产生的横向溢出和纵向溢出。采用的面板数据分析方法有三种：聚合模型、固定效应模型与随机效应模型。

1. 聚合模型

聚合模型是最基本的面板数据模型，在聚合模型中，忽略个体间的差异，将相同变量的数据集中在一起，采用最简单的聚合最小二乘法（pooled OLS）方法进行回归。其数学表达式为：

$$y_{it} = \alpha + \beta' x_{it} + \varepsilon_{it} \quad (i = 1, \dots, m; t = 1, \dots, n) \tag{4.62}$$

（4.62）式中 i 表示截面单元，t 表示时间序列，α 为常数项，x 为 K×l 阶解释变量向量，β' 为 1×K 阶系数向量，ε 为独立同分布的误差项，独立于解释变量。在该模型中，所有的界面单元都是序列无关的，并且所有的截面误差和时序误差都具有同方差的性质。虽然这种模型的估计过程最为简单，但由于它忽视了面板数据的内部结构，对模型施加了过多的假设条件，其结果一般只能作为一个参考的标准。

2. 固定效应模型

该模型考虑到截面单元之间的差异性，认为各截面单元之间的差异不随时间而变化，通常常数项参数来反映这种差异性。其数学表达式为：

$$y_{it} = \alpha_i + \beta' x_{it} + \varepsilon_{it} \quad (i = 1, \dots, m; t = 1, \dots, n) \tag{4.63}$$

（4.63）式中，误差项满足假设条件：$E(\varepsilon_{it}^2) = \sigma^2$，$E(\varepsilon_{it}, \varepsilon_{js}) = 0$，其含义是假定各截面单元之间不仅是完全相互独立的，而且对应的误差项也不存在序列相关。在固定效应模型中，由于不包含常数项的参数，β' 对各截面单元都相同，所以不同主体的差异完全体现在参数项 α_i 的不同取值上。如果可以确定截面单元之间的差异可以被看作回归系数的参数变动时，固定效应模型是一个合理的方法。但该模型仅适用于研究横截面单位，而不是样本之外的其他单位。

3. 随机效应模型

当横截面的单位包括总体的所有单位时，固定效应是合理的。若横截面单位是随机抽自一个大的总体，把样本中个体的差异看作服从随机分布可能更合适。其数学表达式为：

$$y_{it} = \alpha_i + \beta' x_{it} + v_i + \varepsilon_{it} \qquad (i = 1,\dots,m; t = 1,\dots,n) \quad (4.64)$$

其中，v_i为体现各截面单元之间差异的误差项，反映各截面单元之间差异的误差项v与整体随机误差项 ε 相互独立，并且v与 ε 的期望值等于零，误差项 ε 的方差为σ_ε^2，且不存在序列相关。反映不同经济体之间差异的误差项v相互独立，其方差为σ_v^2。 OLS 虽然可以得到参数β'的一致估计量，但却无法计算出相应的标准误差，参数β'的估计值主要通过广义最小二乘法（GLS）或者最大似然估计法（MLE）得到。

关于固定效应模型与随机效应模型的选择问题，Hausman（1978）提出了一个检验统计量。Hausman 检验的基础是在估计方程的残差项与解释变量不相关的假设下，固定效应与随机效应是一致的，但固定效应不具有有效性；反之，若残差项与解释变量相关，则随机效应不具有有效性。所以在为不存在相关性的假设下，这两种估计方法应该没有系统性的差别。Hausman 构造出的检验统计量为：

$$(b_r - b_f)'[var(b_r) - var(b_f)]^{-1}(b_r - b_f) \quad (4.65)$$

其中，b_r与b_f分别代表随机效应模型与固定效应模型的系数矩阵，$var(b_r)$与$var(b_f)$是各自的方差矩阵。Hausman 检验统计量服从自由度为 K 的χ^2分布，其中 K 是解释变量的个数（不包括常数项）。如果 Hausman 检验值超过一定的显著水平的临界值，则拒绝随机效应的原假设，采用固定效应模型；反之，采用随机效应模型。

（五）外商投资企业与内资企业劳动生产率比较和外商参与程度分析

通过与资本—劳动力比率、外商参与程度、有效保护率、前向关联指数、后向关联指数这五个指标相结合，比较外商投资企业与本地企业的劳动生产率差异。劳动生产率以平均劳动力生产总值表示，外商投资企业与本地企业的劳动生产率差异以百分比形式表示。图 4.5 显示了外商投资企业与本国企业资本—劳动力比率差异与劳动生产率差异之间的关系，数据选取 2005—2016 年的平均值，图中的直线表示资本—劳动力生产率差异与劳动生产率差异之间的回归曲线。由图4.5 显示可知，大多数工业部门的劳动生产率差异位于零点之上，表明外商投资企业具有较高的劳动生产率。将劳动生产率差异（$\Delta(Y/L)$）与资本—劳动力比率差异（$\Delta(K/L)$）进行回归得出，劳动生产率差异与资本—劳动力比率差异存在显著的正相关关系，正相关关系表明外商投资企业更倾向于资本密集型企业，显著性表明在分析劳动力生产率差异时应将资本—劳动力生产率差异考虑在内。

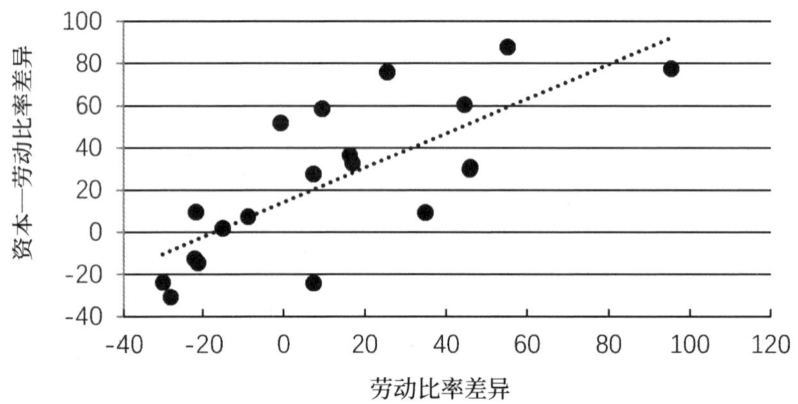

图 4.5 资本—劳动比率差异与劳动生产率差异关系图

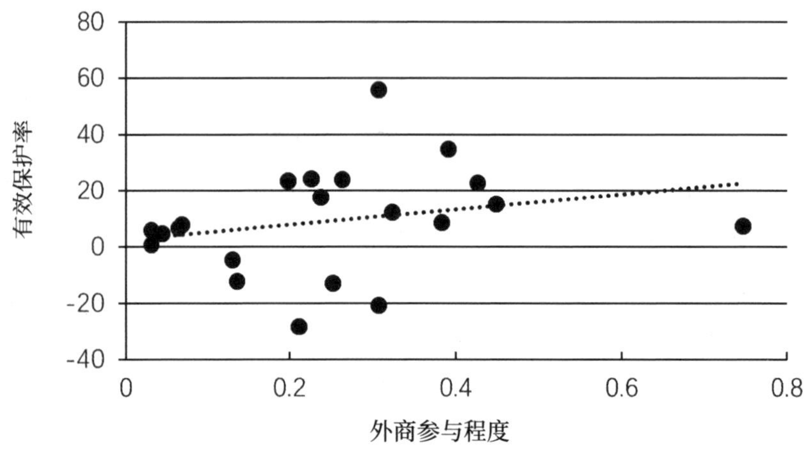

图 4.6 外商参与度与有效保护率关系图

图 4.6 显示了外商参与度与有效保护率之间的关系。外商参与度与有效保护率之间存在正向关系，这是因为，中国目前的工业化水平仍处于初级阶段，中国政府采用了贸易保护措施，使其尽量不受国外的强大竞争对手摧残，促使国内工业得以建立和发展，并且中国的引资原则是将外资引向最合适的地区和产业，这些产业主要是高新技术产业、利用现代技术改造的传统行业、基础产业和支柱产业，这些产业恰恰是贸易保护程度较高的产业。

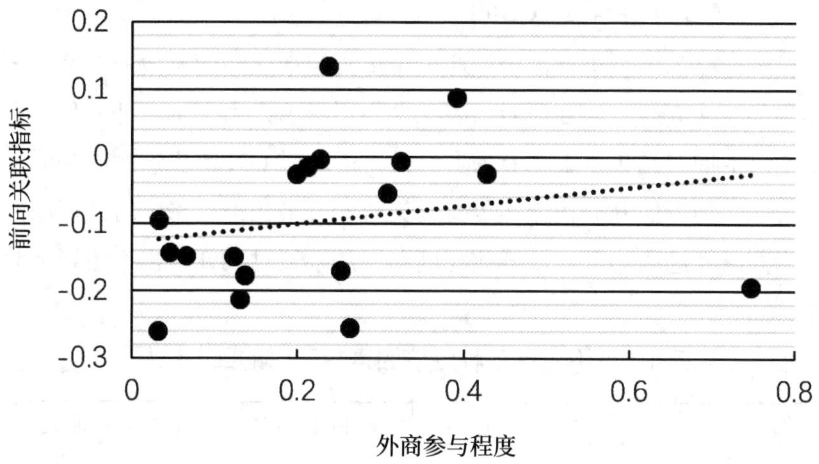

图 4.7 外商参与程度与前向联系关系图

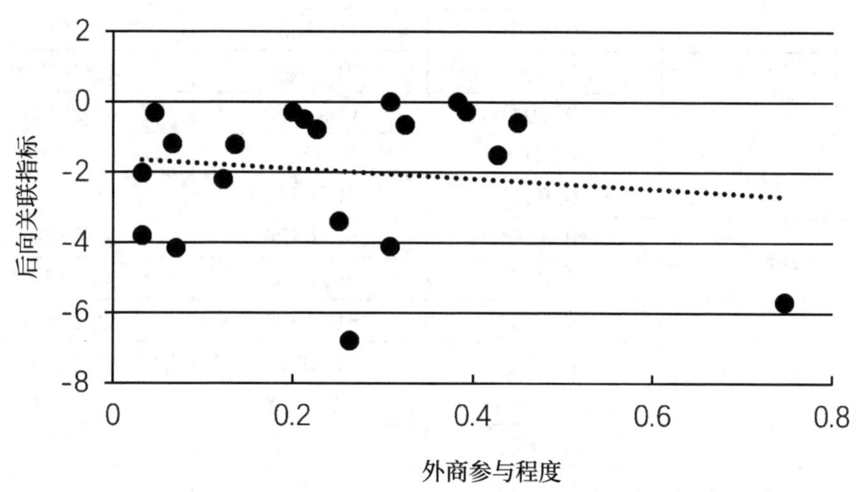

图 4.8 外商参与程度与后向联系关系图

图 4.7 显示了外商参与度与前向联系之间的关系，图 4.8 显示了外商参与度与后向联系之间的关系。外商参与度与前向联系之间存在显著的正向关系，与后向联系之间存在显著的负向关系，表明中国 FDI 的流入主要是为了与销售商、当地顾客厂商、外包生产企业等形成一种长期供应的契约关系，中国企业为外商投资企业提供销售服务、半成品、成品的加工和其他服务。

（六）计量分析与结果说明

对已经建立的模型进行混合效应、个体固定效应和随机效应的回归分析，回归结果如表 4.5 ～表 4.8 所示。表 4.5 为不考虑人力资本、开放程度和贸易政策影响时的回归结果，表 4.6 为考虑人力资本对 FDI 溢出产生影响时的回归结果，表 4.7 为考虑开放程度和贸易政策对 FDI 溢出产生影响时的回归结果，表 4.8 为同时考虑人力资本、开放程度和贸易政策对 FDI 溢出产生影响时的回归结果。

表 4.5　不考虑各种经济因素影响时的回归结果

变量	混合模型	随机模型	个体固定模型
截距项		-2.521*	-3.017*
		(0.682)	(0.704)
lnK	1.379*	1.273*	1.166*
	(0.125)	(0.153)	(0.163)
lnL	0.310	0.918*	1.233*
	(0.204)	(0.255)	(0.291)
lnK*lnL	0.216*	0.182*	0.177*
	(0.041)	(0.031)	(0.032)
$(\ln K)^2$	-0.115*	-0.080*	-0.072*
	(0.016)	(0.013)	(0.013)
$(\ln L)^2$	-0.159*	-0.188*	-0.206*
	(0.034)	(0.037)	(0.041)
CON	-1.278*	-1.102*	-1.312*
	(0.280)	(0.276)	(0.290)
ERP	-0.043*	0.009	0.010
	(0.019)	(0.008)	(0.009)

续表

变量	混合模型	随机模型	个体固定模型
CON*ERP	0.106*	-0.016	-0.020
	(0.041)	(0.018)	(0.018)
FOR	0.815*	0.501*	0.423*
	(0.150)	(0.191)	(0.215)
BACK	-0.002*	0.0004	0.001
	(0.001)	(0.0005)	(0.001)
FORW	-0.001	-0.001	0.000
	(0.001)	(0.001)	(0.001)
校正 R^2 值	0.920	0.943	0.989
F 统计值		394.198	762.311
D-W 值	0.179	0.660	0.841
Hausman 值		49.023	

注：* 表示在 10% 的显著性水平下统计显著，括号内为标准差

表 4.6　人力资本对 FDI 溢出产生影响时的回归结果

变量	混合模型	随机模型	个体固定模型
截距项		-2.645*	-3.054*
		(0.699)	(-0.720)
lnK	1.437*	1.284*	1.167*
	(0.126)	(0.157)	(0.165)
lnL	0.235	0.956*	1.220*
	(0.204)	(0.265)	(0.299)
lnK*lnL	0.204*	0.190*	0.181*
	(0.046)	(0.032)	(0.033)
$(\ln K)^2$	-0.116*	-0.084*	-0.073*
	(0.017)	(0.013)	(0.014)
$(\ln L)^2$	-0.140*	-0.197*	-0.206*
	(0.039)	(0.039)	(0.042)
CON	-1.364*	-1.127*	-1.341*
	(0.279)	(0.281)	(0.297)

续表

变量	混合模型	随机模型	个体固定模型
ERP	-0.042*	0.010	0.010
	(0.019)	(0.008)	(0.009)
CON*ERP	0.101*	-0.017	-0.019
	(0.041)	(0.018)	(0.018)
FOR	0.860*	0.602*	0.453
	(0.272)	(0.254)	(0.281)
FOR*QL	-0.271	-1.457	1.559
	(3.592)	(2.834)	(3.058)
BACK	-0.020*	-0.002	-0.001
	(0.007)	(0.003)	(0.003)
BACK*QL	0.298*	0.043	0.028
	(0.114)	(0.049)	(0.049)
FORW	0.002	-0.0001	0.0005
	(0.002)	(0.001)	(0.001)
FORW*QL	-0.334	-0.053	-0.066
	(0.208)	(0.111)	(0.121)
校正 R^2 值	0.922	0.942	0.989
F 统计值		308.24	690.800
D-W 值	0.223	0.676	0.847
Hausman 值		50.273	

注：* 表示在 10% 的显著性水平下统计显著，括号内为标准差

表 4.7　开放程度和贸易政策对 FDI 溢出产生影响时的回归结果

变量	混合模型	随机模型	个体固定模型
截距项		-3.024*	-3.337*
		(0.704)	(0.721)
lnK	1.395*	1.341*	1.240*
	(0.125)	(0.156)	(0.165)
lnL	0.308	0.982*	1.226*
	(0.210)	(0.263)	(0.294)

续表

变量	混合模型	随机模型	个体固定模型
lnK*lnL	0. 199*	0. 166*	0. 165*
	(0. 042)	(0. 032)	(0. 032)
$(\ln K)^2$	-0. 112*	-0. 078*	-0. 071*
	(0. 016)	(0. 013)	(0. 013)
$(\ln L)^2$	-0. 144*	-0. 185*	-0. 201*
	(0. 034)	(0. 037)	(0. 041)
CON	-1. 324*	-0. 967*	-1. 142*
	(0. 292)	(0. 280)	(0. 294)
ERP	-0. 055*	-0. 012	-0. 007
	(0. 025)	(0. 011)	(0. 011)
CON*ERP	0. 125*	0. 018	0. 008
	(0. 046)	(0. 020)	(0. 021)
FOR	0. 801*	0. 549*	0. 480*
	(0. 156)	(0. 195)	(0. 215)
FOR*ERP	0. 011	0. 032*	0. 026*
	(0. 024)	(0. 012)	(0. 012)
BACK	0. 014*	-0. 002	-0. 002
	(0. 008)	(0. 004)	(0. 004)
BACK*ERP	-0. 003*	0. 0003	0. 0004
	(0. 001)	(0. 001)	(0. 001)
FORW	-0. 0001	0. 086*	0. 075*
	(0. 093)	(0. 042)	(0. 043)
FORW*ERP	-0. 0001	-0. 018*	-0. 015*
	(0. 019)	(0. 009)	(0. 009)
校正 R^2 值	0. 921	0. 946	0. 990
F 统计值		328. 50	710. 07
D-W 值	0. 185	0. 708	0. 855
Hausman 值		39. 039	

注：* 表示在 10% 的显著性水平下统计显著，括号内为标准差

表 4.8　人力资本、开放程度和贸易政策对 FDI 溢出产生影响时的回归结果

变量	混合模型	随机模型	个体固定模型
截距项		-3.249*	-3.472*
		(0.719)	(0.734)
lnK	.439*	1.348*	1.248*
	(0.129)	(0.159)	(0.166)
lnL	0.239	1.056*	1.240*
	(0.213)	(0.271)	(0.299)
lnK*lnL	0.193*	0.181*	0.178*
	(0.047)	(0.033)	(0.033)
$(\ln K)^2$	-0.113*	-0.084*	-0.076*
	(0.017)	(0.013)	(0.014)
$(\ln L)^2$	-0.132*	-0.203*	-0.210*
	(0.040)	(0.039)	(0.042)
CON	-1.392*	-0.979*	-1.149*
	(0.293)	(0.285)	(0.299)
ERP	-0.053*	-0.013	-0.009
	(0.025)	(0.011)	(0.011)
CON*ERP	0.119*	0.018	0.010
	(0.047)	(0.021)	(0.021)
FOR	0.823*	0.690*	0.570*
	(0.275)	(0.263)	(0.288)
FOR*QL	-0.099	-1.731	0.675
	(3.634)	(2.857)	(3.038)
FOR*ERP	0.014	0.036*	0.029*
	(0.025)	(0.012)	(0.013)
BACK	-0.010	-0.014*	-0.012
	(0.017)	(0.008)	(0.008)
BACK*QL	0.234	0.114*	0.097
	(0.150)	(0.063)	(0.063)
BACK*ERP	-0.001	0.001	0.001
	(0.002)	(0.001)	(0.001)

续表

变量	混合模型	随机模型	个体固定模型
FORW	0.038	0.109*	0.094*
	(0.094)	(0.044)	(0.044)
FORW*ERP	-0.328	-0.107	-0.114
	(0.210)	(0.113)	(0.122)
FORW*QL	-0.007	-0.022*	-0.019*
	(0.019)	(0.009)	(0.009)
校正 R^2 值	0.922	0.947	0.990
F 统计值		275.44	655.272
D-W 值	0.211	0.758	0.887
Hausman 值		36.826	

注：* 表示在 10% 的显著性水平下统计显著，括号内为标准差

由表 4.5 ～表 4.8 的回归结果看，随机效应模型中的 Hausman 检验值均大于 5% 显著水平的临界值，因此拒绝原假设，从而选用固定效应模型。混合模型中的 D-W 值都较小，可能存在自相关，所以个体固定模型是最佳模型。从模型的拟合程度看，拟合优度都较好，说明解释变量较好地解释了被解释变量的变动。

根据回归结果，采用个体固定模型分析人力资本、开放程度和贸易政策对 FDI 技术溢出的影响。

对于行业的总产出，资本、劳动力以及他们的平方项、交叉项都对总产出产生显著影响，在行业的投入产出过程中，资本投入相对劳动力投入来说，是行业产出的主要推动因素。资本投入与劳动力投入的产出弹性之和大于 1，反映了中国工业行业存在规模递增的现象。

行业集中度对总产出产生显著负向影响，表明通过引入外商投资企业实现市场竞争的目标正在实现。关税使得行业集中度对总产出的负向影响进一步扩大，因此在一个高度集聚的行业里，保护贸易政策将使生产者失去提高技术能力的积极性，阻碍生产力的增长。

FOR 产生显著正向影响，表明中国 FDI 的横向溢出明显，外商投资企业通

过技术溢出效应对中国企业实现了技术转移，而且中国内资企业不断提高自身的技术吸收能力，缩小了外商投资企业与内资企业的技术差距，也进一步提高了外商投资企业的横向溢出效应。

FOR*ERP 的系数为正，而且统计上显著，表明中国开放程度和外贸政策体制对外商直接投资的溢出效应产生促进作用，而且效果明显。2001 年入世后，中国实行与 WTO 接轨的自由贸易制度，贸易开放程度和自由化程度不断深化，中国的外贸政策体制也从有贸易自由化倾向的贸易保护政策向有协调管理的一般自由贸易政策转变，因而在一定程度上促进了外商直接投资技术溢出效应的发挥。

FOR*QL 的系数为正，但是统计上不显著，表明中国的人力资本正在产生促进作用，但人力资本对 FDI 横向溢出的促进作用还不明显，还需进一步提高人力资本。

FDI 对国内下游企业间的前向溢出效应与行业的产出水平显著正相关，与图 4.7 所表述的内容一致。在前向联系中，作为供应商的外商企业向内资企业提供高质量的中间投入品，提供使用产品指导，有利于学习效应的产生，促使中国企业提高自己的产品技术及质量标准，FDI 的前向溢出效应较明显。

FDI 对国内上游企业间的后向溢出效应的系数估计值为负，与图 4.8 所表述的内容一致。在后向联系中，尽管跨国公司一些原料在中国采购，但跨国公司的许多核心元器件等主要来自进口，其核心技术主要来源于母公司，因而对上游的企业技术溢出效应不足。

FORW*QL 系数为负，而且统计上不显著，BACK*QL 系数虽然为正，但统计上不显著，表明人力资本在 FDI 的前后向溢出中还没有起到促进作用，人力资本水平还比较低下。

FORW*ERP 系数显著为负，BACK*ERP 回归系数都为正，但统计上不显著，表明中国的开放程度和贸易政策体制对外商直接投资的前后向溢出产生不利的影响。

通过本节对中国工业部门的研究发现，中国横向和前向联系产生的溢出效果显著，后向联系产生的溢出效果不明显。后向溢出不显著表明尽管跨国公司一些原料在中国采购，但跨国公司的许多核心元器件等主要来自进口，其核心技术主要来源于母公司，因而对上游的企业技术溢出效应不足。前向溢出显著表明中国 FDI 的流入主要是为了与销售商、当地顾客厂商、外包生产企业等形成一种长期供应的契约关系，中国企业为外商投资企业提供销售服务、半成品、成品的加工和其他服务，作为供应商的外商企业向内资企业提供高质量的中间投入品，提供使用产品指导，有利于学习效应的产生，促使中国企业提高自己的产品技术及质量标准。

人力资本对横向溢出和后向溢出产生不显著正向影响，对前向溢出产生不显著负向影响，表明人力资本在 FDI 的横向溢出和纵向溢出中还没有起到促进作用，人力资本比较匮乏。开放程度和贸易政策对前向溢出产生显著负向影响，对纵向溢出产生不显著正向影响，虽然中国的贸易开放程度和自由化程度不断加深，但是中国的外贸政策仍属于一种保护型政策，在某种程度上阻碍了外商直接投资技术溢出的发挥，中国政府采用的贸易保护措施，使国内工业不受国外的强大竞争对手摧残，保证国内工业得以建立和发展，并且中国的引资原则是将外资引向最合适的地区和产业，这些产业主要是高新技术产业、利用现代技术改造的传统行业、基础产业和支柱产业，这些产业恰恰是贸易保护程度较高的产业，由于这些问题的存在，使得开放程度和贸易政策对横向溢出和纵向溢出还没有产生积极的显著性作用。

根据以上分析，企业可以选择两种创建模式：模式一，企业为了成为世界经济的一部分，根据新古典经济要素分配原则进行资源整合，在此模式下，企业更倾向于出口导向型企业；模式二，企业建立子公司，服务于受到高度保护的市场，受益于经济租金。在第一种模式下企业是效率寻求者，第二种模式下企业是市场寻求者，根据 Athukorala 和 Chand 对美国跨国公司的研究表明，跨国公司更倾向于第一种模式的选择。

由于关税的存在，出口导向型企业不愿作为当地企业的中间投入，远离了当地的供应商，与此同时，受到高度保护的本地供应商寻求自己的产品市场，产品不符合出口导向型企业的需求，与此同时，如果贸易政策引起了经济租金，企业将会很难寻求到满意的供应商，有限的联系将会产生有限的技术溢出。

针对人力资本，开放程度和贸易政策对 FDI 溢出影响的分析，提出以下建议：

加强教育投资，注重人力资本的积累，定期进行员工培训、组织学习、通过换岗交流，跨部门跨地区流动任职，以培养全面从事技术及管理的能力，从而提高中国对FDI的吸收能力。激发每位员工的创造潜力，并根据企业发展战略，及时引进合适企业的创新人才，全面提高企业创新主体的素质和能力。政策采取优惠措施鼓励内资企业进行技术开发和技术创新活动，加大科研投入，培育中国的技术创新主体，提高对技术的消化和吸收能力。

在对外开放方面，着力转变对外贸增长方式，实施以质取胜的战略，优化对外贸易结构，提高出口竞争力，提高对外贸易的质量和效益。提高利用外资的质量和水平，进一步完善利用外资的法律法规和政策所示，不断优化引进外资的结构，提高利用外资的水平。进一步深化涉外经济体制改革，加强对外开放的制度保障，创造良好法制环境，完善公平贸易政策，规范市场运行秩序，建立市场信用体系，改进市场监管体系，形成稳定、透明的涉外经济管理体制。

在贸易政策方面，中国加快改革进出口管理体制，促进外商投资企业与本地企业的后向联系。增加中外合作企业的数量，鼓励外资更多地以中外合作的方式参与管理，增加合资企业中内资对企业的控制力，提高内资在中外合资企业中的地位。不断完善投资与竞争环境，推行“竞争换技术”的战略，迫使外商企业引进更多的先进技术，但同时要防止外商企业利用其技术垄断优势进行不公平活动、打击当地企业。

针对外商投资企业与中国企业之间的关联程度方面，希望从以下几方面得到改善：

强化外商企业和东道国上下游企业间的关联。东道国企业应加强R&D投入，提高生产中间产品的技术能力，满足外商企业的需求；同时东道国的下游企业应提高自身的吸收和消化能力，对外商企业提供的中间产品所含的技术进行有效吸收，缩小本国企业与外商企业之间的技术差距；鼓励东道国企业以先进的外商企业为标杆，强化不断学习和创新的能力，提高自身的技术水平，提升产品的国际竞争力。

促进跨国公司与东道国企业间产业集群的形成。产业集聚会促进垂直联系的发生。通过产业集聚和专业化分工的细化，本地企业会进一步增强自身的技术水平和竞争实力，同时，产业集聚使得寻找合作伙伴的搜寻成本得到极大降低，从而有利于垂直联系和技术溢出的发生。

第二部分

OFDI 与经济增长的互动关系

第五章 OFDI概述

第一节 OFDI背景

一、基本概念

（一）OFDI

对外直接投资，简称OFDI，是指投资者通过在国外直接投资、与国外企业建立合资企业或创办企业，并控制该企业经营活动以获取利润的一种经济行为。OFDI资本流动过程中，伴随着有形资产、无形资产，以及人员的流动。OFDI的投资形式以跨国公司为主，在境外建立分支机构、子公司，从事国际化生产经营活动。OFDI也可以采用联合经营的方式，与国外企业合作建立合资企业，共担风险、共享利益。

（二）逆向技术溢出效应

FDI产生技术溢出效应，OFDI通过多种方式产生逆向技术溢出效应。所谓逆向表明资本从投资国流入接受国，在接受国获取先进技术的同时，将其转移回国内，促进本国的技术进步。技术溢出效应假设技术的流动是单向的，逆向技术溢出效应表明技术的流动可以实现双向。投资国以设立子公司、分支机构、研发机构等形式将资本流入东道国，寻求东道国有利的市场规模、丰富的研发资源、先进的科学技术，投资企业在东道国获得技术提升后，通过内部系统将东道国的核心技术转移回投资国，技术在更广的范围内进行技术扩散，投资国的其他企业、相关行业都在技术扩散中学习到先进的技术，投资国整体的科技创新能力提高。

二、OFDI 逆向技术溢出机制

（一）企业层面

在企业层面，逆向技术溢出包括技术获取、技术吸收和技术反馈。技术获取决定了跨国公司能够获得的技术数量和先进程度，技术吸收体现了跨国公司对先进技术的掌握能力，技术反馈实现了技术转移。跨国公司的子公司通过技术获取接触到先进的技术，子公司自身具备的技术吸收能力帮助企业掌握了先进技术，再将先进技术通过技术反馈的形式转移给母公司，促进母公司的技术更新。更具体来讲，企业层面上实现逆向技术溢出主要通过以下机制：

第一，研发要素的吸收机制。技术水平是推动企业生产率提高的驱动力，其发展程度受企业研发能力的影响。投入规模和研发人员素质作为企业研发的要素，对企业研发能力的提高起到重要的作用。对外直接投资企业设立子公司在先进发达的国家，可以更方便、更及时地了解先进发达国家生产所利用的先进技术，掌握科技发展的未来趋势和动态，将技术信息反馈给国内企业。设立研发机构位于技术领先地区或研发活动活跃地区，招聘当地高水平技术研发人员，人员流动带来新的技术，良好的研发氛围为跨国企业的研发提供了有利条件，自主创新能力提高，并且通过内部机制将技术转移回国内，提升国内企业的技术水平。

第二，研发成果的逆向转移机制。海外创建的子公司或者研发机构，利用当地完备的基础设施、优秀的人力资源，在先进发达国家已具备的技术水平条件下，开展研发创新活动，创造出具有高附加值的新产品。子公司或研发机构通过内部转移机制、内部人员流动，将含有高新技术的产品、研发成果反馈给国内企业，国内企业在技术反馈的基础上加大研发投入，顺应技术发展的方向，加速研发成果的转移，促进本国企业技术的提升。

第三，人才流动机制。新产品的开发、新技术的使用离不开研究人员，有效管理企业研发人员，充分发挥研发人员的研究价值是增强企业核心竞争力的有效方式。研发人员创新能力的提高一方面来自自身努力，设立在技术领先地区的研究机构拥有的科研设施比较先进，研究机构中研发人员的科研能力普遍较强，任职于这些机构的国内本土研发人员会以提高自身的研发能力为己任，适应工作环境，积累工作经验。另一方面来自学习交流，研发机构定期开展研发合作交流，与拥有先进技术的研发机构共同开展研发活动，共同研究先进技术工艺，合作过程中海外高水平研发人员参与其中，国内本土企业研发人员通过学习吸收，将海外研发人员的研发知识传播并转移到国内企业。

第四，组织优势和战略资产反馈机制。OFDI 活动不仅可以直接获得境外国家的先进技术以提高中国的技术水平，还可以在 OFDI 活动中学习先进的管理经验、完善的公司治理、创新的思维理念等方面来优化中国企业研发活动的环境，以激发中国科研活动者的研发积极性，提高创新能力。跨国公司在子公司的经营过程中，新的营销策略、广阔的销售渠道、适合的组织形式，都将给国内本土企业予启发。优秀的组织形式和战略资产以各种各样的方式反馈到国内，国内企业“软”环境的改善进一步促进了创新能力的提高。

第五，利润反馈机制。企业通过 OFDI 拓宽销售市场，增加市场份额，提高销售收入，倍增利润，企业资金变得充足。通过 OFDI 在一定程度上可以规避贸易壁垒，便利企业进入海外市场，扩大商品销售规模，产生规模经济效益，获取高额利润。资金的增加，公司有更多资本购买先进技术、高效的设备，有更多的经费投入到研发活动中，加大研发投入，有资本高薪聘请高水平技术人才，自主研发能力逐渐提升。

（二）产业层面

在产业层面，逆向技术溢出以两种传导方式来实现，第一种方式是针对产业内企业，OFDI 企业以示范效应和竞争效应带领产业内企业技术创新能力的提高。示范效应以技术差异性为前提，OFDI 企业做示范主体，向产业内其他企业示范先进技术，引领其他企业进行 OFDI 活动。竞争效应间接发挥技术溢出作用，OFDI 企业通过对外投资活动在全球范围内抢占有限资源，技术优势让 OFDI 企业在有限资源争夺过程中处于有利地位，产业内激烈竞争促使同行业企业提高资源利用率，学习和改进技术，提高研发能力，推动行业整体的技术创新水平提高。另一种方式是针对相关产业，OFDI 企业以前瞻效应、旁侧效应和回顾效应带领相关产业技术创新能力的提高。回顾效应是以 OFDI 企业先进技术发展特点为主导，对企业上游原材料和机器设备等投入品产生更高质量的要求，刺激上游相关企业进行改良，优化产品结构，提升技术工艺水平。前瞻效应是指根据 OFDI 企业技术发展需求可能诱发新的经济活动或派生新的产业部门。旁侧效应是指 OFDI 活动影响了本地区经济、社会的发展，间接促进其他非关联产业的技术创新能力的提升。

（三）国家层面

产业间供给与需求的关系推动逆向技术溢出效应从产业层面上升到国家层面，国家层面的逆向技术溢出是产业层面的延伸。随着社会发展进步，社会分工精细化成为必然，社会分工专业化越来越明确，企业与企业之间、产业与产业之间变得更加紧密，促使知识和技术的溢出也变得更加容易和频繁。逆向技术溢出在三个层面形成传导机制，企业、产业的层层传递最终在国家层面上综合体现几种效应的发生。为了在激烈的市场竞争中脱颖而出，一方面，国内企业致力于核心技术自主创新、扩大研发规模、加快技术升级、缩短产品研发周期。另一方面，已经开展 OFDI 活动的企业，对国内其他企业起到带动和示范作用，更多的国内企业参与到 OFDI 活动中来，国内企业更加坚定不移地实施 OFDI 活动。OFDI 带来的逆向技术溢出，两者之间形成的良性循环促进了国家整体技术水平的进步，技术创新能力的提高。

第二节　OFDI 在中国的发展现状分析

一、OFDI 在中国的发展阶段

从 1949 年新中国成立以来，中国开始向亚洲、非洲和拉丁美洲等发展中国家提供资金、人员、技术和物资在内的广泛支持。当时中国的经济发展水平还处于比较低的发展阶段，中国对外投资的主体多以政府为主，对外投资的规模较小，数量较少，投资质量较低。1978 年中国实施改革开放政策后，OFDI 才逐渐成为中国开放型经济的重要组成部分。

（一）探索阶段（1978—1991）

1978 年 12 月中国共产党第十一届三中全会召开，首次作出了以经济建设为中心的重大改革决策，此后，经济建设开放了“国内市场”和“海外市场”，明确了综合利用“国内资源”和“外部资源”的方针。1979 年，《关于经济体制改革十五项措施》中首次提出到国外设立企业，发展对外投资，早期以国外设立办事处或贸易公司为主。1984 年中共十二届三中全会颁布《中共中央关于经济体制改革的决定》，“对内搞活、对外开放”政策再次被重申，强调依靠对外开放促进中国生产力的快速发展。这些政策措施的出台，改善了对外直接投资政策环境，为企业对外直接投资提供了机会。这个阶段属于中国对外直接投资的起步阶段，投资主体以政府主导为主，投资规模较小。

（二）波动发展阶段（1992—2001）

20 世纪 90 年代，邓小平南行讲话，拉开了经济体制改革进一步被深化的序幕。中共十四大明确指出中国经济体制改革的目标是实现社会主义市场经济，为了实现这一目标，中国迈开步伐，加快脚步，鼓励企业对外直接投资，实现跨国经营。1998 年中共十五届二中全会，鼓励有条件的国有企业“走出去”，“走出去”战略基本确定。1999 年《关于鼓励企业开展境外带料加工装配业务意见的通知》，国家鼓励轻工、服装加工等优势行业的企业到境外开展带料加工装配业务。2000 年全国人大九届三次会议，“走出去”战略上升到国家层面，2001 年《国民经济和社会发展第十个五年计划纲要》，鼓励能够发挥比较优势的对外直接投资，扩大国际经济技术合作的领域、途径和方式。

“大起大落”是这一阶段对外直接投资的主要特征。第一次“大起”在 1992 年，对外直接投资流量由 1991 年的大约 10 亿美元跃升至 1992 年的 40 亿美元。1994 年开始“大落”，由 1993 年的 43 亿美元降至 1994 年的 20 亿美元，之后小幅度上升后又开始下降，2000 年大幅度下降到 10 亿美元，恢复到 1991 年水平。第二次“大起”在 2001 年，由 2000 年的 10 亿美元直升到 2001 年的 68.9 亿美元，增长了 648.9%。这一大幅波动的特点，反映了中国市场化程度在提高，对外开放水平在扩大，国内企业在此背景环境下拥有了更多的自主权，并开始实施和扩大对外直接投资。但是，这一阶段的大多数企业进行对外直接投资没有明确的投资目标和设定长远的对外投资战略定位，仅仅是受当期偶然因素和短期利益目标的驱动，制约因素较强，不符合企业长期发展经营的需要。

（三）快速增长阶段（2002—2016）

随着对外开放程度的加深，2002 年中共十六大提出“引进来”和“走出去”相结合战略，支持和鼓励各类企业进行对外直接投资。2004 年《关于境外投资开办企业核准事项的规定》支持和鼓励有比较优势的各种所有制企业赴境外投资开办企业，金融机构安排“境外投资专项贷款”。2005 年中国共产党十六届五中全会再次明确，支持有条件的企业走出去，鼓励和支持境外工程承包和劳务输出等经济活动。2005 年《关于推进信息产业企业“走出去”的若干意见》推动中国信息产业“走出去”。2007 年中共十七大会议将中国对外直接投资推向一个新的阶段，“引进来”与“走出去”在前期发展的基础上实现更好地结合。2007 年《关于鼓励支持和引导非公有制企业对外直接投资合作的意见》引导非公有制企业“走出去”。2012 年党的十八大再次提出加快“走出去”步伐，让中国的企业提高自身核心竞争力，放眼全球，经营国际化，跻身世界前列。2013 年 11 月，中共十八届三中全会提出“一带一路”倡议，深入实施“走出去”战略，为中国企业实施对外直接投资指明了道路。2015 年十八届五中全会提出“创新、协调、绿色、开放、共享”五大发展理念，更深度、更高质量地“走出去”与“引进来”相结合。2015 年《关于推进国际产能和装备制造合作的指导意见》发挥中国国内优势和市场需求，助力铁路、电力、航空航天装备等国际产能和装备制造业“走出去”。2016 年国家“十三五”规划纲要指出，“引进来”和“走出去”并重是开放型经济发展到较高阶段的重要特征，中国一定要坚持两者并重，积极参与到全球产业链生产中去。2016 年《促进中小企业国际化发展五年行动计划（2016—2020 年）》，支持和鼓励中小企业融入全球价值链和产业链，加强对外经济合作。

根据国家商务部和外汇管理局资料统计显示，截至 2016 年中国对全球 164 个国家和地区进行了对外直接投资，设立 7961 家境外企业，实现全行业对外直接投资额 1832 亿美元，连续两年位列世界第二，其中非金融类对外直接投资 1701 亿美元，同比增长 44.1%，是 2015 年 15% 增长率的两倍多。“十二五”期间中国对外直接投资额累计达到 5390.8 亿美元，是“十一五”的 2.4 倍，尤其在 2016 年，全球对外直接投资下滑时期，中国对外直接投资出现逆势增长，投资流量达到 1830 亿美元，同比增长 44%，成为全球第二大对外投资国。

（四）高质量增长阶段（2017 年——至今）

党的十九大以来，中国政府加强了对企业对外直接投资真实性和合理性审查，对外投资主体更加成熟和更加理性。在这一阶段，中国充分发挥对外直接投资的制度与政策优势，注重投资结构和质量效益，推动全行业投资流量上涨，但放缓增速。2017 年商务部例行发布会指出，对于有能力、有条件开展真实合规对外直接投资活动的企业中国继续给予支持。2018 年全国商务工作会议鼓励并引导有能力、有实力地民营企业积极“走出去”参与全球市场的竞争。2019 年商务部例行发布会表明按照市场原则和国际管理，中国对于有实力、信誉好的企业，鼓励其继续开展对外直接投资合作。

2017 年，中国对外直接投资额首次出现负增长，相比 2016 年下降 19.3%，但仍为历史第二高位（仅次于 2016 年），实现对外直接投资流量 1582.9 亿美元，2017 年投资额的下降源于投资者更加理性，有效遏制了非理性对外投资。2018 年，全球对外直接投资额连续下降，中国对外投资依然保持平稳有序健康的发展。虽然中国企业在 2018 年对外投资额下降到 1430.4 亿美元，同比下降

9.6%，但占全球份额由2017年的11.1%上升至2018年的14.1%，创历史最高值。截至2018年底，中国对外直接投资存量达到1.98万亿美元。

二、OFDI在中国的发展特点

（一）总量规模分析

1. 总量规模快速扩大

表5.1 中国对外投资流量、存量、类型及并购情况（2002—2018年）

年份	流量		投资类型		并购情况		存量	
	金额（亿美元）	全球位次	金融（亿美元）	非金融（亿美元）	金额（亿美元）	占比（%）	金额（亿美元）	全球位次
2002	27.0	26					299.0	25
2003	28.5	21		28.5			332.0	25
2004	55	20		55.0	30.0	54.5	448.0	27
2005	122.6	17		122.6	65.0	53.0	572.0	24
2006	211.6	13	35.3	176.3	82.5	39.0	906.3	23
2007	265.1	17	16.7	248.4	63.0	23.8	1179.1	22
2008	559.1	12	140.5	418.6	302.0	54.0	1839.7	18
2009	565.3	5	87.3	478.0	192.0	34.0	2457.5	16
2010	688.1	5	86.3	601.8	297.0	43.2	3172.1	17
2011	746.5	6	60.7	685.8	272.0	36.4	4247.8	13
2012	878.0	3	100.7	777.3	434.0	31.4	5319.4	13
2013	1078.4	3	151.0	927.4	529.0	31.3	6604.8	11
2014	1231.2	3	159.2	1072.0	569.0	26.4	8826.4	8
2015	1456.7	2	242.5	1214.2	544.4	25.6	10978.6	8
2016	1961.5	2	149.2	1812.3	1353.3	44.1	13573.9	6
2017	1582.9	3	187.9	1395.0	1196.2	21.1	18090.4	2
2018	1430.4	2	217.2	1213.2	742.3	21.7	19822.7	3

数据来源：中国对外直接投资统计公报2003—2018

表 5.1 显示了中国 2002 年 -2018 年对外投资流量、存量、类型及并购情况。2003 年以来，中国对外直接投资进入加速发展阶段。在这之前，中国是全球最大的外商直接投资引进国。实施“走出去”战略初期，中国吸引外资 535 亿美元，吸引力依旧增加，每年保持增速 8% 左右，外商直接投资已成为经济增长的一个有效驱动力。相比外商直接投资，对外直接投资额在“走出去”战略实施初期投资规模较小，相当于外商直接投资的 1/17。虽然对外直接投资起步晚，但后劲足，发展态势迅猛，2003 年到 2013 年十年时间中国对外直接投资额从 28.5 亿美元增长到 1078.4 亿美元，首次突破千亿美元大关。对外直接投资增长速度高，平均增速达到 28.2%。2015 年对外直接投资额首次超出外商引进额，差距也随经济发展不断扩大，2018 年对外直接投资额超出外资引进额 40 亿美元。

按投资对象类型分，对外直接投资分为金融类和非金融类对外直接投资。金融类投资指的是境内投资者直接向境外金融企业的投资，非金融类投资指的是境内投资者向境外非金融类企业的投资。金融类投资包括货币金融服务业（原银行业）、保险业、资本市场服务（证券业）和其他金融类四个项目。中国金融类对外直接投资发展迅速，虽然受 2008 年金融危机的影响，金融类对外直接投资有小幅回落，但 2018 年金融类对外直接投资流量达到 217.2 亿美元，同比增长 15.6%。2018 年，非金融类对外直接投资 1213.2 亿美元，存量达到 17643.7 亿美元，境外企业资产总额为 4 万亿美元。

按投资方式分，对外直接投资分为新建和收购，现有国际环境下以收并购为主。2018 年，中国对外投资并购稳步发展，并购领域包括制造、采矿和电力、交通、水利等基础设施领域，全球 63 个国家和地区实施并购项目 433 起，实际交易总额达到 742.3 亿美元。

2. 全球位置不断提升

2018 年中国对外投资流量 1430.4 亿美元，全球排名跃升至第二，比排名第一的日本略少 1.2 亿美元。对外投资流量在全球中的占比由 2017 年的 11.1% 上升至 2018 年的 14.1%，创历史新高，从 2012 年开始中国成为全球对外直接投资流量排名前三的国家，对世界经济的贡献日渐突出。

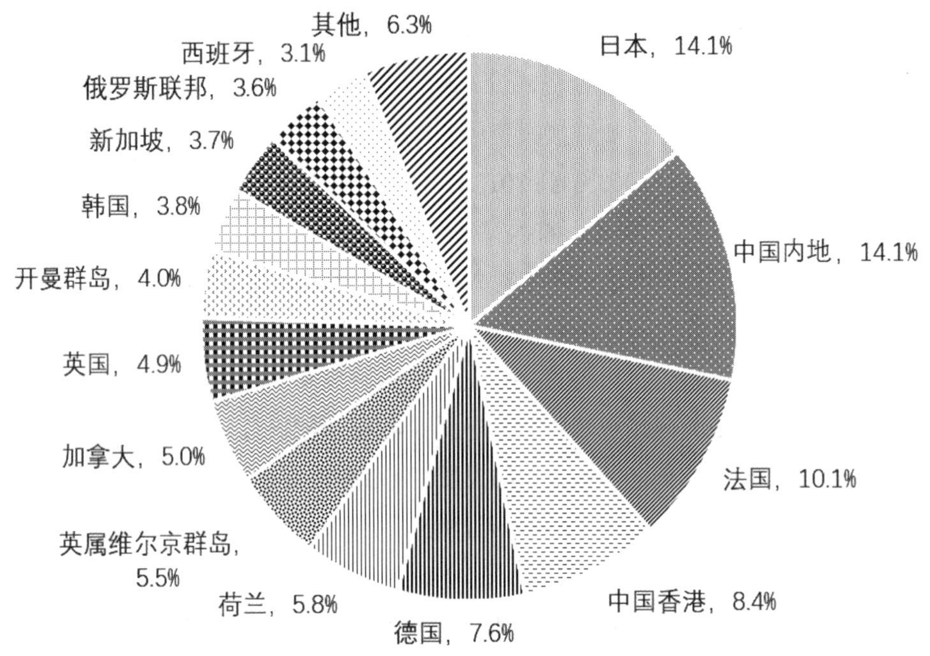

图 5.1　2018 年全球主要对外投资国家地区流量占比情况

数据来源：中国对外直接投资统计公报 2018

截至 2018 年年底，中国对外直接投资存量 19822.7 亿美元（表 5.2 所示），是 2002 年年底对外直接投资存量的 66.3 倍，占全球对外直接投资存量的 6.4%，比 2002 年的 0.4% 提升了 6%，全球排名也由原来的第 25 位跃升至全球第 3 位，仅次于美国（6.5 万亿美元）和荷兰（2.4 万亿美元）。从存量规模上看，美国的对外直接投资存量高出中国 3.5 万亿美元，中国与美国之间的差距还较大。

表 5.2　2018 年末全球对外直接投资存量上万亿美元的国家（地区）

位次	国家（地区）	2018 年末存量（亿美元）	占全球比重（%）
1	美国	64747	20.9
2	荷兰	24273	7.8
3	中国内地	19823	6.4
4	中国香港	18701	6.0
5	英国	16965	5.5
6	日本	16652	5.4
7	德国	16454	5.3
8	法国	15078	4.9
9	加拿大	13250	4.3
10	瑞士	12634	4.1
11	新加坡	10211	3.3
	合计	228788	73.9

数据来源：中国对外直接投资统计公报 2018

（二）投资区位分析

1. 对外投资遍布全球

中国对外投资在全球范围内布局，投资区位选择多元化。对外直接投资的足迹涉及全球超过 80% 的国家（地区），截至 2018 年年末中国在全球 188 个国家（地区）设立 4.29 万家对外直接投资企业。

具体覆盖率方面（如表 5.3 所示），亚洲、非洲和欧洲一直是中国对外直接投资的优选区域，覆盖率较高，其中亚洲地区又是众多区域中的首选区域，超过 90% 的亚洲地区有中国投资者设立的对外直接投资企业。非洲的覆盖率呈现逐年增长趋势，欧洲的覆盖率呈现先下降后上升趋势，即通常所说的U型趋势。受金融危机和欧债危机的波及，欧洲市场疲软，中国对欧洲的对外直接投资也在 2006—2011 年间持续降低，直到 2012 年才又恢复到 85% 左右的覆盖率，之后维持稳定。中国企业对北美洲的对外直接投资相对稳定，覆盖率维持在 75% 左右。拉丁美洲和大洋洲的覆盖率较低，中国企业不断探寻两大洲的投资机会，近几年态势逐渐增长。从整体上看，中国对外直接投资企业在全球的覆盖率较高，区位选择多元化程度也较高，对外直接投资已实现全球区位布局。

表 5.3　中国境外企业洲际投资覆盖率（2003—2018）

单位：%

年份	亚洲	欧洲	非洲	北美洲	拉丁美洲	大洋洲	全球
2003	81.0	61.0	73.0	50.0	49.0	35.0	60.0
2004	91.0	80.0	79.0	75.0	43.0	45.0	71.0
2005	93.0	85.0	83.0	75.0	45.0	36.0	71.2
2006	91.0	73.0	81.0	75.0	53.0	36.0	71.0
2007	90.0	74.0	81.0	75.0	53.0	42.0	71.2
2008	90.0	74.0	81.4	75.0	55.0	42.0	71.9
2009	90.0	77.0	81.4	75.0	57.0	40.0	72.8
2010	90.0	71.0	85.0	75.0	57.0	44.0	72.7
2011	90.0	71.2	85.0	75.0	57.1	40.0	72.4
2012	95.7	85.7	85.0	75.0	56.3	45.8	76.8
2013	97.9	85.7	86.7	75.0	60.4	50.0	79.0
2014	97.9	85.7	86.7	75.0	64.6	50.0	79.8
2015	97.9	87.8	85.0	75.0	67.3	50.0	80.3
2016	97.9	87.8	86.7	75.0	69.4	50.0	81.5
2017	97.9	87.8	86.7	75.0	67.3	50.0	81.1
2018	97.9	87.8	86.7	75.0	65.3	50.0	80.7

数据来源：中国对外直接投资统计公报 2003—2018

2. 对外投资分布差异较大

根据中国对外投资流量在各大洲分布的比重构成（如表 5.4 所示），可以看出中国对外直接投资在各大洲的分布具有明显的差异性。2003 年以来，亚洲地区是中国对外直接投资的主要流入地区，特别是 2007 年以来，中国每年对亚洲地区的投资占比都超过了 60%，即使在 2008 年全球金融危机特殊时期，中国对亚洲地区的对外投资仍保持了较高的比重，达到了 77.9%，说明中国对外投资的投资额高度集中流向亚洲，近地投资是主要特征。仅次于亚洲，位于第二位的对外投资接受地区是拉丁美洲，比重自2007年开始呈现逐年下降的趋势，占比在 10% 左右。排名第三的是欧洲，多年来占比小于 10%。非洲和大洋洲占比较低，不到5%。中国现阶段最大的目标投资领域是亚洲和拉丁美洲，但欧洲、非洲和大洋洲具有较大的投资空间，三大洲的占比总和发展迅速，中国的对外直接投资区域分布趋于合理。

2018 年中国在非洲和美洲的对外投资流量快速增长，53.9 亿美元投资额流入非洲，同比增长 31.5%，占对外直接投资流量的 3.8%，较 2017 年提升 1.2 个百分点。87.2 亿美元投资额流入北美洲，同比增长 34.2%，占对外直接投资流量的 6.1%。146.1 亿美元投资额流入拉丁美洲，同比增长 3.8%，占对外直接投资流量的 10.2%。2018 年中国在欧洲的对外投资流量降幅较大，65.9 亿美元投资额流入欧洲，同比下降 64.3%，占对外直接投资流量的 4.6%。

表 5.4　中国对外投资流量洲际构成（2003—2018 年）

单位：%

年份	亚洲	欧洲	非洲	北美洲	拉丁美洲	大洋洲
2003	52.7	5.1	2.6	2.0	36.4	1.2
2004	54.8	2.9	5.8	2.3	32.1	2.2
2005	36.6	3.2	3.2	2.6	52.7	1.7
2006	43.5	3.4	2.9	1.5	48.0	0.7
2007	62.6	5.8	5.9	4.2	18.5	2.9
2008	77.9	1.6	9.8	0.7	6.6	3.5
2009	71.5	5.9	2.5	2.7	13.0	4.4
2010	65.2	9.8	3.1	3.8	15.3	2.7
2011	60.9	11.1	4.3	3.3	16.0	4.4
2012	73.8	8.0	2.9	5.6	7.0	2.8
2013	70.1	5.5	3.1	4.5	13.3	3.4
2014	69.0	8.8	2.6	7.5	8.6	3.5
2015	74.4	4.9	2.0	7.4	8.6	2.7
2016	66.4	5.4	1.2	10.4	13.9	2.7
2017	69.5	11.7	2.6	4.1	8.9	3.2
2018	73.8	4.6	3.8	6.1	10.2	1.5

数据来源：中国对外直接投资统计公报 2003—2018

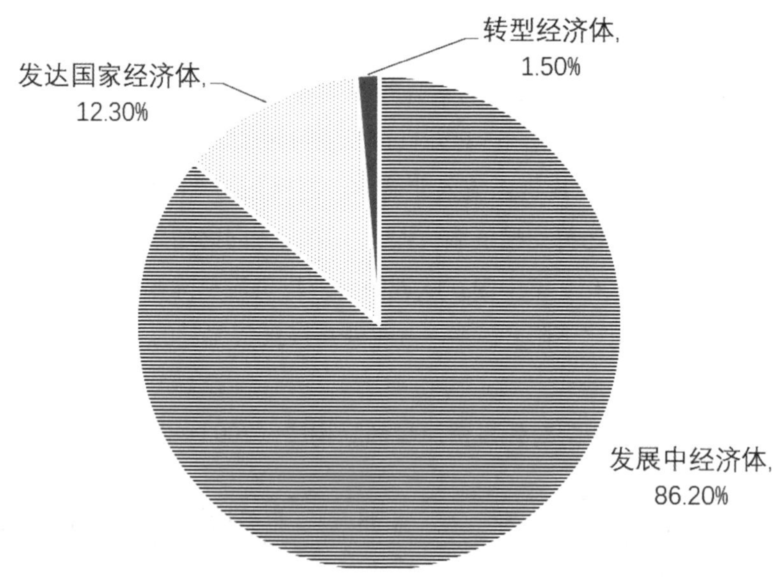

图 5.2 2018 年末中国对经济体直接投资存量构成

数据来源：中国对外直接投资统计公报 2018

中国对外投资在不同经济体中的分布存在较大差异，发展中经济体占中国对外直接投资存量的八成以上（如图 5.2 所示）。2018 年末，中国在发展中经济体的对外直接投资存量为 17085.3 亿美元，占存量总额的 86.2%，其中中国香港 11003.9 亿美元，占发展中经济体投资存量的 64.4%。中国在发达经济体的对外直接投资存量为 2431.7 亿美元，占存量总额的 12.3%，其中欧盟、美国、澳大利亚和加拿大的对外直接投资存量分别为 907.4 亿美元、755.1 亿美元、383.8 亿美元和 125.2 亿美元，占发达经济体存量的 37.3%、31.1%、15.8% 和 5.1%。中国在转型经济体的对外直接投资存量为 305.7 亿美元，占存量总额的 1.5%，其中，俄罗斯联邦和哈萨克斯坦的对外直接投资存量分别为 142.1 亿美元和 73.4 亿美元，占转型经济体投资存量的 46.5% 和 24%。

表 5.5　2018 年末中国对外直接投资存量前 20 位的国家（地区）

序号	国家（地区）	存量（亿美元）	比重（%）
1	中国香港	11003.9	55.5
2	开曼群岛	2592.2	13.1
3	英属维尔京群岛	1305.0	6.6
4	美国	755.1	3.8
5	新加坡	500.9	2.5
6	澳大利亚	383.8	1.9
7	英国	198.8	1.0
8	荷兰	194.3	1.0
9	卢森堡	153.9	0.8
10	俄罗斯联邦	142.1	0.7
11	德国	136.9	0.7
12	印度尼西亚	128.1	0.7
13	加拿大	125.2	0.6
14	中国澳门	88.7	0.5
15	马来西亚	83.9	0.4
16	百慕大群岛	83.2	0.4
17	老挝	83.1	0.4
18	哈萨克斯坦	73.4	0.4
19	瑞典	69.0	0.4
20	韩国	67.1	0.3
	合计	18168.6	91.7

数据来源：中国对外直接投资统计公报 2018

由表 5.5 可知，2018 年末，中国对外直接投资存量中排名前 20 位的国家（地区）累计对外直接投资存量达到 18168.6 亿美元，占中国对外直接投资存量的 91.7%，其中中国香港地区、开曼群岛和英属维尔京群岛占据了一半以上（75.2%）的存量。剩下的 17 位国家（地区）中有 11 个发达国家（地区）、2 个转型国家（地区）和 4 个发展中国家（地区），其中 11 个发达国家（地区）的对外直接投资存量占比为 13.4%，成为中国对外直接投资的第二选择。香港、开曼群岛和英属维尔京群岛属于自由岛地区，其他 17 个国家属于资源富集国家，由此可知自由港和资源富集国家是中国对外直接投资的集中区域。自由港地区免征关税或对少数商品收取少量关税，对外直接投资选择自由港地区主要就是避税带来的吸引力，而且自由港地区设施比较完善，制度体系和运作模式比较成熟，成熟市场是自由港吸引外资的又一个有利条件。部分国家具有丰富的自然资源，例如俄罗斯各种燃料矿石在全球占有量领先，中国对资源丰富国家进行对外直接投资主要是为了寻求自然资源。中国对外直接投资存量排名前 20 位的国家（地区）在不同程度上拥有各种各类的优势资源，对其投资可以解决中国资源不足的难题。

（三）行业结构分析

1. 投资分布广泛，门类齐全

从产业构成来看，如图 5.3 所示，中国对外直接投资在三个产业都有所涉及，存量主要集中于第三产业。截至 2018 年末第一、第二和第三产业的对外直接投资存量分别为 128.4 亿美元、4236.4 亿美元和 15457.9 亿美元，占中国对外直接投资存量的 0.6%、21.4% 和 78%。

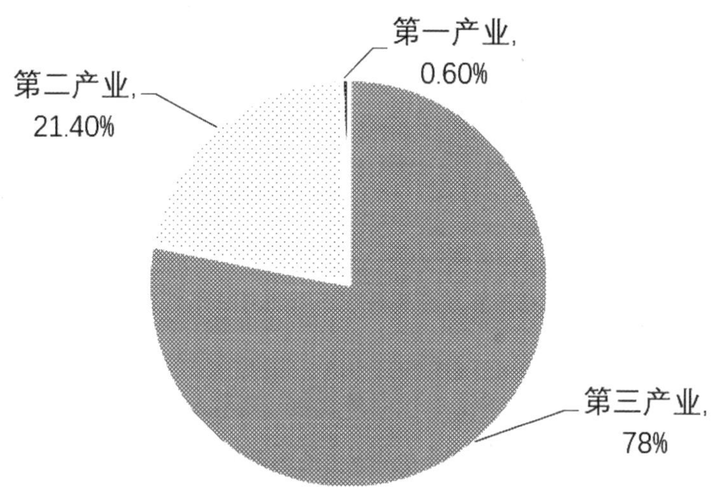

图 5.3 2018 年末中国对外直接投资存量按三次产业分类构成

数据来源：中国对外直接投资统计公报 2018。

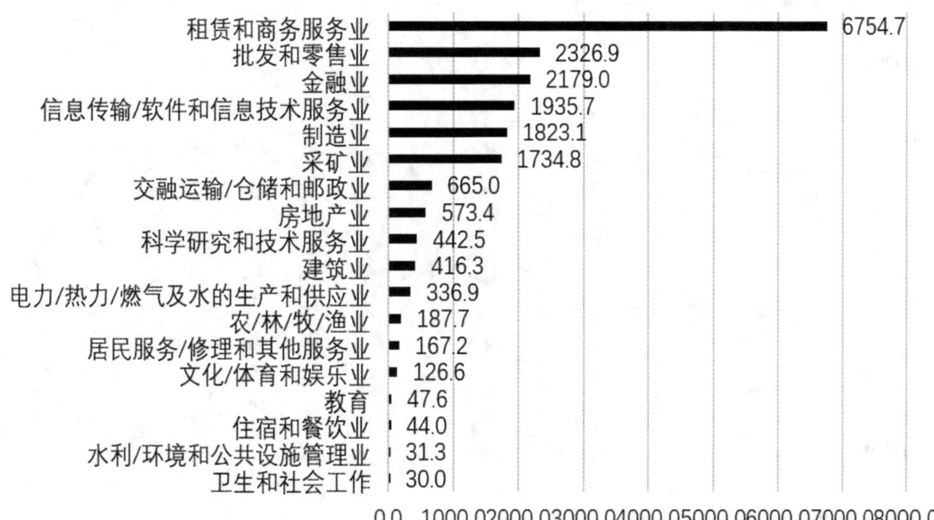

图 5.4 中国对外投资存量行业分布（截至 2018 年底）

数据来源：中国对外直接投资统计公报 2018

从行业分布来看（如图 5.4），2018 年末中国对外直接投资涵盖了国民经济的所有行业类别，6 个行业的存量规模超过了上千亿美元，分别是租赁和商务服务业、批发和零售业、金融业、信息传输 / 软件和信息技术服务业、制造业、采矿业，6 个行业的对外直接投资存量合计 16754.2 亿美元，占中国对外直接投资存量的 84.6%。租赁和商务服务业以 6754.7 亿美元的对外直接投资存量高居榜首，占中国对外直接投资存量的 34.1%。批发和零售业、金融业分别以 2326.9 亿美元和 2179 亿美元位列第二和第三，占比分别是 11.7% 和 11%。信息传输 / 软件和信息技术服务业对外直接投资存量 1935.7 亿美元，占 9.8%；制造业对外直接投资存量 1823.1 亿美元，占 9.2%；采矿业 1734.8 亿美元，占 8.8%，分别位列第四、第五和第六。

2. 产业结构失衡，行业流向集中

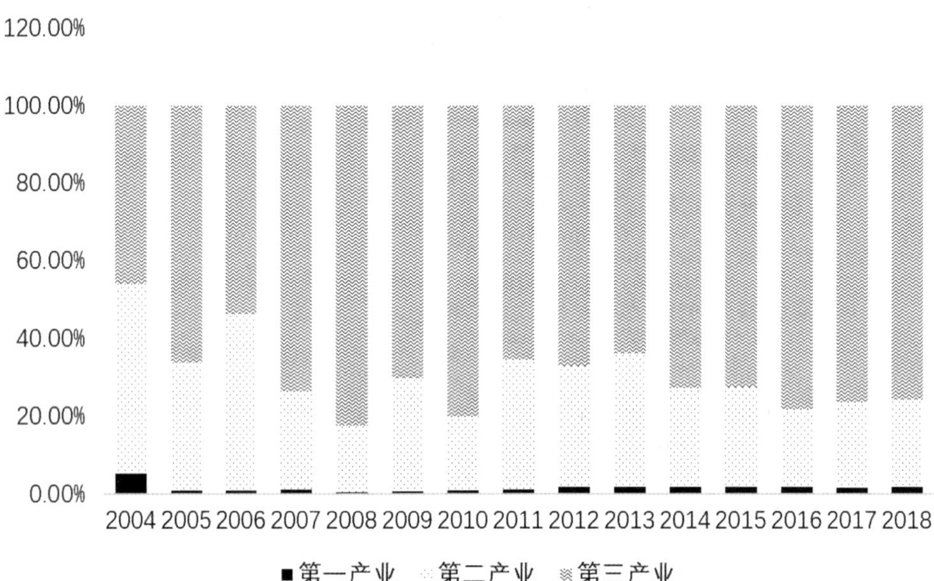

图 5.5 中国各年度对外投资流量产业构成（2004—2018 年）

数据来源：中国对外直接投资统计公报 2004—2018

由图 5.5 可知，从中国各年度对外直接投资流量产业构成来看，产业分布不稳定，变化较大。与中国产业结构不同，对外直接投资主要集中于服务业，服务业占比大且逐年上升。产业结构中占主要地位的第二产业，在对外直接投资中占比低于服务业，且比重呈下降趋势。第一产业较为稳定但比重一直偏低。中国是制造业大国，对外直接投资却主要集中在服务业，没有发挥第二产业的比较优势，由此可知中国对外投资的产业结构处于失衡状态。

表 5.6 中国对外投资流量行业结构（2003—2018 年）

单位：%

行业编号	2003	2004	2005	2006	2007	2008	2009	2010
A	2.85	5.25	0.86	0.87	1.03	0.31	0.61	0.78
B	48.30	32.74	13.66	40.35	15.33	10.42	23.60	8.31
C	21.86	13.74	18.60	4.28	8.02	3.16	3.96	6.78
D	0.77	1.43	0.06	0.56	0.57	2.35	0.83	1.46
E	0.80	0.87	0.67	0.16	1.24	1.31	0.64	2.37
F	12.51	15.07	4.70	5.26	24.92	11.65	10.85	9.78
G	2.70	0.04	0.06	6.50	15.34	4.75	3.66	8.22
H	0.03	0.04	0.06	0.01	0.04	0.05	0.13	0.32
I	0.31	0.55	0.12	0.23	1.15	0.53	0.49	0.74
J	-	-	-	16.68	6.29	25.13	15.45	12.54
K	-	0.15	0.94	1.81	3.43	0.61	1.66	2.34
L	9.77	13.63	40.30	21.36	21.15	38.85	36.22	44.01
M	0.22	0.33	1.06	1.33	1.15	0.30	1.37	1.48
N	0.22	0.02	0.00	0.04	0.01	0.25	0.01	0.10
O	0.11	1.62	0.53	0.54	0.34	0.34	0.52	0.79
行业编号	2011	2012	2013	2014	2015	2016	2017	2018
A	1.07	1.66	1.68	1.65	1.77	1.68	1.58	1.79
B	19.35	15.43	23.00	13.44	7.72	0.98	-2.34	3.24
C	9.43	9.87	6.67	7.78	13.72	14.81	18.64	13.36
D	2.51	2.20	0.63	1.43	1.47	1.80	1.48	3.29
E	2.21	3.70	4.05	2.76	2.56	2.24	4.12	2.53
F	13.83	14.86	13.58	14.86	13.19	10.65	16.62	8.56
G	3.43	3.40	3.07	3.39	1.87	0.86	3.45	3.61
H	0.16	0.16	0.08	0.20	0.50	0.83	-0.12	0.95
I	1.04	1.41	1.30	2.57	4.68	9.51	2.80	3.94
J	8.13	11.47	14.01	12.93	16.64	7.61	11.87	15.18
K	2.64	2.30	3.67	5.36	5.35	7.77	4.29	2.14
L	34.29	30.46	25.09	29.91	24.89	33.54	34.29	35.50
M	0.95	1.68	1.66	1.36	2.30	2.16	1.51	2.66
N	0.34	0.04	0.13	0.45	0.94	0.43	0.14	0.12
O	0.62	1.36	1.38	1.90	2.40	5.13	1.65	3.14

数据来源：中国对外直接投资统计公报 2003—2018

注：行业编号分别表示 A- 农 / 林 / 牧 / 渔业，B- 采矿业，C- 制造业，D- 电力、热力、燃气及水的生产和供应业，E- 建筑业，F- 批发和零售业，G- 交通运输 / 仓储和邮政业，H- 住宿和餐饮业，I- 信息传输 / 软件和信息技术服务业，J- 金融业，K- 房地产业，L- 租赁和商务服务业，M- 科学研究和技术服务业，N- 水利 / 环境和公共设施管理业，O- 居民服务 / 修理和其他服务业、教育、卫生和社会工作、文化 / 体育和娱乐业、公共管理 / 社会保障和社会组织总和。

根据表 5.6 显示的 2003—2018 年中国对外直接投资流量行业结构表，16 年间中国对外直接投资的行业结构不断地在发生变化。从整体动态变化来看，采矿业逐年下降，制造业在经历了近十年的低谷期后，近三年开始逐渐回升，制造业与租赁和商务服务业、金融业、批发零售业一起成为占主导地位的行业；中国的对外投资从资源开发、低端制造业向商业服务业、批发零售业、金融业转移。从各行业动态变化来看，采矿业由 2003 年 48.3% 的占比降至 2018 年的 3.24%，2015 年开始不再位列外商投资行业的前三名，2017 年出现负流量，种种迹象表明中国的对外投资不再是资源能源主导型的。租赁和商务服务行业自 2003 年以来比例有所上升，2005 年达到历史最高值 40.30%，成为中国最大的对外直接投资产业，而且保持了一个稳定的行业比率，持续多年保持对外投资行业首位的地位。制造业经历了较低发展后又回归到对外投资的主导行业，2006 年行业占比跌至 4.26%，在之后的几年也始终保持较低占比（不超过 10%），2008 年和 2009 年达到占比最低，仅占 3.16% 和 3.96%，2015 年又开始逐渐回升到 10% 以上，投资超过百亿美元，又重新回到中国对外投资主导行业队伍。批发零售业和金融业在服务业中保持着良好的发展势头，行业占比相对稳定；技术含量较高的信息技术服务业和科学研究类行业占比较低，但近几年投资增速较快。

第六章　OFDI 对中国经济增长的影响

第一节　中国对外投资动机分析

一、资源寻求型

资源寻求型的对外直接投资是针对国内短缺的资源，或者供给价格偏高的资源，以较低价格获取东道国丰富的资源为目的而进行的对外直接投资活动。投资对象包括硬资源和软资源，两者兼而有之。硬资源以矿产资源、农产品为主，软资源以人力资源、技术资源、管理资源、信息资源等为主。

资源富足的国家（地区）吸引资源寻求型的对外直接投资企业，中东和俄蒙地区以自然资源吸引寻求为主，东南亚地区以劳动力资源吸引寻求为主。企业以资源寻求作为对外直接投资的主要目标时，降低由于资源价格上涨带来的经济风险，补充生产要素，降低生产成本，创造优势条件促进经济发展。

资源寻求型的对外直接投资不仅为企业自身带来了机遇，也促进了行业层面和国家层面的发展。行业层面分析，在资源争夺战愈演愈烈的环境下，资源寻求帮助企业获取到短缺的自然资源、廉价的劳动力，缓解了行业内部资源短缺现状，促进了产业内企业间的协调发展；企业对外直接投资活动的增强也带动相关产业“走出去”，产业整体发展趋势变好。国家层面分析，从其他国家寻求到有利的资源后，国内部分生产要素得到释放，资源分配调整到具有发展优势的行业，产业结构进一步优化，促进经济繁荣。

二、市场寻求型

市场寻求型的对外直接投资是以发现和扩大市场为目的而进行的对外直接投资活动。东道国广阔的市场空间、巨大的市场规模、有序的市场经济、优惠的市场政策吸引投资者以市场寻求为目的进入东道国市场。国内具有优势条件的企业以市场寻求进行对外直接投资时，可以规避贸易壁垒，增加产品出口量，开拓新兴市场，提高企业在全球中的位置，引领更多的企业“走出去”，推动产业结构转型升级。国内已经失去优势条件的企业以市场寻求进行对外直接投资时，将过剩的产能转移到需求地区，加速企业资金周转速度，为企业实现转型升级提供了资金支持，也为企业开发新产品、新服务创造了条件，进一步优化了产业结构。

三、效率寻求型

效率寻求型的对外直接投资是以追求效率为目的而进行的对外直接投资活动。企业经营活动过程中投入资源与产出之间的关系反映企业效率，企业若想提高效率可以增加产出，或者减少投入，或者两者同时执行。效率寻求型对外直接投资企业从增加产出方面考虑，转移生产到国外，特别是将附加值低、污染程度高的产业转移到国外，以此增加产出，提高企业效率；从投入方面考虑，选择原材料成本低、劳动力价格低的国家设立子公司，减少资源投入，提高企业效率；两者也可以同时兼顾，选择生产成本低又可将中国产业链低端的产业转移出去的国家进行对外直接投资，实现效率寻求。

四、战略资产寻求型

根据非登和威廉姆森认为，战略资产包括顾客资产、渠道资产、投入要素资产、过程资产和市场信息资产。战略资产寻求型对外直接投资是以寻求这五大类资产为目的而进行的对外直接投资活动。战略性资产是企业经营过程中逐步形成的，积累过程缓慢且难以被模仿或替代，因此战略性资产成为企业的核心竞争力，推动企业快速发展。

战略资产寻求型的对外直接投资企业通过设立子公司或者跨国并购，获取战略资产五大类的相应资源，优化产业结构。顾客资产：吸引新顾客，增强顾客忠诚度，提升品牌认知度。渠道资产：以并购形式利用东道国企业的销售渠道和已经建成的分销关系。投入要素资产：获取先进发达国家的先进技术。过程资产：获取先进发达国家的管理经验、高效率的组织运营方式、完善的组织架构。市场信息资产：准确、及时地收集市场信息，积极应对市场变化。

对外直接投资企业以战略资产作为寻求目标时，区位选择集中于先进发达国家，通过逆向技术溢出效应提升本国企业技术进步，推动产业结构优化升级，促进整体经济的快速发展。

第二节 中国对外投资战略

一、走出去战略

（一）什么是走出去战略

“走出去”和“引进来”相对应，“走出去”战略又称国际化经营战略，是指扩大对外开放领域，利用国内和国外“两个市场，两种资源”，通过对外直接投资等多种形式更大程度地参与国际分工和国际市场竞争，实现国民经济可持续发展。

（二）走出去战略的形成过程

1. 孕育基本思想时期

邓小平改革开放理论为“走出去”战略奠定了坚实的理论基础，孕育了“走出去”战略的形成和提出。

邓小平同志深刻总结了新中国成立以来的社会主义建设的历史经验，详细阐述了改革开放的科学内涵，指出改革开放是强国之路，是中国的一项长期国策，是社会主义现代化实现的必要条件，改革开放和社会主义是命运共同体，邓小平站在时代的高度提出对外开放在经济建设中占有重要的作用。邓小平的经典论述，“不坚持社会主义，不坚持改革开放，只能是死路一条”，“经验证明，关起门来搞建设是不能成功的，中国的发展离不开世界”，坚定了改革信念。因此，党的十一届三中全会上明确提出“在自力更生基础上，积极发展同世界各国平等互利的经济合作”，拉开了中国对外开放的历史进程。

2. 正式提出时期

江泽民同志进一步发展了邓小平同志的对外开放思想，明确提出“走出去”战略为中国的国家战略。

1992 年，江泽民同志在党的十四大报告中明确指出，要“积极扩大中国企业的对外投资和跨国经营”。1997 年，在党的十五大上，江泽民同志进一步提出“更好地利用国内国外两个市场、两种资源”。同年，在全国外资工作会议上，江泽民同志提出：“我们不仅要积极吸引外国企业到中国来投资办厂，也要积极引导和组织国内有实力的企业走出去，到国外投资办厂，利用当地的市场和资源。‘引进来’和‘走出去’，是我们对外开放方针的两个紧密联系、相互促进的方面，缺一不可”，至此，首次提出了“引进来”和“走出去”相结合的概念。

2000 年初，江泽民同志在向中央政治局通报“三讲”情况的讲话中，在全面总结中国对外开放经验的基础上，首次把“走出去”战略上升到“关系中国发展全局和前途的重大战略之举”的高度。同年 2 月，江泽民同志在广东考察工作时指出：“当今世界经济的发展，要求我们必须勇于和善于参与经济全球化的竞争，充分利用好国外和国内两种资源、两个市场。随着中国经济水平的提高和现代化建设的推进，我们必须加快实施‘走出去’的战略。这同西部大开发一样，也是关系中国经济和整个现代化建设发展全局的的战略”，“‘走出去’和‘引进来’是对外开放政策相辅相成的两个方面，二者缺一不可。现在情况与二十多年前不同了，实施‘走出去’战略的条件更具备了，要求也更迫切了。中国加入世贸组织后，将会为实施这一战略带来更多的机遇。必须不失时机地‘走出去’，让我们的企业到国际经济舞台上去施展身手。这个战略实施好了，对增强中国经济发展的动力和后劲，促进中国的长远发展，具有极为重大的意义”。3 月，江泽民同志在全国人大九届三次会议上基本上就把“走出去”战略提高到国家战略层面上来了。

2001 年，“走出去”战略写入了中国《国民经济和社会发展第十个五年计划纲要》。《纲要》是这样阐述的:“鼓励能够发挥中国比较优势的对外投资，扩大国际经济技术合作的领域、途径和方式。继续发展对外承包工程和劳务合作，鼓励有竞争优势的企业开发境外加工贸易，带动产品、服务和技术出口。支持到境外合作开发国内短缺资源，促进国内产业结构调整和资源置换。鼓励企业利用国外智力资源，在境外设立研究开发机构和设计中心。支持有实力的企业跨国经营，实现国际化发展。健全对境外投资的服务体系，在金融、保险、外汇、财税、人才、法律、信息服务、出入境管理等方面，为实施‘走出去’战略创造条件。完善境外投资企业的法人治理结构和内部约束机制，规范对外投资的监管。”

2002 年，在党的第十六大报告中，江泽民同志提出：“坚持‘走出去’与‘引进来’相结合的方针，全面提高对外开放水平。”

3. 加快实施时期

2003 年 10 月，党的第十六届三中全会通过的《关于完善社会主义市场经济体制的若干重大问题的决定》指出：“继续实施‘走出去’战略……‘走出去’战略是建成完善的社会主义市场经济体制和更具活力、更加开放的经济体系的战略部署，是适应统筹国内发展和对外开放的要求的，有助于进一步解放和发展生产力，为经济发展和社会全面进步注入强大动力。”

之后，胡锦涛同志作出一系列的指示，“要积极鼓励和支持有条件的企业‘走出去’，更多更好地利用国外资源和国际市场，要进一步完善相关政策法规，加强对境外投资的统筹协调，改善服务和监管，务求实效”。“要积极稳妥地实施‘走出去’战略，在取得实效上下功夫。这既是新形势下充分利用两个市场、两种资源的重要途径，也是扩大国际经济技术合作、提高企业竞争力的重大举措。”

2005 年，温家宝同志在政府工作报告中提出：“要进一步实施‘走出去’战略。鼓励有条件的企业对外投资和跨国经营，加大信贷、保险外汇等支持力度，加强对‘走出去’企业的引导和协调。建立健全境外国有资产监管制度。”吴仪副总理在“2005 年全国对外经济合作工作会议”上做出重要批示，指出：“新形势下进一步做好对外经济合作工作，必须按照党中央、国务院的统一部署，以科学发展观为统领，准确把握国内外经济发展的新趋势、新特点，明确发展方向和目标；必须充分发挥自身优势，提高综合实力和国际竞争力，向更宽领域，更深层次、更高水平发展；必须不断完善体制机制，加强法制建设，提高管理协调能力，健全促进、保障、服务和监管等政策体系；必须坚持互利共赢、共同发展的原则，切实维护国家利益和经济安全。”

至此，“走出去”战略在三代领导人的推动下形成了具有中国特色的“走出去”理论体系。

二、“一带一路”倡议

（一）什么是“一带一路”倡议

“一带一路”（The Belt and Road，缩写 B&R）是“丝绸之路经济带”和“21 世纪海上丝绸之路”的简称，2013 年 9 月和 10 月由中国国家主席习近平分别提出建设“新丝绸之路经济带”和“21 世纪海上丝绸之路”的合作倡议。依靠中国与有关国家既有的双多边机制，借助既有的、行之有效的区域合作平台，一带一路旨在借用古代丝绸之路的历史符号，高举和平发展的旗帜，积极发展与沿线国家的经济合作伙伴关系，共同打造政治互信、经济融合、文化包容的利益共同体、命运共同体和责任共同体。

（二）“一带一路”倡议启动背景

当今世界正发生复杂深刻的变化，国际金融危机深层次影响继续显现，世界经济缓慢复苏、发展分化，国际投资贸易格局和多边投资贸易规则酝酿深刻调整，各国面临的发展问题依然严峻。共建“一带一路”顺应世界多极化、经济全球化、文化多样化、社会信息化的潮流，秉持开放的区域合作精神，致力于维护全球自由贸易体系和开放型世界经济。共建“一带一路”旨在促进经济要素有序自由流动、资源高效配置和市场深度融合，推动沿线各国实现经济政策协调，开展更大范围、更高水平、更深层次的区域合作，共同打造开放、包容、均衡、普惠的区域经济合作架构。共建“一带一路”符合国际社会的根本利益，彰显人类社会共同理想和美好追求，是国际合作以及全球治理新模式的积极探索，将为世界和平发展增添新的正能量。

共建“一带一路”致力于亚欧非大陆及附近海洋的互联互通，建立和加强沿线各国互联互通伙伴关系，构建全方位、多层次、复合型的互联互通网络，实现沿线各国多元、自主、平衡、可持续的发展。“一带一路”的互联互通项目将推动沿线各国发展战略的对接与耦合，发掘区域内市场的潜力，促进投资和消费，创造需求和就业，增进沿线各国人民的人文交流与文明互鉴，让各国人民相逢相知、互信互敬，共享和谐、安宁、富裕的生活。

当前，中国经济和世界经济高度关联。中国将一以贯之地坚持对外开放的基本国策，构建全方位开放新格局，深度融入世界经济体系。推进“一带一路”建设既是中国扩大和深化对外开放的需要，也是加强和亚欧非及世界各国互利合作的需要，中国愿意在力所能及的范围内承担更多责任义务，为人类和平发展作出更大的贡献。

（三）发展历程

中国“一带一路”发展历程如图 6.1 所示：

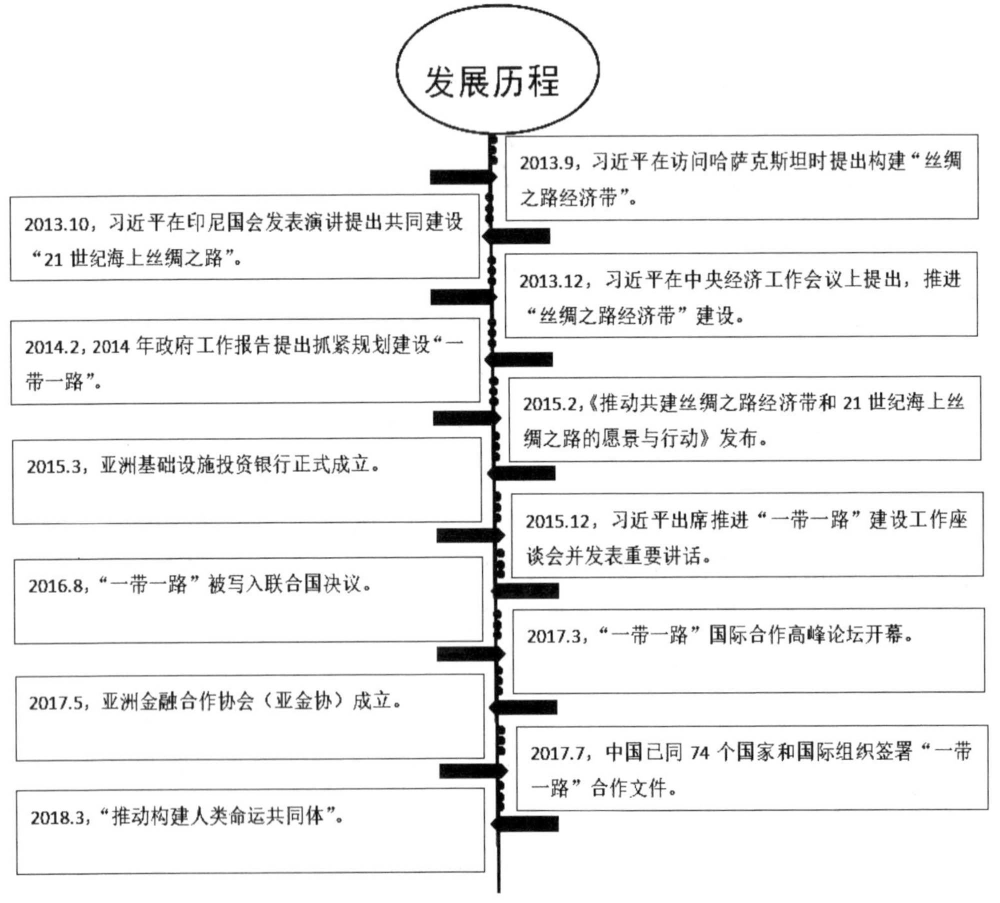

图 6.1 “一带一路”倡议发展历程

（四）五大互通模式

1. 政策沟通

政策沟通是“一带一路”建设的重要保障。加强政府间合作，构建多层次政府间宏观政策沟通交流机制，深化利益融合，促进政治互信，达成合作新共识。沿线各国可以就经济发展战略和对策进行充分交流对接，共同制定推进区域合作的规划和措施，协商解决合作中的问题，共同为务实合作及大型项目实施提供政策支持。

2. 设施联通

基础设施互联互通是“一带一路”建设的优先领域。在尊重相关国家主权和安全关切的基础上，沿线国家宜加强基础设施建设规划、技术标准体系的对接，共同推进国际骨干通道建设，逐步形成连接亚洲各区域以及亚欧非之间的基础设施网络。强化基础设施绿色低碳化建设和运营管理，在建设中充分考虑气候变化影响。

抓住交通基础设施的关键通道、关键节点和重点工程，优先打通缺失路段，畅通瓶颈路段，配套完善道路安全防护设施和交通管理设施设备，提升道路通达水平。推进建立统一的全程运输协调机制，促进国际通关、换装、多式联运有机衔接，逐步形成兼容规范的运输规则，实现国际运输便利化。推动口岸基础设施建设，畅通陆水联运通道，推进港口合作建设，增加海上航线和班次，加强海上物流信息化合作。拓展建立民航全面合作的平台和机制，加快提升航空基础设施水平。

3. 贸易畅通

投资贸易合作是“一带一路”建设的重点内容。宜着力研究解决投资贸易便利化问题，消除投资和贸易壁垒，构建区域内和各国良好的营商环境，同沿线国家和地区共同商建自由贸易区，激发释放合作潜力，做大做好合作“蛋糕”。

加快投资便利化进程，消除投资壁垒。加强双边投资保护协定、避免双重征税协定磋商，保护投资者的合法权益。

拓展相互投资领域，开展农林牧渔业、农机及农产品生产加工等领域深度合作，积极推进海水养殖、远洋渔业、水产品加工、海水淡化、海洋生物制药、海洋工程技术、环保产业和海上旅游等领域合作。加大煤炭、油气、金属矿产等传统能源资源勘探开发合作，积极推动水电、核电、风电、太阳能等清洁、可再生能源合作，推进能源资源就地就近加工转化合作，形成能源资源合作上下游一体化产业链。加强能源资源深加工技术、装备与工程服务合作。

推动新兴产业合作，按照优势互补、互利共赢的原则，促进沿线国家加强在新一代信息技术、生物、新能源、新材料等新兴产业领域的深入合作，推动建立创业投资合作机制。

4. 资金融通

资金融通是“一带一路”建设的重要支撑。深化金融合作，推进亚洲货币稳定体系、投融资体系和信用体系建设。扩大沿线国家双边本币互换、结算的范围和规模。推动亚洲债券市场的开放和发展。共同推进亚洲基础设施投资银行、金砖国家开发银行筹建，有关各方就建立上海合作组织融资机构开展磋商。加快丝路基金组建运营。深化中国－东盟银行联合体、上合组织银行联合体务实合作，以银团贷款、银行授信等方式开展多边金融合作。支持沿线国家政府和信用等级较高的企业以及金融机构在中国境内发行人民币债券。符合条件的中国境内金融机构和企业可以在境外发行人民币债券和外币债券，鼓励在沿线国家使用所筹资金。

加强金融监管合作，推动签署双边监管合作谅解备忘录，逐步在区域内建立高效监管协调机制。完善风险应对和危机处置制度安排，构建区域性金融风险预警系统，形成应对跨境风险和危机处置的交流合作机制。加强征信管理部门、征信机构和评级机构之间的跨境交流与合作。充分发挥丝路基金以及各国主权基金作用，引导商业性股权投资基金和社会资金共同参与“一带一路”重点项目建设。

5. 民心相通

民心相通是“一带一路”建设的社会根基。传承和弘扬丝绸之路友好合作精神，广泛开展文化交流、学术往来、人才交流合作、媒体合作、青年和妇女交往、志愿者服务等，为深化双多边合作奠定坚实的民意基础。

扩大相互间留学生规模，开展合作办学，中国每年向沿线国家提供 1 万个政府奖学金名额。沿线国家间互办文化年、艺术节、电影节、电视周和图书展等活动，合作开展广播影视剧精品创作及翻译，联合申请世界文化遗产，共同开展世界遗产的联合保护工作。深化沿线国家间人才交流合作。

加强旅游合作，扩大旅游规模，互办旅游推广周、宣传月等活动，联合打造具有丝绸之路特色的国际精品旅游线路和旅游产品，提高沿线各国游客签证便利化水平。推动 21 世纪海上丝绸之路邮轮旅游合作。开展体育交流活动，支持沿线国家申办重大国际体育赛事。

加强科技合作，共建联合实验室（研究中心）、国际技术转移中心、海上合作中心，促进科技人员交流，合作开展重大科技攻关，共同提升科技创新能力。

整合现有资源，开拓和推进与沿线国家在青年就业、创业培训、职业技能开发、社会保障管理服务、公共行政管理等共同关心领域的务实合作。

充分发挥政党、议会交往的桥梁作用，加强沿线国家之间立法机构、主要党派和政治组织的友好往来。开展城市交流合作，欢迎沿线国家重要城市之间互结友好城市，以人文交流为重点，突出务实合作，形成更多鲜活的合作范例。欢迎沿线国家智库之间开展联合研究、合作举办论坛等。

加强沿线国家民间组织的交流合作，重点面向基层民众，广泛开展教育、医疗、减贫开发、生物多样性和生态环保等各类公益慈善活动，促进沿线贫困地区生产生活条件改善。加强文化传媒的国际交流合作，积极利用网络平台，运用新媒体工具，塑造和谐友好的文化生态和舆论环境。

第三节 OFDI 与中国经济增长的关系

一、中国对外投资的条件

（一）外汇储备

由于长期的国际收支顺差，中国积累了大量的外汇储备，为对外直接投资提供了必要的条件。外汇储备是中国对外直接投资的重要来源，对中国主权财富基金、政策性银行和多边开发金融机构的投资尤为重要。据统计，1990 年中国的外汇储备为 110.93 亿美元，2000 年增长到 1655.74 亿美元，2019 年年底中国外汇储备规模达到 31079 亿美元。自 2005 年之后，外汇储备与中国对外直接投资一样，进入了快速增长阶段，但是由于经常账户顺差和外商对华投资下降、中国资产多元化加速、外汇市场冲销等多方面的原因，中国自 2014 年 7 月开始外汇储备进入下降轨道，相比外汇储备最高点，降幅达到 20% 以上。外汇储备的下降必然限制了对外直接投资的可用资金，改变投融资结构。

针对外汇储备下降问题，2018 年中国发改委发布《关于引导对外投融资基金健康发展的意见》，提出优化投融资基金募资方式，国内的社会资金、国内各类机构和国际金融组织的加入，可以有效增加资金数量，分担投资风险。避免过度依赖政府资金，加大股权投资和其他融资方式，建立更合理的融资结构，对前景较好的项目增强控制力，缓解企业、项目，乃至东道国的债务负担。

（二）国内储蓄

长期以来，中国国内消费市场需求不足，城乡居民储蓄存款年年攀升，且中国居民储蓄率远远高于其他国家，为国内储蓄借助国际金融市场进行对外投资创造了条件。据统计，2000 年中国的国内储蓄为 6.43 万亿元，2003 年突破 10 万亿元，截至 2019 年底已达到 80 多万亿元，与国内消费不足相比，中国储蓄相对剩余，国内的投资无法吸纳这么多的储蓄金额，中国的对外直接投资会继续增长。另一方面，国际资本自由化流动趋势增强，中国的金融服务逐渐扩大开放领域，国内储蓄在不断完善的投资体制和投资渠道下，通过对外直接投资方式获取更高收益。当然，国内储蓄在对外直接投资过程中，要进行合理的引导，防止无序流动造成的储蓄流失。

（三）外商直接投资规模

中国吸引外商直接投资的投资额逐年上涨，外商资本的进入为企业发展增加了资本实力，也为企业进入国际化市场带来了各种资源，比如先进的技术、丰富的管理经验。外商直接投资的引入对中国经济增长产生积极的促进作用，与此同时，也加剧了行业内部企业间的竞争，生产要素争夺战愈演愈烈，导致生产要素成本提高，企业经营压力变大。为了降低国内市场竞争压力，解决生产要素成本问题，企业将另寻出路，对外直接投资成为一个有效途径，推动企业转移生产。由此可知，外商直接投资成了对外直接投资的一个重要推动力。

（四）国际竞争形势

当前国际大环境中一些新兴国家崛起，一些先进发达国家相对衰败，中国对外直接投资也面临着机遇和挑战。

中国对外直接投资额逐年上升，经济发展在全球产业链中的地位不断提高，先进发达国家为了阻碍中国发展，设定了严格的贸易壁垒和准入审查机制，以期通过贸易战、限制投资等多种方式延缓中国企业的技术提升和产业的转型升级。针对贸易壁垒，中国可以通过对外直接投资建立子公司来绕开贸易壁垒，鼓励国内企业进入海外市场投资建厂，进一步提高企业的国际竞争力。针对严格的准入审查机制，中国需要转变投资目的，加强以盈利为主要目的的对外直接投资，强化市场寻求型对外直接投资。

企业生产要素方面，国家丰富的自然资源、低廉的劳动力成本吸引投资者进行对外直接投资活动，尤其是东南亚国家，近几年成本优势吸引大量外商投资者，国内企业也应成为效率寻求型对外直接投资企业。面对中国生产要素成本不断上升，东南亚国家更是中国效率寻求型对外直接投资活动的优选地区。东南亚国家地理位置与中国相邻，企业文化相近，为中国对外直接投资提供了便利条件，企业通过对其投资实现生产效率的提高，满足低生产成本的市场需求。

二、对外直接投资与经济增长的计量分析

（一）变量和数据的选取

早期中国对外直接投资的规模非常小，因此本节选取1992—2018年的数据，剔除早期投资规模小的年份。变量采用自然对数形式，消除异方差现象，以便更好地反映线性趋势。

经济增长指标：用国民生产总值GDP代表经济增长水平，GDP数据选自《中国统计年鉴》。

对外直接投资指标：用对外直接投资流量指标代表对外直接投资，数据选自《中国统计年鉴》和《对外直接投资统计公报》。

模型设定如式（6.1）所示：

$$lnGDP_t = m_0 + m_1 lnOFDI_t + \mu_t \qquad (6.1)$$

（二）变量的平稳性检验

本节首先采用ADF单位根检验法检验变量的平稳性，模型回归之前做平稳性检验可以避免伪回归，确认变量是否存在时间趋势，是时间序列分析的重要环节，进一步确定是否需要进行协整检验。

表6.1 ADF检验结果

变量	差分阶数	ADF检验值	Prob	T临界值			是否平稳
				1%	5%	10%	
lnGDP	0	−0.501	0.873	−3.770	−3.005	−2.642	否
	1	−3.414	0.021	−3.770	−3.005	−2.642	是
lnOFDI	0	−0.171	0.930	−3.724	−2.986	−2.633	否
	1	−6.653	0.000	−3.724	−2.986	−2.633	是

由表6.1的检验分析结果可知，lnGDP和lnOFDI都没有拒绝有单位根的假设，均是非平稳、具有时间趋势的序列，而其一阶差分变量分别在5%和1%

的显著性水平下拒绝了有单位根的假设，表明差分变量是平稳的，因此，可以认为 lnGDP 和 lnOFDI 两个变量是一阶单整的。

（三）协整检验

ADF 检验结果表明 lnGDP 和 lnOFDI 两个变量都是非平稳的，但是是一阶单整的。两个变量之间的线性组合是否非平稳还需进一步验证，需要采用协整检验验证 lnGDP 和 lnOFDI 两个变量之间的长期稳定关系。本节协整检验采用 Engle-Granger 两步协整检验法，检验两个变量之间的协整关系。如果 lnGDP 和 lnOFDI 两个变量之间存在长期稳定的关系，说明可以通过 lnOFDI 变化来影响 lnGDP 的变化，即对外直接投资对经济增长存在影响作用。

对 lnGDP 和 lnOFDI 两个一阶单整变量建立回归模型，回归结果如表 6.2 所示：

表 6.2 回归结果

变量	回归系数	t 统计量	P 值
截距	8.222	26.736	0.000
lnOFDI	0.567	13.252	0.000
R^2 值		0.875	
F 统计值		175.626	
D-W 值		0.692	

表 6.3 残差 ADF 检验结果

变量	ADF 检验值	Prob	T 临界值			是否平稳
			1%	5%	10%	
Residual	-3.552	0.014	-3.711	-2.981	-2.630	是

由表 6.3 残差序列的单位根检验结果可知，在 5% 的显著性水平下通过单位根检验，因此可以认为残差序列为平稳序列，说明 lnGDP 和 lnOFDI 之间具有协整关系。建立的协整方程是合理的，协整向量为（1，0.567），也表明二

者之间存在一个长期均衡关系。

由表 6.2 可知，lnOFDI 在 1% 的显著性水平下通过了检验，说明 lnOFDI 对 lnGDP 的解释程度较高，lnOFDI 的弹性系数为 0.567，说明对外直接投资的规模每增加一个百分点，GDP 就能够提高 0.567 个百分点。

第七章 中国“一带一路”沿线 OFDI 的区位选择

第一节 中国对“一带一路”沿线地区的 OFDI 现状

一、投资规模

表 7.1 2008—2018 年中国对“一带一路”沿线国家投资存量

年份	流量（亿美元）	存量（亿美元）	流量占比（%）	存量占比（%）
2008	45.3	148.5	8.1	8.1
2009	45.3	202.6	8.0	8.2
2010	77.4	292.5	11.2	9.2
2011	99.3	416.8	13.3	9.8
2012	133.2	567.6	15.2	10.7
2013	126.3	720.2	11.7	10.9
2014	136.6	924.6	11.1	10.5
2015	189.3	1156.8	13.0	10.5
2016	153.4	1294.1	7.8	9.5
2017	201.7	1544.0	12.7	8.5
2018	178.9	1727.7	12.5	8.7

数据来源：中国对外直接投资统计公报 2008—2018

伴随“一带一路”倡议的提出与实施，沿线各国日益成为中国对外直接投资的重要投资区域，中国对沿线国家的投资正在逐渐增加，表 7.1 显示了 2008—2018 年中国对“一带一路”沿线国家投资流量和存量，以及占比。

从存量上看，中国对“一带一路”沿线国家对外直接投资存量呈稳定增长趋势。2008 年中国对外直接投资存量 148.50 亿美元，历经十年时间，2018 年对外直接投资存量1727.7亿美元，是2008年的12倍，增长了近1500亿美元。中国对“一带一路”沿线各国的直接投资存量占中国对外直接投资总存量的比值由2008年的8.1%提高到2018年的8.7%，占比有小幅增长，而且在2012—2015年占比曾达到10%以上，说明近年来中国企业越来越关注“一带一路”沿线国家，投资力度略微加强，但趋势并不明显。

从流量上看，中国对“一带一路”沿线国家对外直接投资流量呈较快增长，2017年对外直接投资流量创历史新高，达到201.7亿美元，为2008年的4.25倍。2013年提出“一带一路”倡议到2018年，中国对外直接投资流量不断增长，投资流量占比也有小幅度增长，由2013年的11.7%增长到2018年的12.5%，2015年占比达到13%，说明“一带一路”倡议对于中国企业持续开展对外直接投资活动起到重要的作用。

二、地区分布

（一）基于经济发展水平分布分析

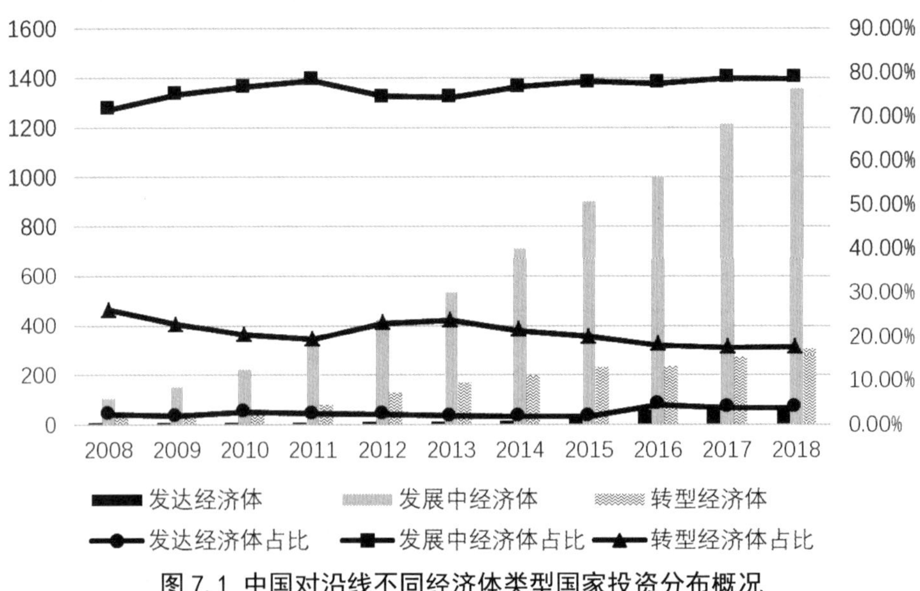

图7.1 中国对沿线不同经济体类型国家投资分布概况

数据来源：中国对外直接投资统计公报2008—2018

根据中国对外直接投资统计公报的数据和世界投资报告的标准，将“一带一路”沿线国家按照经济发展水平分为发达经济体、发展中经济体和转型经济体。依据此划分标准，三类经济体不论在投资总额还是投资占比方面的差异都比较大。

如图 7.1 所示，从三类不同经济体的投资情况来看，投资总额都是呈上升趋势，但是增幅有所不同。发达经济体由 2008 年的 3.5 亿美元增长到 2018 年的 65.1 亿美元，增长了 18.6 倍；发展中经济体由 2008 年的 106.1 亿美元增长到 2018 年的 1356.9 亿美元，增长了 12.8 倍；转型经济体由 2008 年的 38.8 亿美元增长到 2018 年的 305.7 亿美元，增长了 7.9 倍；从投资总额的数值上看，近年来非发达经济体的投资总量增长较大，从增速上来看发达经济体的增速较快。

三类不同经济体投资占比来看，占比最低的是发达经济体，平均在 2.5% 左右，近三年有小幅增长趋势，占比接近 4%。占比最高的是发展中经济体，投资占比在 75% 以上，占比比较稳定。转型经济体的占比在 20% 左右，但是近几年有下降趋势。

（二）基于地理位置的分布分析

从地理区域上，将中国“一带一路”沿线国家划分为俄罗斯和蒙古、中东欧、西亚中东、中亚、东南亚和南亚六个地区，每个地区的国情不同，政治、经济、文化、资源情况也各有差异，中国对六个地区的直接投资状况呈现较大差别。

六个地区的投资存量从大到小分别是：东南亚、西亚中东、俄罗斯和蒙古、中亚、南亚、中东欧。东南亚地区是六个地区中投资存量和投资占比最高的地区，是最低地区中东欧的三十多倍。并且，中国对东南亚地区的投资还在持续增加，2018 年投资存量实现 1030 亿美元，与 2008 年的 64.9 亿美元相比增长了近 16 倍。中东欧国家的地理位置与中国相距较远，导致中国与中东欧国家的贸易量相对较少，进而影响到中国对中东欧国家的对外直接投资量。虽然中东欧国家占中国“一带一路”国家的四分之一，但 2018 年中国对其投资总量只有 28.69 亿美元，与其他地区的投资量相差较大。

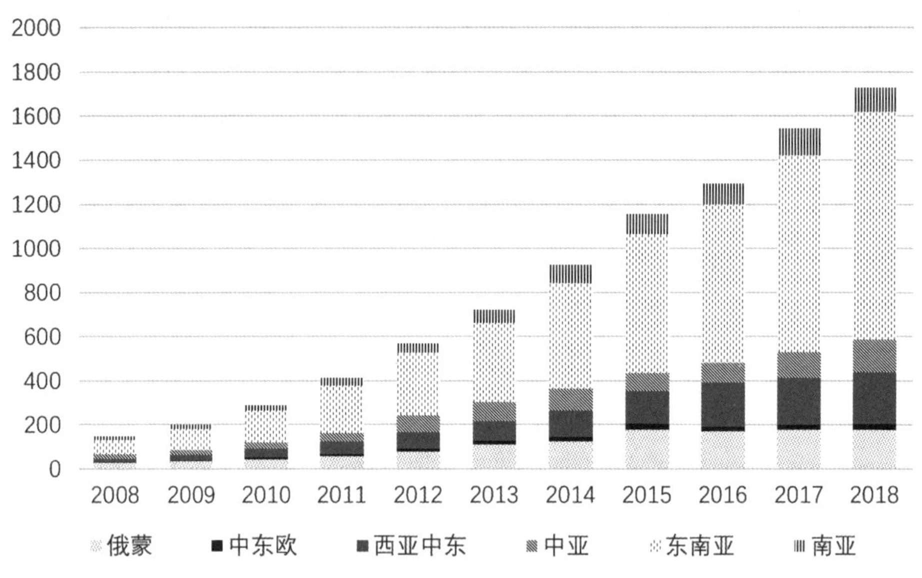

图 7.2 中国对沿线不同地区国家投资分布概况

数据来源：中国对外直接投资统计公报 2008—2018

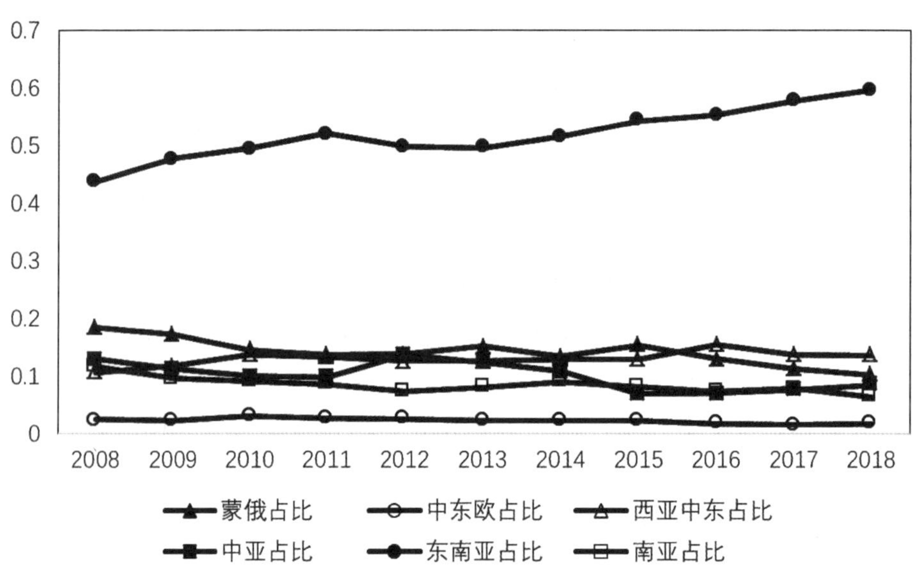

图 7.3 中国对沿线不同地区国家投资占比概况

数据来源：中国对外直接投资统计公报 2008—2018

从中国对 6 个地区的投资占比来看，中国对东南亚地区的投资呈稳定上升趋势，由 2008 年 44% 上升到 2018 年 60%，始终是中国投资占比最大的一个地区。西亚中东由于受政治环境的影响，中国对其的投资占比不是很高，但近几年也在小幅稳定上升中，由 2008 年占比的 10.6% 上升到 2018 年的 13.6%。中国对俄罗斯和蒙古的投资规模虽然在不断增大，但占比却呈现了下降趋势，由 2008 年的 18.4% 下降到 2018 年的 10.2%。中国对中亚的投资呈现了下降上升再下降的趋势，2018 年占比下降到 8.5%，中亚地区石油、锌、钨、铀矿储量高，基础设施落后，需要引进大量外资改善其落后的现状，成为中国未来对外直接投资的重点投资区域。南亚国家投资壁垒较多，且具有较强的隐蔽性，中国对其投资占比也呈下降趋势，由 2008 年的 11.7% 下降到 2018 年的 6.4%。中东欧地区的投资占比在 6 个地区中最低，维持在 2% 左右，主要受地理位置、劳动力成本等方面的影响。

三、投资国家及地区分析

从国别构成来看，中国“一带一路”沿线对外直接投资主要流向新加坡、印度尼西亚、马来西亚、老挝、越南、阿拉伯联合酋长国、柬埔寨、俄罗斯联邦、泰国、孟加拉国等国家。2013 年至 2018 年，中国对沿线国家累计直接投资 986.2 亿美元。2018 年末，中国对“一带一路”沿线国家的直接投资存量为 1727.7 亿美元，占中国对外直接投资存量的 8.7%。存量位列前十的国家是：新加坡、俄罗斯联邦、印度尼西亚、马来西亚、老挝、哈萨克斯坦、阿拉伯联合酋长国、柬埔寨、泰国、越南（如表 7.2 所示），并且前 6 个“一带一路”沿线国家也位列中国对外直接投资存量的前 20 名，其中，新加坡、俄罗斯位列中国对外直接投资存量的前十名。这十个国家占沿线直接投资存量的 72.42%，总额达到 1251.2 亿美元。由此可知，中国在“一带一路”沿线国家的对外直接投资更倾向于选择毗邻的周边国家和地区。

表 7.2 2018 年末中国对“一带一路”沿线直接投资存量排名前十国家

名次	国家	直接投资存量（亿美元）	占沿线直接投资存量比重（%）
1	新加坡	500.9	28.99
2	俄罗斯联邦	142.1	8.22
3	印度尼西亚	128.1	7.41
4	马来西亚	83.9	4.86
5	老挝	83.1	4.81
6	哈萨克斯坦	73.4	4.25
7	阿拉伯联合酋长国	64.4	3.73
8	柬埔寨	59.7	3.46
9	泰国	59.5	3.44
10	越南	56.1	3.25
合计		1251.2	72.42

数据来源：中国对外直接投资统计公报 2018

总体而言，“一带一路”沿线国家在中国对外直接投资中虽然投资规模不大，投资比例也较小，但是投资潜力却很大，随着倡议的加快推进，沿线国家的投资地位会变得越来越重要，特别是与中国双边贸易增加且距离较小的东南亚沿线国家，中国的对外直接投资关注点也逐渐向这些国家转移。中国对外直接投资偏向于相邻国家或地区，针对“一带一路”沿线国家也是如此，东南亚沿线国家由于地理位置相邻，在中国对沿线国家直接投资存量排名前十的国家和地区中占据了半壁江山。

四、行业分布

中国“一带一路”沿线的重点投资行业有能源电力、交通运输、制造业、信息技术、农业。能源电力：沿线国家能源丰富，但缺乏资金和技术；中国油气资源长期依赖进口，根据技术发展预计未来需求增加，必须尽快拓宽进口途径，未来互补空间较大。交通运输：有助于实现区域交通运输一体化，为未来中国与合作国家的经济贸易活动来往提供坚实的交运基础。制造业：中国是制造业大国，沿线部分国家的制造业科技含量远低于中国制造业的技术水平，同时沿线部分国家的劳动力成本具有优势，便于中国制造业转移产能实现对外直接投资，优化企业资本配置。信息技术：通过跨境光缆等通信干线网络的建设，提高国际通信互联互通水平，扩大信息交流与合作。农业：通过农业技术、农产品投资和贸易、农产品深加工，提升中国和“一带一路”沿线国家居民的生活水平和质量。

2018 年末，中国境内投资者在“一带一路”沿线的 63 个国家设立境外企业超 1 万家，涉及国民经济 18 个行业大类。从行业构成来看，流向制造业的投资 58.8 亿美元，同比增长 42.6%，占 32.9%；流向批发和零售业 37.1 亿美元，同比增长 37.7%，占 20.7%；流向电力生产和供应业 16.8 亿美元，同比增长 87.5%，占 9.4%；流向科学研究和技术服务业 6 亿美元，同比增长 45.1%，占 3.4%。

东南亚地区与中国一直保持着密切的经济往来，是中国“一带一路”沿线的重点投资区域。从产业结构方面来看，租赁和商业服务业、制造业是中国在东南亚地区的重点投资行业，主要原因是东南亚地区人口密集且劳动力成本低，市场潜力高。除此之外，泰国存在电力短缺问题，印度尼西亚希望改善发电和电信设施，电力产业成了中国在东南亚地区投资的又一选择，而且中国水力发电在全球居领先地位，火力发电掌握全球先进技术，电力产业投资经验丰富。

中国对俄罗斯和蒙古的投资主要集中在采矿业、制造业、农 / 林 / 牧 / 渔业 / 租赁和商务服务业等。俄罗斯是矿产资源和能源资源的最大储量国，因此，中国对俄罗斯投资的行业占比中采矿业居高。蒙古国的畜牧业是国民经济发展的基础，矿产资源也是全球种类最多、储存量较高的国家，其贸易发展在很大程度上依赖于中国，因此中国加大了对蒙古国畜牧业和采矿业的对外直接投资。

农业是中亚地区的传统主导产业，中亚地区光热、土地资源丰富，适宜的自然环境利于农作物生长，但是中亚地区农业投入资本有限、农业生产的技术水平不高，需要外商资本的进入，因此农业是中国对中亚地区投资的一个主要产业。中亚地区草原广阔，畜牧业发展历史悠久，成为中国对中亚地区投资的又一个主要产业。中亚地区矿藏丰富，特别是哈萨克斯坦，其矿藏品种种类齐全，储量占全球领先，因此中国对哈萨克斯坦的直接投资近年来剧增，导致中国对中亚地区的直接投资暴增，采矿业也成为中国对中亚地区投资的一个主要产业。

南亚地区局势动荡，对中国在其的对外直接投资活动产生严重的负面影响，所以中国在南亚的投资额一直较低。中国在南亚地区的投资流量主要流入印度和巴基斯坦，南亚地区落后的基础设施和丰富的能源是中国主要的投资领域。

西亚地区号称“世界石油宝库”，丰富的石油资源吸引外商投资者，但其基础设施不完善，特别是水电网络匮乏严重阻碍了经济的发展，中国对西亚地区的投资也集中于这两个方面：能源和基础设施建设。伊朗、沙特阿拉伯、阿联酋是西亚重要的产油国，中国对西亚的投资也主要集中于这三个国家。

中东欧地区近几年掀起了“中国热”，加强与中国的合作，中国对外直接投资企业也在不断寻找中东欧地区的投资机会，主要集中于其优势产业工业投资。

第二节 中国“一带一路”OFDI 区位选择的影响因素

一、基于东道国角度的影响因素

（一）政治稳定性

政治稳定表明国家的有序性，经济活动能在正常的范围内得以开展。东道国动荡的政治局面会对外商投资产生负面影响，投资者的合法利益无法得到保障。中国对“一带一路”沿线国家直接投资活动中，曾因为东道国的内部冲突以及新旧政府的交接，导致投资损失惨重。中国在利比亚承建的工程项目于 2011 年利比亚的“2 月 17 日革命”中功亏一篑，2014 年中国投资者和斯里兰卡政府签署了一份关于科伦坡建造项目的协议，新政府的上台叫停了项目。不稳定的政治环境，影响对外直接投资活动的进展，东道国政府的违约行为将会不断发生，企业的投资资本被非法没收或非法侵占。

所以，稳定的政治局面是企业顺利开展对外直接投资活动的前提条件。稳定的政治局面下，东道国的政府职能才能充分发挥，政府的工作效率才具有高效性。企业在对外直接投资区位选择时，必须考虑东道国政局的稳定情况，确保投资资本的安全性和收益性。“一带一路”沿线国家的政治稳定性千差万别，中国在对外直接投资时更应将此因素考虑在内。

（二）经济发展水平

经济发展水平反映一个国家经济发展的规模和速度，对外直接投资进行区位选择时，东道国的经济发展水平也是需要考虑的一个因素。根据对外直接投资的动机，企业选择不同经济发展水平的国家。效率寻求型的对外直接投资，特别是需要转移生产的企业，应该选择经济发展水平不高的国家进行投资，这些国家愿意接收其他国家的过剩生产力，弥补自身生产力不足的问题。战略寻求型的对外直接投资，需要获取东道国先进的生产技术和管理经验，应该选择经济发展水平高的国家进行投资，特别是对先进发达国家的对外投资。

中国的跨国企业中更多的是加工制造型的跨国企业，东道国的经济发展水平更是一个重要的影响因素。加工制造型企业特别关注生产成本的降低，而生产成本中劳动力成本比重较大，经济发展水平不高的国家，劳动力成本具有相对的比较优势。近年来，产能过剩也是困扰中国经济发展的一个问题，根据边际产业扩展论，中国应该把这些产能过剩的行业转移到经济发展水平不高的国家，调整中国产业结构。中国企业实力相对落后于先进发达国家的企业，但又普遍优于发展中国家的企业，企业在对外直接投资过程中应明确投资动机，选择适宜的国家进行对外投资活动，充分发挥优势。

（三）市场规模

市场规模一般指市场容量，市场容量的大小决定了能够容纳的产品或劳务的数量多少。市场寻求型的对外直接投资者更关注东道国的市场规模，区位选择时市场规模将作为一个重要因素。较大的市场规模，意味着有更多的市场需求需要企业来满足，企业生产规模可以扩大，销售收入提高，销售利润增加，所以企业不断地寻求市场规模大的国家和地区。企业在市场规模大的国家进行对外直接投资活动，容易实现规模经济，增加供给量满足当地市场，提高企业知名度。对外投资者与东道国企业竞争东道国市场，必须具备一定的自身优势，才能占领东道国市场，获取市场份额，这也对投资者提出更高的要求来完善自身。“一带一路”沿线国家的人口众多，潜在市场规模巨大，具有较大的投资机会，中国市场寻求型的对外直接投资者更会选择这些国家开展投资活动。

（四）自然资源禀赋

根据自然资源禀赋论，各国地理位置、气候条件、自然资源蕴藏等方面的异同导致各国专门从事不同种类产品生产。针对同一自然资源，如果两个国家之间的自然资源禀赋存在较大差距时，两国之间越可能建立对外直接投资伙伴关系，差异性的自然资源禀赋可以满足不同企业的投资需求。

全球产业分工中，每个国家拥有各自的比较优势，国家之间需要形成互补，最终呈现共赢的局面。发达国家掌握先进的技术和丰富的管理经验，欠发达国家拥有丰富的自然资源，发达国家可以作为投资者对欠发达国家实施对外直接投资，转移技术和资金给欠发达国家，推动欠发达国家有效地实现自然资源转化，与其同时发达国家也解决了自身资源匮乏的问题，两者之间通过优势互补，共同促进经济发展。“一带一路”沿线许多国家拥有丰富的自然资源，但是经济发展和技术水平落后于全球平均水平。中国作为发展中国家的领先国家，技术优于这些国家，随着经济的发展，中国国内出现资源短缺现象。中国和“一带一路”沿线国家可以形成优势互补，从国外进口各种自然资源，通过对外直接投资实现技术转移到沿线国家，为中国经济发展提供可靠的保障，解决资源短缺的现状。

（五）基础设施水平

基础设施建设是国民经济各项活动的基础，企业进行对外直接投资就需要考虑东道国基础设施建设水平，因此基础设施水平也是区位选择的一个重要因素。完善的电力设施建设保障经济生产的顺利进行，畅通的道路利于物资的运输，发达的通信网络方便与世界各国互通信息，完备的港口建设加快产品的进口与出口，因此具有高水平基础设施建设的东道国更吸引外商投资者。中国“一带一路”倡议的一个重要内容就是基础设施投资，实现中国与沿线国家的“互联互通”，沿线国家需要中国的对外投资资金改善其基础设施落后的现状，推动经济活动的正常进行，所以基础设施水平的高低与对外直接投资之间的关系还需要进一步证明。

（六）教育水平

教育水平反映一个国家的受教育程度，教育水平的高低影响先进技术的掌握，以及是否可以将科学技术转换为先进生产力，对外直接投资企业将教育水平作为区位选择的一个因素，分析东道国国家的吸收能力。东道国国家的教育水平越高，吸收能力就越强，越利于对外直接投资者的技术转移。东道国国家通过吸收将投资者的先进技术和管理经验转移成自己的优势，提高本国企业的生产效率和自主创新能力。对外直接投资者在教育水平高的东道国国家投资，不仅可以在当地设立研究机构，利用当地丰富的人力资本，还可以提高资本的有效利用率，增加收益。“一带一路”沿线国家的教育水平参差不齐，考虑收益性和有效性问题，中国在对外直接投资区位选择时应考虑教育水平这一影响因素。

（七）对外开放程度

对外开放程度反映了一国参与国际市场的程度，决定了对外直接投资者进入该国市场的难易程度。一个国家对外开放程度高，表明该国积极参与到国际市场中，投资者比较容易进入该国市场。东道国的对外开放架起了国家间沟通的桥梁，投资者可以深入了解东道国国家的市场信息，对东道国充分了解的情况下，更有目标性地进行对外直接投资活动。并且，对外开放程度也能说明该国的贸易壁垒程度，针对贸易壁垒较高的国家，中国以对外直接投资的方式绕开贸易壁垒。

二、基于中国与东道国双方角度的影响因素

（一）国家间地理距离

总体而言，对外直接投资企业在对投资区位进行选择决策时，两个国家或地区之间的地理距离都是需要考虑的重要因素之一。世界各国语言众多，文化多姿多彩，差异性较大，尤其对于地理距离较远的两国，差异性就更加明显，差异性的存在使得两国之间的沟通障碍变大。如果两国之间地理距离较大，无形中增加了企业的生产运营成本，特别是加工制造型企业，本国与东道国之间原材料和产成品的运输成本增加，交易成本提高，对外投资企业的投资风险变大。但是也有学者认为，不同的对外投资动机，对待国家间地理距离的考虑应该不一致，有些投资动机应该弱化地理距离的重要性。比如，市场寻求型的对外直接投资，更应关注东道国的市场规模，战略资产型的对外直接投资，应该关注东道国的先进技术、管理经验等。中国对“一带一路”沿线国家的对外直接投资中，地理距离是否是一个重要的影响因素，需要进一步的验证。

（二）双边贸易量

依据双边贸易量可以判断两国之间的贸易合作紧密程度，双边贸易量大的两个国家之间，语言交流和文化差异设置的障碍比较小，两个国家之间的沟通比较顺畅，易于开展对外直接投资活动。中国在“一带一路”沿线国家区位选择时，与中国贸易量大的国家，熟悉两国的投资政策和投资环境，两个国家会比较容易融合在一起，中国比较容易开展对外直接投资，沿线国家也比较乐于接受中国的对外直接投资。中国改革开放以后，才逐步打开国门，对外开放时间还比较短，为了降低投资风险，获取较高的投资收益，更倾向投资于与中国贸易量较大的国家。

（三）经济合作水平

经济合作体现两个或两个以上国家之间的协助，以某种形式形成联合，联合的形式多样化，比如双方共同签订贸易协定、共同加入某个经济合作组织等。国家之间如果形成经济合作关系，一致遵守某种规则和约束，双方提供一定的优惠条件，内部的投资环境便于两国之间的贸易往来，内部的资本流动增长迅速，对外直接投资活动易于实现。“一带一路”沿线国家区位选择时，有些国家与中国的经济合作水平还比较低，一定程度上阻碍了中国在这些国家的对外直接投资活动，因此从中国和东道国双方角度的考虑，经济合作水平成为影响区位选择的一个因素。

第三节 中国“一带一路”OFDI区位选择的实证分析

一、计量模型

（一）变量选取

根据上一节区位选择的影响因素，本节从东道国角度和中国与东道国双方角度，选取政治稳定性、经济发展水平、市场规模、自然禀赋、基础设施等几个代表指标分析“一带一路”沿线国家的区位选择的影响因素。

1. 被解释变量

两种数据可以解释对外直接投资量，分别是对外直接投资流量和对外直接投资存量。对外直接投资流量统计数据方面存在不足，有些国家的某些年份对外直接投资流量为负值，且对外直接投资流量数据上下波动较大，影响分析的准确性，所以，选择对外直接投资存量作为被解释变量。

2. 解释变量

（1）东道国的市场规模。市场规模表示市场容量，一个拥有较大市场容量的东道国，市场需求旺盛，市场供给不足，对外直接投资企业在这里投资能提供有效供给，更容易实现规模效应，降低单位生产成本，提高利润。“一带一路”沿线国家和地区，经济正在加速发展，市场规模庞大，需要大量的资金流入，是中国开展对外直接投资活动的好选择。本节选取东道国的人均GDP来衡量东道国的市场规模，实证分析时将数据取对数。

（2）自然资源禀赋。“一带一路”沿线许多国家和地区自然资源丰富，比如中亚地区矿藏丰富，但先进的技术和资金匮乏，中国在技术和资金方面相比较这些国家具有比较优势，中国和沿线国家可以形成优势互补，对沿线国家开展对外直接投资活动，缓解中国国内资源短缺的现状。本节选择东道国的燃料出口占商品出口的比例来衡量东道国自然资源禀赋的丰富程度。

（3）东道国的基础设施。完善的基础设施建设是国民经济各项活动顺利开展的保障，但是沿线国家基础设施比较落后，基础设施投资又是中国“一带一路"倡议的重要组成部分，本节需要论证东道国基础设施水平与对外直接投资之间的关系。选取东道国的人均耗电量来衡量东道国基础设施水平，实证分析时将数据取对数。

（4）东道国的政治稳定性。"一带一路"沿线国家的政治稳定情况影响对外直接投资的风险和投资收益，本节选择世界银行发布的全球治理指标中的政治稳定和暴力 / 恐怖主义的数据来衡量东道国的政治稳定性，其取值范围为 -2.5 ～ 2.5，数值越大表示政治稳定性越高。

（5）双边贸易量。双边贸易量大的两国，经济合作比较密切，投资环境和投资政策双方都比较了解，投资风险小，收益能够得到保障，中国在对外直接投资时倾向于与中国双边贸易量大的沿线国家。本节选择用中国与东道国的双边贸易总额衡量双边贸易，实证分析时将数据取对数。

（6）教育水平。人力资源是一国吸引外商投资的重要因素，人力资源质量的高低往往取决于教育水平的高低，教育水平高的国家的人力资源具有一定的专业知识和技能，并能进行创新性劳动，为企业带来巨大的经济效益。本节选择东道国的平均受教育年数来衡量东道国的教育水平。

（7）经济发展水平。跨国企业在进行区位选择时，也希望通过对外直接投资扩大中国在国际市场中的国际影响力，进而增强中国的综合国力。东道国的经济发展水平是否适合投资，以及通过对外直接投资能够获得怎样的收益，都是跨国企业需要考虑的内容。不同的对外直接投资目的会选择不同的经济发展水平国家，跨国企业将资金投资于合适的国家更容易实现收益的增加。工业化进程在一定程度上反映了一个国家的经济发展水平，因此本节选取东道国的工业产值占 GDP 的比重来衡量经济发展水平。

（8）对外开放程度。东道国的对外开放程度反映了其他国家进入东道国市场的难易程度，以及东道国是否设置了贸易壁垒阻碍投资国的进入。根据东道国的对外开放程度，投资国判断投资顺利开展的可能性，决定实施的投资规模。中国对外直接投资时，也倾向于选择对外开放程度高的沿线国家，本节选择东道国吸引外资占 GDP 的比重来衡量东道国的对外开放程度。

（二）样本选取与数据来源

中国“一带一路”沿线涉及60多个国家和地区，有小部分国家的统计数据缺失，有小部分国家近几年才有相关统计数据，考虑数据获取可得性和分析结果准确性，选择“一带一路”沿线国家的38个国家和地区作为研究样本（如表7.3所示），代表沿线国家的总体情况。针对倡议沿线国家的投资，作为样本的国家和地区的对外直接投资量总和约占投资总量的百分之九十，样本国家的代表性较好，能反映总体。此外，中国明确“走出去”战略较早，“一带一路”倡议直至2013年才正式提出，“一带一路”沿线国家和地区也是中国“走出去”战略中关注的重要投资国家，因此，本节选取2008—2018年的数据进行实证检验。

表7.3 研究对象的38个国家和地区

区域	主要国家
蒙俄地区	蒙古、俄罗斯
中东欧地区	波兰、捷克、匈牙利、斯洛文尼亚、罗马尼亚、爱沙尼亚、乌克兰、白俄罗斯
西亚中东	土耳其、伊朗、伊拉克、阿联酋、沙特阿拉伯、卡塔尔、科威特、阿曼、也门、以色列、格鲁吉亚、阿塞拜疆、埃及
中亚地区	哈萨克斯坦、吉尔吉斯斯坦
东南亚地区	越南、柬埔寨、泰国、马来西亚、新加坡、印度尼西亚、菲律宾、缅甸
南亚地区	印度、巴基斯坦、孟加拉国、尼泊尔、斯里兰卡

（三）模型建立

根据Anselin（1988）的研究，空间计量的模型有空间自回归模型（SAR）、空间误差模型（SEM）以及空间杜宾模型（SDM）三种模型。三种模型中均加入空间权重矩阵w_{ij}来衡量空间上的位置关系中存在的空间相关性。

空间自回归模型SAR（Spatial Autoregressive Model-Panel）

$$y = \rho W y + X\beta + \varepsilon \tag{7.1}$$

W为空间权重矩阵，X为$n \times k$的空间数据矩阵，包括k列的解释变量，β为相应系数，ρ为空间滞后自回归系数可反映空间相关性。SAR模型能够证明被解释变量的空间依赖性是由于解释变量的空间相关性所导致，相邻地区的被解释变量通过空间权重矩阵相互依赖，并最终形成一个均衡的结果。

空间误差模型 SEM（Spatial Error Model）

$$y = X\beta + \varepsilon，(\varepsilon = \lambda W\varepsilon + \mu) \tag{7.2}$$

SEM 模型反映空间依赖效应是由区域间共同的不可观测的因素所影响。空间系数 λ 能够反映空间相关程度。

空间杜宾模型 SDM（Spatial Durbin Model）

$$y = \lambda Wy + X\beta + WX\delta + \varepsilon \tag{7.3}$$

空间杜宾模型的假设为被解释变量依赖于空间上相邻国家的解释变量。其中，$WX\delta$ 表示邻居自变量的影响。

本节利用空间计量模型检验对外直接投资的空间溢出效应和空间挤出效应，进而分析影响区位选择的各种因素。首先选用面板数据空间计量中的空间自回归模型（SAR）和空间误差模型（SEM），然后在 SAR 和 SEM 的基础上利用 SDM 模型进行更深入的全面分析，研究解释变量和误差项、空间滞后项的溢出和挤出效应。SDM 模型选择随机效应，因为随机效应模型既考虑了时间序列要素又加入了横截面要素，可以避免固定效应模型中的自由度损失，同时避免重要的变量可能不被估计的问题，因此本节建立 SDM 空间随机效应模型。

（四）空间存在性的检验与结果分析

本节采用莫兰指数初步分析中国“一带一路”沿线对外直接投资的空间相关性，检验对外直接投资是否存在“高—高、低—低”的分布依赖关系。利用国家之间的空间距离生成矩阵 W（矩阵中每个元素为w_{ij}），用 W 来记录国家之间的邻接位置关系，在矩阵中如果两个国家相邻（即两个区域有共同的边或者海岸相邻）取值为 1，不相邻取值为 0。

莫兰指数的计算公式如下：

$$I = \frac{\sum_{i=1}^{n}\sum_{j=1}^{n} w_{ij}(x_i-\bar{x})(x_j-\bar{x})}{\sum_{i=1}^{n}(x_i-\bar{x})^2} \tag{7.4}$$

其中w_{ij}是要素i和j之间的空间权重，n等于要素总数，x_i是要素i的属性，$\bar{x}$是属性均值。

表 7.4 Moran' I 检验结果

年份	Moran'I	E(I)	标准差	正态统计量	P 值
2008	0.324	-0.027	0.098	3.585	0.000
2009	0.341	-0.027	0.089	4.113	0.000
2010	0.342	-0.027	0.092	4.020	0.000
2011	0.347	-0.027	0.079	4.731	0.000
2012	0.371	-0.027	0.094	4.240	0.000
2013	0.374	-0.027	0.098	4.106	0.000
2014	0.390	-0.027	0.090	4.617	0.000
2015	0.356	-0.027	0.079	4.877	0.000
2016	0.397	-0.027	0.079	5.383	0.000
2017	0.405	-0.027	0.070	6.186	0.000
2018	0.450	-0.027	0.068	6.976	0.000

莫兰指数是一个有理数，经过方差归一化之后，它的值会被归一化到-1.0～1.0之间。莫兰指数大于0表示空间正相关性，其值越大，空间相关性越明显；莫兰指数小于0表示空间负相关性，其值越小，空间差异越大；莫兰指数接近0，表示空间呈随机性。表7.4是莫兰指数检验的结果。

通过表7.4可以看出，2008—2018年的莫兰指数均大于0，检验结果表明存在空间正相关性，区域之间的对外直接投资存在高值与高值，低值与低值的分布依赖关系，不同国家之间存在吸引对外直接投资的差异性和依赖性。2008—2018年莫兰指数检验结果均为显著，除了2015年空间效应下降外，其余年份都是呈现增加的趋势，表明中国的对外直接投资的空间相关性在逐渐加强。

二、溢出效应和挤出效应实证检验

（一）SAR 和 SEM 模型结果及分析

表 7.5 SAR 与 SEM 模型回归结果

影响因素	变量名称	SAR	SEM
市场规模	人均 GDP	0.110	-0.003
		(0.306)	(0.267)
自然资源禀赋	燃料出口占商品出口的比例	0.003	-0.006
		(0.006)	(0.005)
基础设施	人均耗电量	-1.282***	-0.234
		(0.369)	(0.326)
政治稳定性	政治稳定和暴力 / 恐怖主义	0.682***	0.111
		(0.148)	(0.131)
双边贸易量	双边贸易总额	0.431***	1.304***
		(0.141)	(0.123)
教育水平	平均受教育年龄	0.346**	0.513***
		(0.158)	(0.163)
经济发展水平	工业化程度	-0.019**	-0.061***
		(0.011)	(0.010)
对外开放程度	吸收外资占 GDP 比重	0.005	-0.002
		(0.007)	(0.006)
	常数	1.914	-7.908***
		(2.234)	(2.381)
系数	ρ	0.300***	
		(0.003)	
	λ		0.054*
			(0.028)
	sigma	0.591***	0.469***
		(0.043)	(0.037)

注：括号里为标准差，“***”“**”和“*”分别表示 1%、5% 和 10% 的显著性水平

表7.5中SAR模型中代表空间相关性的变量 ρ 为正，在1%的水平下显著，SEM模型中代表空间相关性的变量 λ 为正，在10%的水平下显著，说明存在空间正向依赖效应，与莫兰指数检验结果相同，国家间对外直接投资正向聚集。中国对“一带一路”国家的对外直接投资存在空间集聚现象，即对外直接投资量高的国家在空间上集聚，对外直接投资量低的国家也在空间上集聚。由此结果可知一个国家生产要素的变动，既直接影响投资者对本国的投资额，也间接影响投资者对周边国家的投资额。

根据SAR模型和SEM模型的估计结果可以看出，中国对外直接投资的空间溢出效应显著，中国对“一带一路”沿线国家的对外直接投资区位选择时不仅需要考虑东道国自身条件，还需要分析东道国周边环境，即邻近国家或地区的经济、资源、开放程度等情况。

每一个对外直接投资区位选择的影响因素在SAR模型和SEM模型的表现也有所不同：双边贸易量在SAR和SEM模型中都显著为正，说明中国会选择双边贸易比较紧密的国家，即进出口往来较多的国家进行对外直接投资；教育水平在SAR和SEM模型中显著为正，东道国的教育水平与对外直接投资量成正相关，劳动力资本越丰富，越能吸引跨国企业的对外直接投资，中国在对外直接投资时更愿意与能够提供优质人才和专业人才的国家进行合作，促进国家间的互动和往来；经济发展水平选用工业化程度来表示，模型分析结果显示工业化程度与中国的对外直接投资量呈显著负相关，而且基础设施与中国对外直接投资量也呈负相关，这两项都表明中国在对外直接投资区位选择时更倾向于选择经济发展水平不高的国家或地区，中国“一带一路”倡议中基础设施建设是中国对外直接投资的重点领域；市场规模在SAR模型中系数为正，在SEM模型中系数为负，但都不显著，说明中国寻求市场规模的对外直接投资动机还不明显；自然资源禀赋在SAR模型中系数为正，自然资源丰富有利于中国对该国的直接投资；对外开放程度在SAR模型中系数为正，较高的对外开放程度意味着更大的发展潜力，会吸引中国更多的对外直接投资量；中国的对外直接投资与东道国的政治风险出现正相关，表明高风险地区带来了高收益，而产生了风险“屏蔽效应”。

（二）SDM 模型结果及分析

SAR 模型和 SEM 模型结果显示中国对外直接投资存在空间效应，并且为正向依赖，但是无法确定空间效应是空间溢出效应还是空间挤出效应，本节通过构建 SDM 空间杜宾模型识别空间效应类型。利用滞后项与原变量符号的异同来检验相邻国家和地区各要素的空间效应对对外直接投资产生的影响。滞后项说明相邻国家或地区各要素的依存关系对对外直接投资产生的影响。空间滞后项与原变量符号相同表现为空间溢出效应，符号相异表现为空间挤出效应。

表 7.6 对全变量进行空间滞后回归，发现市场规模、自然资源禀赋、政治稳定性和对外开放程度的空间滞后项不显著，空间效应较弱。与 SAR 模型的结果相似，双边贸易量和教育水平显著为正，与中国的对外直接投资成正相关，经济发展水平与基础设施显著为负，与中国的对外直接投资呈负相关。基础设施、双边贸易量、教育水平和经济发展水平都引起对外直接投资的空间挤出效应，而相邻国家和地区的市场规模、自然资源禀赋、政治稳定性和对外开放程度对东道国的对外直接投资的影响较小，空间效应较弱，不存在空间溢出和挤出效应。空间挤出效应的存在不仅会增加东道国吸引的投资额，还会吸引原本可能投向邻国的投资。

表 7.6 SDM 模型回归结果

影响因素	变量名称	SDM	空间效应表现
市场规模	人均 GDP	0.101	弱
		(0.255)	
滞后项		-0.043	
		(0.119)	
自然资源禀赋	燃料出口占商品出口的比例	0.002	弱
		(0.005)	
滞后项		0.001	
		(0.003)	
基础设施	人均耗电量	-1.038***	挤出效应
		(0.294)	
滞后项		0.302**	
		(0.125)	

续表

影响因素	变量名称	SDM	空间效应表现
政治稳定性	政治稳定和暴力/恐怖主义	0.373*** (0.131)	弱
滞后项		0.061 (0.066)	
双边贸易量	双边贸易总额	1.028*** (0.116)	挤出效应
滞后项		-0.318*** (0.057)	
教育水平	平均受教育年龄	0.299** (0.128)	挤出效应
滞后项		-0.114** (0.056)	
经济发展水平	工业化程度	-0.042*** (0.011)	挤出效应
滞后项		0.011** (0.005)	
对外开放程度	吸收外资占 GDP 比重	0.001 (0.006)	弱
滞后项		0.001 (0.004)	
	常数	1.966 (1.571)	
系数	ρ	0.305*** (0.004)	
	sigma	0.515*** (0.039)	

注：括号里为标准差，“***”“**”和“*”分别表示 1%、5% 和 10% 的显著性水平

第八章 中国“一带一路”OFDI 技术溢出效应分析

第一节 OFDI 逆向技术溢出效应的指标测算

理论研究表明对外直接投资可以直接促进投资国的技术进步，进而以技术进步作为驱动力推动投资国经济的快速增长。实际投资过程中对外直接投资是否真的产生了逆向技术溢出效应，如果真的发生，效应大小如何，这些都需要加以验证，本节以国内知识存量和国外知识外溢两个指标为基础，分析两个指标对技术进步的影响，从而达到检验逆向技术溢出效应是否存在的目的。

一、技术水平指标测算

生产函数采用柯布－道格拉斯函数，表示为 $Y = AK^{\alpha}L^{\beta}$，其中，Y 代表产出水平，K 为资本存量，L 为劳动投入，α、β 分别代表资本和劳动投入的产出弹性，A 代表技术水平指标，在规模收益不变和希克斯中性技术假设下，$\alpha + \beta = 1$，全要素生产率增长等同于技术进步率，此时 A 也可以被称为全要素生产率（TFP），即：

$$TFP = A = \frac{Y}{K^{\alpha}L^{\beta}} = \frac{\frac{Y}{L}}{\frac{K^{\alpha}L^{\beta}}{L}} = \frac{\frac{Y}{L}}{(\frac{K}{L})^{\alpha}} \tag{8.1}$$

等式两边取对数，得出：

$$ln\frac{Y_t}{L_t} = lnA + \alpha ln\frac{K_t}{L_t} + \varepsilon \tag{8.2}$$

对上述模型采用 OLS 进行估算，估算出 α 和 β 值。

实际产出 Y 用折算的 GDP 表示，劳动投入 L 用就业人数表示，资本存量 K 采用永续盘存法来估算，测算公式为：

$$K_t = (1 - \delta_t)K_{t-1} + \frac{I_t}{P_t} \tag{8.3}$$

K_t表示 t 时期的固定资本存量，K_{t-1}表示上一期固定资本存量，I_t表示 t 时期固定资本形成总额，P_t表示固定资产投资价格指数，以基期为基准折算的固定资产投资价格指数，δ_t表示 t 时期的折旧率，本节采取张军算法（2004）的 9.63%，基期固定资本存量根据公式 $K_0 = I_0/$（$g + \delta$），I_0为基期固定资本形成总额，g 为研究跨度的每年固定资本形成总额的算术平均增长率。

在取得 K、L 数据之后，对模型（8.2）进行 OLS 回归，得到 α 的估计值，再带入（8.1）式得到 2003—2018 年的全要素生产率。回归后得到 α=0.6591，则 β=1-α=0.3409，进而全要素生产率如表 8.1 所示，全要素生产率相对稳定，维持在 0.85 以上，在 2007—2015 年间呈现了逐年下降的趋势，2016 年开始有所回升。

表 8.1　2003—2018 年 I、P、K、TFP 数据

年份	I（亿元）	P	K（亿元）	L（万人）	TFP
2003	53964	1.00	227639.8	74432	0.8837
2004	65670	1.06	267905.6	75200	0.8710
2005	75810	1.07	312765.5	75825	0.8736
2006	87223	1.09	362741.6	76400	0.8908
2007	105052	1.13	420656	76990	0.9205
2008	128002	1.23	484031	77480	0.9182
2009	156735	1.20	567750.2	75828	0.9109
2010	185827	1.25	662228.9	76105	0.9095
2011	219671	1.33	763857.6	76420	0.9056
2012	244601	1.34	872466.6	76704	0.8937
2013	270924	1.35	989617.2	76977	0.8853
2014	290053	1.35	1108619	77253	0.8803
2015	301503	1.33	1228703	77451	0.8787
2016	318084	1.32	1351143	77603	0.8803
2017	349369	1.40	1470976	77640	0.8885
2018	380772	1.47	1587778	77586	0.9006

注：I、L 数据来源于《中国统计年鉴 2004—2019》，P 数据在《中国统计年鉴 2004—2019》基础上进行基期调整，K、TFP 数据由作者计算得出

二、国内研发存量指标测算

研发存量的测算依然采用永续盘存法：

$$R_t^1 = (1-\delta_t)R_{t-1}^1 + RD_t \quad (8.4)$$

其中，R_t^1表示 t 时期研发资本存量，R_{t-1}^1表示上一期的研发资本存量，δ_t表示 t 时期研发资本的折旧率，采用白洁（2009）年的计算依据，以中国技术通常的实际使用年限 14 年的倒数 7.14% 为折旧率，RD_t表示以基期的国内生产总值指数折算得到的 t 时期研发资本支出。基期的研发存量计算如下：

$$R_0^1 = \frac{RD_0}{g+\delta} \quad (8.5)$$

R_0^1表示基期的研发资本存量，RD_0表示基期的研发资本支出，g 为研究跨度的每年研发资本支出的算术平均增长率，δ 表示研发资本的折旧率 5%，2003—2018 年研发资本存量如表 8.2。

表 8.2　2003—2018 年名义 RD、实际 RD、R_t

年份	名义 RD（亿元）	实际 RD（亿元）	R_t（亿元）	R_t（亿美元）
2003	1539.6	1539.6	6499.90	785.30
2004	1966.3	1695.272	7870.18	950.87
2005	2450	1888.462	9365.13	1143.25
2006	3003.1	2128.664	11025.54	1383.07
2007	3710.2	2431.603	12905.86	1697.25
2008	4616	2666.357	14926.93	2149.27
2009	5802.1	2916.989	17097.57	2502.94
2010	7062.6	3227.244	19469.94	2876.13
2011	8687	3535.476	22031.91	3411.15
2012	10298.4	3813.351	24743.67	3919.79
2013	11846.6	4109.596	27616.08	4459.10
2014	13015.6	4409.576	30644.85	4988.74
2015	14169.9	4714.072	33826.68	5431.04
2016	15676.7	5031.643	37166.99	5595.50
2017	17606.1	5371.632	40680.27	6025.10
2018	19677.9	5724.385	44370.65	6705.15

数据来源：研发支出来自《中国统计年鉴 2004—2019》，实际研发支出、研发资本存量由作者计算得出

三、对外直接投资溢出的国外研发资本存量指标测算

测算国外技术溢出效应一般采用国际研发溢出回归方法，该方法假定一国的全要素生产率与本国和国外的研发资本存量相关。国外技术溢出的渠道主要是通过三种途径：

第一种是进口渠道，国外研发资本存量通过进口贸易获得技术溢出，此时的国外研发资本存量计算公式为：

$$S_i^m = \sum_{i \neq j} \frac{M_{ij}}{Y_i} S_j^d \tag{8.6}$$

（8.6）式中，M_{ij}是 i 国对 j 国的进口贸易额，S_j^d是 j 国国内研发资本存量，Y_i是 i 国国内生产总值，以$\frac{M_{ij}}{Y_i}$进口贸易额占国内生产总值的比重对国内研发资本存量进行加权，表明技术溢出与贸易量之间的正向关联关系，$\frac{M_{ij}}{Y_i}$比重越大研发溢出越大。

第二种是外商直接投资渠道，通过外商直接投资获得国外研发的技术溢出，此时的国外研发资本存量计算公式为：

$$S_i^{fdi} = \sum_{i \neq j} \frac{F_{ij}}{K_i} S_j^d \tag{8.7}$$

（8.7）式中，F_{ij}表示的是 i 国从 j 国获取的外商直接投资额的移动平均值，S_j^d是 j 国国内研发资本存量，K_i是 i 国国内资本存量，以$\frac{F_{ij}}{K_i}$外商直接投资额占国内资本存量的比重对国内研发资本存量进行加权，表明技术溢出与外商直接投资之间的正向关联关系，$\frac{F_{ij}}{K_i}$比重越大研发溢出越大。

第三种是对外直接投资渠道，依靠对外直接投资来获取逆向的技术溢出，此时国外研发资本存量计算公式为：

$$S_i^{ofdi} = \sum_{i \neq j} \frac{T_{ij}}{K_i} S_j^d \tag{8.8}$$

（8.8）式中，T_{ij}表示的是 i 国对 j 国的对外直接投资的移动平均值，S_j^d是 j 国国内研发资本存量，K_i是 i 国国内资本存量，权重变为$\frac{T_{ij}}{K_i}$表示 i 国对 j

国对外直接投资占国内资本存量的份额影响技术溢出作用的大小，对外直接投资额越高表示通过对外直接投资渠道获得的国外研发存量也越高，i 国可以从 j 国获得逆向的技术溢出。

本节基于（8.8）式国外技术溢出的测算公式，用国内生产总值替换国内资本存量，构建国际技术溢出资本存量的计算公式：

$$R_{it}^2 = \sum_{i \neq j} \frac{OFDI_{ij}}{Y_{jt}} R_{jt} \tag{8.9}$$

（8.9）式中，R_{it}^2表示 t 时期中国对外直接投资带来的国际技术溢出资本存量，$OFDI_{ij}$表示 t 时期中国对 j 国进行对外直接投资的存量，Y_{jt}表示 j 国 t 时期的国内生产总值，R_{it}^2表示 j 国 t 时期的国内研发资本存量，测算方法与中国国内研发资本存量的测算方法相同。

结合对外直接投资在“一带一路”沿线国家的区域分布特点，并考虑沿线国家研发支出数据的可获取性，选择沿线 35 个国家和地区作为研究对象（表 8.3），利用中国对其直接投资的存量和沿线国家的国内研发资本存量来计算沿线国家对中国的逆向技术溢出研发资本存量。

表 8.3 研究对象的 35 个国家和地区

区域	主要国家
蒙俄地区	蒙古、俄罗斯
中东欧地区	波兰、捷克、匈牙利、斯洛文尼亚、罗马尼亚、爱沙尼亚、乌克兰、白俄罗斯、克罗地亚、斯洛伐克、塞尔维亚、立陶宛、保加利亚、拉脱维亚、马其顿、黑山、摩尔多瓦
西亚中东	土耳其、伊朗、沙特阿拉伯、科威特、以色列、阿塞拜疆、埃及、亚美尼亚
中亚地区	哈萨克斯坦、吉尔吉斯斯坦、乌兹别克斯坦、塔吉克斯坦
东南亚地区	泰国、马来西亚、新加坡
南亚地区	印度

表 8.4 中国“一带一路”沿线国家国内研发资本存量前六位国家和地区

单位：亿美元

年份	俄罗斯	印度	以色列	土耳其	伊朗	新加坡
2003	390.1047	288.1099	343.1491	83.32118	47.9221	128.843
2004	446.7086	334.3087	390.2884	100.048	57.09662	148.9101
2005	509.3371	387.4376	440.2221	120.3593	70.70652	170.044
2006	581.7707	443.6754	492.1165	142.1128	84.70794	191.2522
2007	667.5478	503.8441	548.2893	170.7862	103.2641	215.8725
2008	762.2679	573.9263	604.7381	202.9622	127.0282	243.049
2009	878.0516	646.7044	660.7173	242.5772	137.5089	265.9926
2010	997.4116	722.8323	714.9056	284.4214	149.2906	287.0336
2011	1130.511	802.0952	771.2119	329.7464	165.3068	309.8296
2012	1277.491	886.3973	831.6989	380.3992	186.9517	331.0598
2013	1432.062	971.3943	892.6119	433.3243	210.3737	352.2381
2014	1605.794	1058.623	955.2878	493.1347	244.8085	375.1305
2015	1797.115	1146.76	1021.116	559.1794	287.9018	399.8251
2016	1993.255	1234.864	1091.569	635.6865	353.3192	423.5304
2017	2201.635	1325.579	1167.068	722.0532	451.0307	446.3042
2018	2408.742	1418.167	1245.606	821.7589	539.6593	470.6014

数据来源：研发支出金额来自世界银行数据库，研发资本存量由作者计算得出

根据公式（8.4），得出“一带一路”沿线国家的国内研发资本存量，排名前6的国家分别为：俄罗斯、印度、以色列、土耳其、伊朗和新加坡，如表8.4所示。

根据(8.9)式计算“一带一路”沿线国家和地区对中国的技术溢出资本存量，如表8.5所示：

表8.5　“一带一路”沿线国家国内研发资本存量前六位国家和地区的逆向技术溢出资本存量

单位：亿美元

年份	俄罗斯	印度	以色列	土耳其	伊朗	新加坡
2003	0.0559	0.0005	0.0009	0.0004	0.0069	0.2175
2004	0.1066	0.0024	0.0010	0.0008	0.0139	0.3416
2005	0.3842	0.0083	0.0214	0.0014	0.0172	0.5344
2006	0.7612	0.0156	0.0323	0.0036	0.0355	0.8486
2007	1.1730	0.0769	0.0446	0.0047	0.0390	2.7902
2008	1.4677	0.1483	0.0436	0.0093	0.0309	7.3573
2009	2.0026	0.1556	0.0527	0.1818	0.0740	11.3907
2010	2.5010	0.3413	0.1080	0.2082	0.2276	15.1908
2011	3.0752	0.4771	0.1246	0.2247	0.3850	28.3472
2012	4.1444	0.8688	0.2089	0.2983	0.5378	35.2109
2013	6.8414	1.8768	0.1940	0.4088	0.6147	44.8270
2014	8.1845	2.7561	0.5229	0.5945	0.7887	66.9814
2015	13.7711	3.2302	1.9892	0.9422	0.7817	107.3464
2016	13.7498	2.7769	28.0524	0.7914	1.0663	118.0829
2017	15.4068	4.3880	29.3411	0.9933	1.3193	161.3273
2018	15.5397	4.4100	34.4760	1.2934	1.3603	185.4713

数据来源：根据世界银行数据库数据计算得出

第二节 “一带一路”沿线国家 OFDI 逆向技术溢出效应实证分析

一、“一带一路”沿线国家 OFDI 逆向技术溢出效应存在性验证

本节参考 LP（2001）的国际知识溢出回归模型，在 C-D 生产函数的基础上建立如下模型：

$$Y_t = A_t R_t^{1\gamma} R_t^{2\lambda} \quad (8.10)$$

式中 A 表示一国在 t 时期的技术水平，假定技术进步符合希克斯中性；R^1 表示国内知识资本存量水平，R^2 表示中国通过对外直接投资获得的逆向技术溢出资本存量水平，γ、λ 分别表示国内、国外两种知识存量的产出弹性，假设规模报酬不变，即 γ+λ=1。Y 为产出水平，用全要素生产率（TFP）表示产出水平。对（8.10）两边同时取对数，得到回归方程如下：

$$lnTFP_t = c_0 + \gamma lnR_t^1 + \lambda lnR_t^2 + \varepsilon_t \quad (8.11)$$

为了考虑中长期中技术溢出效应的影响，建立本节具体计量模型

$$lnTFP_t = c_0 + \gamma lnR_t^1 + \lambda lnR_t^2 + \alpha lnTR_t + m_t + \varepsilon_t \quad (8.12)$$

m_t 为时间效应，TR_t 表示时间趋势项与国外研发资本存量的交互项，衡量中长期的技术溢出效应。

在进行回归分析之前，需要先对 $lnTFP$ 与 lnR^1、lnR^2 之间进行协整关系检验：

（一）单位根检验

本节采用 ADF 单位根检验，结果如下：

表 8.6 ADF 检验结果

变量	ADF检验值	Prob	T临界值 1%	T临界值 5%	T临界值 10%	是否平稳
$lnTFP$	-3.428	0.028	-4.004	-3.099	-2.690	是
lnR^1	-4.668	0.004	-4.058	-3.120	-2.701	是
lnR^2	-4.262	0.006	-3.959	-3.081	-2.681	是
$lnTR_t$	-10.070	0.000	-3.959	-3.081	-2.681	是

由表 8.6 的检验结果可以得出，$lnTFP$、lnR^1、lnR^2拒绝了有单位根的假设，表明是平稳序列，能够保证不存在虚假回归或者伪回归。

（二）协整检验

本节采用 Johansen 检验法，检验结果如下所示：

表 8.7 变量$lnTFP$与lnR^1、lnR^2、$lnTR_t$的协整检验结果

协整方程个数	迹统计量	临界值(0.05)	最大特征值统计量	临界值（0.05）
None *	172.572	47.856	100.082	27.584
At most 1*	72.491	29.797	51.408	21.132
At most 2 *	21.083	15.495	20.241	14.265
At most 3	0.842	3.841	0.842	3.841

表 8.7 中迹统计量和最大特征值统计量的值表明在 0.05 的显著性水平下存在协整关系。该结果表明，变量指标可以用变量的水平值进行回归分析。

（三）回归分析

对回归方程式（8.12）进行 OLS 估计，回归结果如表 8.8 所示：

表 8.8 回归结果

变量	回归系数	t 统计量	P 值
截距	1.464	3.666	0.003
lnR^1	-0.231	-4.034	0.002
lnR^2	0.034	1.076	0.303
$lnTR_t$	0.032	1.739	0.108
R^2 值		0.791	
F 统计值		6.668	
D-W 值		1.104	

利用 ADF 方法检验残差序列是否平稳，即判断模型设置是否合理。检验结果如表 8.9 所示，残差序列在 1% 的显著性水平下通过检验，即拒绝原假设，接受不存在单位根的结论，因此说明残差序列是平稳序列，也说明回归方程的设定是合理的，方程中解释变量和被解释变量之间存在稳定的均衡关系。

表 8.9 残差 ADF 检验结果

变量	ADF 检验值	Prob	T 临界值 1%	T 临界值 5%	T 临界值 10%	是否平稳
Residual	-2.951	0.006	-2.741	-1.968	-1.604	是

中国通过对外直接投资产生的逆向技术溢出效应，获取国外先进技术，提高中国的技术水平，进而提高全要素生产率。根据回归结果显示，国外研发资本存量的贡献度为 0.034，但是不显著。国内研发资本存量对全要素生产率产生负面影响，说明单纯的引进先进技术还不足以提高中国的技术水平，更应加强中国企业的消化吸收能力，有足够的能力将先进技术转变成为推动中国经济发展的先进生产力。企业提高消化吸收能力，需要进一步加大研发费用的投入，整合研发资源，优化经费投入结构，培养高水平的科技人才，自主创新与技术引进相结合形成互补，从而进一步提高全要素生产率。中长期趋势中，通过对外直接投资获取的国外研发资本存量对全要素生产率产生正向影响，但不显著。

中国提出"一带一路"倡议的目的就是为了实现中国和沿线国家的共同发展和共同繁荣，沿线国家所进行的科学探索、关注的科学前沿以逆向形式流回中国，促进中国的技术进步。实证检验结果证明中国对沿线国家的对外直接投资存在逆向技术溢出效应，继续加大投资力度利于中国技术水平的提高。

二、"一带一路"沿线国家 OFDI 逆向技术溢出效应差异性分析

前述已经证明中国对"一带一路"沿线国家的对外直接投资存在逆向技术溢出效应，那么每个国家对中国的逆向技术溢出效应是否相同呢？是否根据国家经济发展水平的不同产生差异性的逆向技术溢出效应呢？本节将作对比分析，检验逆向技术溢出效应的差异性。依据世界投资报告的标准，将"一带一路"沿线国家区分为发达经济体、发展中经济体和转型经济体。

表 8.10 "一带一路"沿线国家不同经济体回归结果

变量	发达经济体	发展中经济体	转型经济体
截距	0.486	0.945	0.207
	(0.296)	(0.323)	(0.275)
lnR^1	-0.090*	-0.157***	-0.054
	(0.041)	(0.047)	(0.035)
lnR^2	-0.049**	-0.014	-0.056
	(0.023)	(0.025)	(0.063)
$lnTR_t$	0.058**	0.048**	0.054
	(0.023)	(0.019)	(0.041)
R^2 值	0.594	0.728	0.543
F 统计值	2.185	4.505	1.670

注：括号里为标准差，"***""**"和"*"分别表示 1%、5% 和 10% 的显著性水平

分别对不同经济发展水平下的逆向技术溢出效应作差异性分析，回归结果如表 8.10 所示，检验逆向技术溢出效应的差异性是否存在。

分组回归后，发展中经济体的整体拟合度高于发达经济体和转型经济体。回归结果中 lnR^1 和 $lnTR_t$ 的回归系数符号与上节相符，发达经济体和发展中经济体经济发展水平下 lnR^1 对 $lnTFP$ 产生显著负作用，$lnTR_t$ 对 lnTFP 产生显著正作用。lnR^2 的系数在发达经济体中显著为负，在发展中经济体和转型经济体中为负，但不显著，lnR^2 的系数恰好都与上节回归中的符号相反。对外直接投资在“一带一路”沿线国家产生了挤出效应，挤占本地资本，导致当地技术水平的回落和停滞，尤其是中国与沿线国家经济发展水平差距越大的地区挤出效应越显著。

中长期趋势分析结果显示，发达经济体和发展中经济体经济发展水平下，$lnTR_t$ 回归系数分别为 0.058 和 0.048，且都在 5% 显著性水平下显著，说明中国对发达经济体和发展中经济体的对外直接投资存在显著的逆向技术溢出效应，且发达经济体中的逆向技术溢出效应大于发展中经济体。转型经济体经济发展水平下，$lnTR_t$ 系数为 0.054，但不显著，说明中国对转型经济体对外直接投资的逆向技术溢出效应不显著，溢出效应低于发达经济体和发展中经济体。“一带一路”沿线国家的经济发展水平参差不齐，多数国家的经济发展水平落后于中国，这些国家的投资空间很大，中国应加大对这些国家的投入。发达经济体和部分发展中经济体国家与中国相比，在资源、人力、技术等方面具有比较优势，中国会在中长期不断对其投资过程中获得显著的逆向技术溢出效应。

第三节 基于吸收能力的“一带一路”OFDI 逆向技术溢出效应传导机制

外商直接投资将先进的技术和管理经验带入中国，对外直接投资通过中国在境外投资建厂或设立研发机构获取当地的先进技术和管理经验，再通过内部流动，将先进技术和管理经验带回国内，两类投资都能通过各种渠道实现技术溢出，达到提高技术水平的目的。同样，两类投资产生的技术溢出效应大小又依赖于中国的消化吸收能力，研发水平、人力资本水平、金融发展水平和经济结构等都是影响吸收能力的因素，这些因素的提高推动技术溢出效应的有效发挥，进而经济发展水平得到快速增长。获取的先进技术和中国的吸收能力，如果两者能够很好地结合，经济增长的目的就容易实现，如果中国吸收能力有限或者先进技术和吸收能力之间不匹配，技术溢出效应的发挥将受到限制，无法对中国的经济增长产生显著影响，甚至有可能阻碍经济增长。本节从研发水平、人力资本水平、金融发展水平、经济结构四个方面分析中国的吸收能力，研究基于吸收能力的逆向技术溢出效应传导机制。

一、基于研发水平的 OFDI 逆向技术溢出效应传导机制

研发水平决定了技术获取、技术模仿和技术创新的能力，本节选取研发资本存量这个指标来反映研发水平的高低。通常来讲，研发资本存量越高，技术获取、技术模仿和技术创新能力越强，相应地逆向技术溢出效应的吸收能力也就越强。

在模型（8.11）的基础上，加入国内研发资本存量与对外直接投资溢出的国外研发资本存量的交叉项，以考察通过国内研发水平提高逆向技术溢出效应进而促进经济增长的传导机制，建立如下回归方程：

$$lnTFP_t = a_0 + a_1 lnR_t^1 + a_2 lnR_t^2 + a_3 lnR_t^1 \times lnR_t^2 + \varepsilon_t \quad (8.13)$$

其中，R^1 表示国内研发存量，R^2 表示“一带一路”沿线国家对外直接投资逆向技术溢出的国外研发资本存量，交叉项表示两者相互作用对全要素生产率的影响。

模型（8.11）中已对$lnTFP$、lnR^1、lnR^2进行过单位根检验，本节只需对新增交叉项变量$lnR_t^1 \times lnR_t^2$进行单位根检验，检验结果如表 8.11 所示：

表 8.11　ADF 检验结果

变量	差分阶数	ADF 检验值	Prob	T 临界值 1%	T 临界值 5%	T 临界值 10%	是否平稳
$lnR_t^1 \times lnR_t^2$	0	−2.584	0.121	−4.058	−3.120	−2.701	否
	1	−2.103	0.246	−4.004	−3.099	−2.690	否
	2	−3.311	0.040	−4.200	3.175	−2.729	是

检验结果显示，$lnR_t^1 \times lnR_t^2$以及一阶差分变量没有拒绝有单位根的假设，是非平稳的，二阶差分变量在 5% 的显著性水平下通过检验，拒绝原假设，说明二阶差分变量是平稳的，因此，说明序列可能存在协整关系。

采用 Johansen 检验法，检验结果如表 8.12 所示：

表 8.12　变量$lnTFP$与lnR^1、lnR^2、$lnR_t^1 \times lnR_t^2$的协整检验结果

协整方程个数	迹统计量	临界值（0.05）	最大特征值统计量	临界值（0.05）
None *	122.677	47.856	67.431	27.584
At most 1*	55.246	29.797	28.968	21.132
At most 2 *	26.278	15.495	21.044	14.265
At most 3*	5.233	3.841	5.233	3.841

上表中迹统计量和最大特征值统计量的值表明在 0.05 显著性水平下存在协整关系。该结果表明，变量指标可以用变量的水平值进行回归分析。

运用 OLS 模型对（8.13）进行回归分析，结果如表 8.13 所示：

表 8.13　回归结果

变量	回归系数	t 统计量	P 值
截距	1.049	1.971	0.072
lnR^1	-0.168	-2.194	0.049
lnR^2	0.091	4.159	0.001
$lnR_t^1 \times lnR_t^2$	-0.004	-1.379	0.193
R^2 值		0.595	
F 统计值		5.872	
D-W 值		0.940	

表 8.14　残差 ADF 检验结果

变量	ADF 检验值	Prob	T 临界值			是否平稳
			1%	5%	10%	
Residual	-2.383	0.022	-2.772	-1.974	-1.603	是

对模型的残差序列进行 ADF 检验，以此来判断模型设定是否合理，检验结果如表 8.14 所示。模型的残差序列在 5% 的显著性水平下拒绝原假设，接受不存在单位根的结论，说明残差序列是平稳的，回归方程的设定也是合理的，方程中解释变量和被解释变量之间存在稳定的均衡关系。

模型 8.13 的回归结果显示，国内研发存量与“一带一路”沿线国家对外直接投资逆向技术溢出的国外研发资本存量的交叉项的回归系数为 -0.004，而且统计上不显著，说明国内研发存量还没有有效地促进逆向技术溢出效应的发挥，研发对经济增长的作用还未通过技术溢出实现传导。目前阶段，中国以研发存量表示的吸收能力还比较弱，限制了逆向技术溢出的吸收，需要继续加大研发投入费用，积累研发资本存量，当超过一定规模时，才能有效吸收逆向技术溢出，促进技术进步。

二、基于人力资本水平的 OFDI 逆向技术溢出效应传导机制

技术的开发研究和操作实施都需要高素质的人才，人才是一个国家自主研发和创新的主导力量，人力资本水平是衡量一个国家人才多少、人才素质高低的主要指标，而人力资本水平又可以用研发人员数、各层次学校的在校生和毕业生人数或比重、平均受教育年限等多个指标来表示，本节选取 R&D 人员全时当量、普通高等教育在校生人数占总人口数的比重和平均受教育年限来代表不同层次和阶段的人力资本水平，分别用 H_1、H_2、H_3 来表示。

在模型（8.12）的基础上进行修改建立新的模型，用对外直接投资流量表示中国的对外直接投资水平，将人力资本水平指标加入模型中，建立基于人力资本水平的对外直接投资逆向技术溢出效应影响因素模型如式（8.14）所示：

$$lnTFP_t = b_0 + b_1 lnR_t^1 + b_2 lnH_t + b_3 \ln(OFDI_t \times H_t) + b_4 lnTR_t + \varepsilon_t \quad (8.14)$$

其中，H_t 表示人力资本水平，包括 H_1、H_2、H_3 三个指标，$OFDI_t \times H_t$ 表示人力资本指标与对外直接投资指标的交叉项，用来分析以人力资本水平作为吸收能力对逆向技术溢出效应的影响。

对新增变量lnH_t和交叉变量$lnOFDI_t \times lnH_t$进行单位根检验，检验结果如表 8.15 所示：

表 8.15　ADF 检验结果

变量	差分阶数	ADF 检验值	Prob	T 临界值 1%	T 临界值 5%	T 临界值 10%	是否平稳
lnH_1	0	-3.607	0.070	-4.886	-3.829	-3.363	是
lnH_2	0	-3.492	0.087	-4.992	-3.875	-3.388	是
lnH_3	0	-1.874	0.618	-4.728	-3.760	-3.325	否
	1	-4.636	0.013	-4.800	-3.791	-3.342	是

续表

变量	差分阶数	ADF检验值	Prob	T 临界值 1%	5%	10%	是否平稳
$\ln(OFDI_t \times H_1)$	0	-1.842	0.627	-4.886	-3.829	-3.363	否
	1	-4.954	0.008	-4.800	-3.791	-3.342	是
$\ln(OFDI_t \times H_2)$	0	-3.483	0.078	-4.728	-3.760	-3.325	是
$\ln(OFDI_t \times H_3)$	0	-1.757	0.674	-4.728	-3.760	-3.325	否
	1	-4.540	0.015	-4.800	-3.791	-3.342	是

根据 ADF 检验结果显示序列可能存在协整关系，采用 Johansen 检验法，分别对三个模型中的三组变量进行检验，检验结果如表 8.16 ～表 8.18 所示：

表 8.16　变量$lnTFP$与lnR^1、lnH_1、$lnOFDI \times lnH_1$的协整检验结果

协整方程个数	迹统计量	临界值(0.05)	最大特征值统计量	临界值（0.05）
None *	118.938	47.856	74.218	27.584
At most 1*	44.720	29.797	30.411	21.132
At most 2	14.309	15.495	12.141	14.265
At most 3	2.168	3.841	2.168	3.841

表 8.17　变量$lnTFP$与lnR^1、lnH_2、$lnOFDI \times lnH_2$的协整检验结果

协整方程个数	迹统计量	临界值(0.05)	最大特征值统计量	临界值（0.05）
None *	153.696	47.856	78.821	27.584
At most 1*	74.875	29.797	47.825	21.132
At most 2 *	27.049	15.495	15.076	14.265
At most 3*	11.973	3.841	11.973	3.841

表 8.18 变量$lnTFP$与lnR^1、lnH_3、$lnOFDI \times lnH_3$的协整检验结果

协整方程个数	迹统计量	临界值(0.05)	最大特征值统计量	临界值(0.05)
None *	138.709	47.856	58.271	27.584
At most 1*	80.437	29.797	52.748	21.132
At most 2 *	27.689	15.495	16.754	14.265
At most 3*	10.935	3.841	10.935	3.841

表 8.16～表 8.18 中迹统计量和最大特征值统计量的值表明在 0.05 显著性水平下存在协整关系，表 8.16 表明$lnTFP$与lnR^1、lnH_1、$lnOFDI \times lnH_1$存在两个协整关系，表 8.17 表明$lnTFP$与lnR^1、lnH_2、$lnOFDI \times lnH_2$存在四个协整关系，表 8.18 表明$lnTFP$与lnR^1、lnH_3、$lnOFDI \times lnH_3$存在四个协整关系。该结果表明，变量指标可以用变量的水平值进行回归分析。

分别把H_1、H_2、H_3三个指标带入回归方程(8.14)，得到回归结果如表 8.19 所示：

表 8.19 回归结果

变量	模型 1	模型 2	模型 3
截距	2.274***	2.308***	2.246***
	(0.541)	(0.589)	(0.653)
lnR^1	-0.300***	-0.317***	-0.311***
	(0.071)	(0.068)	(0.071)
lnH_1	0.011		
	(0.055)		
$lnOFDI \times lnH_1$	-0.047**		
	(0.020)		
lnH_2		0.023	
		(0.051)	
$lnOFDI \times lnH_2$		-0.040	

续表

变量	模型 1	模型 2	模型 3
lnH_3			0.009
			(0.224)
$lnOFDI \times lnH_3$			-0.046**
			(0.021)
R^2 值	0.725	0.719	0.714
F 统计值	7.241	7.049	6.876
D-W 值	1.856	1.521	1.700

注：括号里为标准差，“***”“**”和“*”分别表示 1%、5% 和 10% 的显著性水平

对模型的残差序列进行 ADF 检验，以此来判断模型设定是否合理，检验结果如表 8.20 所示。模型的残差序列在 5% 的显著性水平下拒绝原假设，接受不存在单位根的结论，说明残差序列是平稳的，回归方程的设定也是合理的，方程中解释变量和被解释变量之间存在稳定的均衡关系。

表 8.20 残差 ADF 检验结果

变量	ADF 检验值	Prob	T 临界值 1%	T 临界值 5%	T 临界值 10%	是否平稳
Residual(1)	-3.601	0.020	-3.959	-3.081	-2.681	是
Residual(2)	-4.351	0.005	-4.004	-3.099	-2.690	是
Residual(3)	-3.155	0.044	-3.959	-3.081	-2.681	是

根据表 8.19 的回归结果显示，在模型 1 中，$lnOFDI \times lnH_1$ 系数为-0.047，且通过 5% 的显著性水平下检验，lnH_1 系数为正，但统计上不显著。模型 2 中，lnH_2 的系数为正，$lnOFDI \times lnH_2$ 的系数为负，但都统计上不

显著。在模型 3 中，$lnOFDI \times lnH_3$系数为 -0.046，且在 5% 的显著性水平下通过了显著性检验，lnH_1系数为正，但统计上不显著。统计结果说明不论是以 R&D 人员全时当量代表人力资本水平，或是以高等教育在校生指标代表人力资本水平，还是以平均受教育年限作为人力资本的指标，都显现出中国人力资本水平吸收能力较弱，无法有效吸收对外直接投资的逆向技术溢出效应，对经济增长的促进作用不明显。现阶段中国人力资本水平与经济发展之间还存在不匹配现象，R&D 人员全时当量投入不足，教育投资还没有达到先进技术所需求的高度，因此中国应继续大力发展教育，使得人力资本投资在经济水平提高中起到贡献作用。

三、基于金融发展水平的 OFDI 逆向技术溢出效应传导机制

金融发展水平的高度决定了该国能够实现的融资规模，以及企业在融资活动中所能实现的效能和功效。金融水平高的国家融资成本低，利于企业以较低的融资成本获取更多的资金，引进先进技术，加大研发投入，提高投资收益，因此金融发展水平也是体现吸收能力的一个重要指标。国际上一般使用金融深度、金融效率、金融结构衡量一个国家的金融发展水平，金融深度指标用广义货币存量与当年 GDP 的比率表示，金融效率指标用储蓄与信贷比率表示，金融结构指标用储蓄与广义货币存量的比率表示。本节选取这三个指标，并且与对外直接投资指标相结合，分析以金融发展水平作为吸收能力对逆向技术溢出效应的影响。

在模型（8.12）的基础上进行修改建立新的模型，建立含有金融发展水平指标的模型如式（8.15）所示：

$$lnTFP_t = \theta_0 + \theta_1 lnR_t^1 + \theta_2 lnF_t + \theta_3 \ln(OFDI_t \times F_t) + \theta_4 lnTR_t + \varepsilon_t \quad (8.15)$$

其中，F_t表示金融发展水平，用F_1表示金融深度指标、F_2表示金融效率指标、F_3表示金融结构指标，$OFDI_t \times F_t$表示金融发展水平指标与对外直接投资指标的交叉项，用来表示以金融发展水平作为吸收能力对逆向技术溢出效应的影响。

对新增变量lnF_t和交叉变量$ln(OFDI_t \times F_t)$进行单位根检验，检验结果如表 8.21 所示：

表 8.21　ADF 检验结果

变量	差分阶数	ADF 检验值	Prob	T 临界值 1%	T 临界值 5%	T 临界值 10%	是否平稳
lnF_1	0	−0.510	0.864	−3.959	−3.081	−2.681	否
	1	−3.368	0.033	−4.058	−3.120	−2.701	是
lnF_2	0	−2.051	0.529	−4.728	−3.760	−3.325	否
	1	−4.435	0.018	−4.800	−3.791	−3.342	是
lnF_3	0	−2.398	0.159	−3.959	−3.081	−2.681	否
	1	−4.358	0.005	−4.004	−3.099	−2.690	是
$\ln(OFDI_t \times F_1)$	0	−4.831	0.002	−3.959	−3.081	−2.681	是
$\ln(OFDI_t \times F_2)$	0	−4.539	0.004	−4.004	−3.099	−2.690	是
$\ln(OFDI_t \times F_3)$	0	−5.119	0.001	−3.959	−3.081	−2.681	是

表 8.22　变量$lnTFP$与lnR^1、lnF_1、$ln(OFDI_t \times F_1)$的协整检验结果

协整方程个数	迹统计量	临界值(0.05)	最大特征值统计量	临界值（0.05）
None *	137.879	47.856	81.889	27.584
At most 1*	55.990	29.797	36.777	21.132
At most 2*	19.213	15.495	18.022	14.265
At most 3	1.191	3.841	1.191	3.841

表 8.23 变量$lnTFP$与lnR^1、lnF_2、$ln(OFDI_t \times F_2)$的协整检验结果

协整方程个数	迹统计量	临界值(0.05)	最大特征值统计量	临界值（0.05)
None *	111.168	47.856	76.292	27.584
At most 1*	34.875	29.797	21.758	21.132
At most 2	13.117	15.495	11.886	14.265
At most 3	1.232	3.841	1.232	3.841

表 8.24 变量$lnTFP$与lnR^1、lnF_3、$ln(OFDI_t \times F_3)$的协整检验结果

协整方程个数	迹统计量	临界值(0.05)	最大特征值统计量	临界值（0.05)
None *	135.478	47.856	74.484	27.584
At most 1*	60.994	29.797	41.651	21.132
At most 2 *	19.343	15.495	17.265	14.265
At most 3	2.101	3.841	3.841	3.841

根据 ADF 检验结果显示序列可能存在协整关系，采用 Johansen 检验法，分别对三个模型中的三组变量进行检验，检验结果如表 8.22～表 8.24 所示：

表 8.22～表 8.24 中迹统计量和最大特征值统计量的值表明在 0.05 显著性水平下存在协整关系，表 8.22 表明 $lnTFP$ 与 lnR^1、lnF_1、$ln(OFDI_t \times F_1)$ 存在三个协整关系，表 8.23 表明$lnTFP$ 与 lnR^1、lnF_2、$ln(OFDI_t \times F_2)$ 存在两个协整关系，表 8.24 表明$lnTFP$ 与 lnR^1、lnF_3、$ln(OFDI_t \times F_3)$ 存在三个协整关系。该结果表明，变量指标可以用变量的水平值进行回归分析。

分别把F_1、F_2、F_3三个指标带入回归方程（8.15），得到回归结果如表 8.25 所示：

表 8. 25　回归结果

变量	模型 1	模型 2	模型 3
截距	1. 628**	2. 648***	2. 094***
	（0. 568）	（0. 614）	（0. 511）
lnR^1	-0. 224**	-0. 389***	-0. 298***
	（0. 079）	（0. 087）	（0. 066）
lnF_1	-0. 076		
	（0. 071）		
$ln(OFDI_t \times F_1)$	-0. 044**		
	（0. 018）		
lnF_2		0. 265	
		（0. 172）	
$ln(OFDI_t \times F_2)$		-0. 012	
		（0. 032）	
lnF_3			0. 237
			（0. 167）
$ln(OFDI_t \times F_3)$			-0. 047**
			（0. 019）
R^2 值	0. 777	0. 751	0. 745
F 统计值	9. 586	8. 308	8. 028
D-W 值	1. 805	1. 627	1. 827

注：括号里为标准差，“***”“**”和“*”分别表示 1%、5% 和 10% 的显著性水平

对模型的残差序列进行 ADF 检验，以此来判断模型设定是否合理，检验结果如表 8.26 所示。模型的残差序列在 10% 的显著性水平下拒绝原假设，接受不存在单位根的结论，说明残差序列是平稳的，回归方程的设定也是合理的，方程中解释变量和被解释变量之间存在稳定的均衡关系。

表 8.26　残差 ADF 检验结果

变量	ADF 检验值	Prob	T 临界值 1%	5%	10%	是否平稳
Residual(1)	-3.671	0.017	-3.959	-3.081	-2.681	是
Residual(2)	-3.811	0.015	-4.058	-3.120	-2.701	是
Residual(3)	-3.685	0.019	-4.058	-3.120	-2.701	是

根据表 8.25 的回归结果分析得出：在模型 1 中，F_1的系数为负，统计上不显著，$ln(OFDI_t \times F_1)$系数为负，在 5% 显著性水平上显著，说明以金融深度指标代表金融发展水平时，金融发展水平的吸收能力不强，无法有效吸收对外直接投资的逆向技术溢出效应，没有对中国经济增长产生积极作用。改革开放以来，中国货币发行量迅速增长，2018 年广义货币发行量 182.67 万亿元，同比增长 8.1%，是 2003 年的 8 倍之多，即使货币发行量较大，企业融资依然困难，融资平台构建不完善，企业得不到优质的服务，对逆向技术溢出的吸收能力受阻。在模型 2 和 3 中，F_2和F_3的系数都为正，但都没有通过显著性检验，说明了以金融效率指标和金融结构指标代表的金融发展水平，拥有了对逆向技术溢出的吸收能力，但吸收能力还不足以对经济增长发挥积极的正向作用；而且$ln(OFDI_t \times F_2)$和$ln(OFDI_t \times F_3)$为负，$ln(OFDI_t \times F_3)$在 5% 显著性水平上统计显著，更深入说明以金融效率指标和金融结构指标代表的金融发展水平的吸收能力较弱，逆向技术溢出效应无法充分展现。中国储蓄规模持续增加，储蓄转化为贷款的比例却很低，形成金融机构资金充足，企业融资困难的局面，企业缺乏足够的资金开展研发活动，吸收能力的提高严重受阻，妨碍了对逆向技术溢出的吸收。

四、基于经济结构的 OFDI 逆向技术溢出效应传导机制

在模型（8.12）的基础上进行修改建立新的模型，建立含有经济结构指标的模型如式（8.16）所示：

$$lnTFP_t = \gamma_0 + \gamma_1 lnR_t^1 + \gamma_2 S_t + \gamma_3 \ln(OFDI_t \times S_t) + \gamma_4 lnTR_t + \varepsilon_t \tag{8.16}$$

其中，S_t表示经济结构，S_1表示高科技产业发展水平，用高新技术产业增加值占 GDP 比重表示，S_2表示工业发展水平，用工业增加值占 GDP 比重表示，$OFDI_t \times S_t$表示经济结构指标与对外直接投资指标的交叉项，用来表示经济结构对吸收逆向技术溢出效应的影响。

对新增变量lnS_t和交叉变量$ln(OFDI_t \times S_t)$进行单位根检验，检验结果如表 8.27 所示：

表 8.27 ADF 检验结果

变量	差分阶数	ADF 检验值	Prob	T 临界值			是否平稳
				1%	5%	10%	
lnS_1	0	1.027	0.999	-4.992	-3.875	-3.388	否
	1	-3.462	0.090	-4.992	-3.875	-3.388	是
lnS_2	0	0.009	0.945	-3.959	-3.081	-2.681	否
	1	-2.973	0.062	-4.004	-3.099	-2.690	是
$ln(OFDI_t \times S_1)$	0	-4.288	0.006	-4.004	-3.099	-2.690	是
$ln(OFDI_t \times S_2)$	0	-5.296	0.001	-4.004	-3.099	-2.690	是

根据 ADF 检验结果显示序列可能存在协整关系，采用 Johansen 检验法，分别对三个模型中的三组变量进行检验，检验结果如表 8.28 和表 8.29 所示：

表 8.28　变量 $lnTFP$ 与 lnR^1、lnS_1、$ln(OFDI_t \times S_1)$ 的协整检验结果

协整方程个数	迹统计量	临界值(0.05)	最大特征值统计量	临界值（0.05）
None *	109.607	47.856	47.685	27.584
At most 1*	61.923	29.797	30.395	21.132
At most 2 *	31.528	15.495	24.730	14.265
At most 3 *	6.798	3.841	6.798	3.841

表 8.29　变量 $lnTFP$ 与 lnR^1、lnS_2、$ln(OFDI_t \times S_2)$ 的协整检验结果

协整方程个数	迹统计量	临界值(0.05)	最大特征值统计量	临界值（0.05）
None *	192.513	47.856	117.131	27.584
At most 1*	75.383	29.797	49.338	21.132
At most 2 *	26.045	15.495	14.482	14.265
At most 3 *	11.563	3.841	11.563	3.841

表 8.28 和表 8.29 中迹统计量和最大特征值统计量的值表明在 0.05 显著性水平下存在协整关系，且 $lnTFP$ 与 lnR^1、lnS_1、$ln(OFDI_t \times S_1)$，还有 $lnTFP$ 与 lnR^1、lnS_2、$ln(OFDI_t \times S_2)$ 都是存在四个协整关系。该结果表明，变量指标可以用变量的水平值进行回归分析。

分别把 S_1 和 S_2 两个指标带入回归方程（8.16），得到回归结果如表 8.30 所示：

表 8.30 回归结果

变量	模型 1	模型 2
截距	2.721***	1.863***
	(0.550)	(0.547)
lnR^1	-0.352***	-0.246**
	(0.064)	(0.080)
lnS_1	0.132**	
	(0.050)	
$ln(OFDI_t \times S_1)$	-0.044**	
	(0.018)	
lnS_2		0.189
		(0.107)
$ln(OFDI_t \times S_2)$		-0.477**
		(0.029)
R^2 值	0.781	0.756
F 统计值	9.830	8.505
D-W 值	2.118	1.548

注：括号里为标准差，“***”“**”和“*”分别表示 1%、5% 和 10% 的显著性水平

对模型的残差序列进行 ADF 检验，以此来判断模型设定是否合理，检验结果如表 8.31 所示。模型的残差序列在 10% 的显著性水平下拒绝原假设，接受不存在单位根的结论，说明残差序列是平稳的，回归方程的设定也是合理的，方程中解释变量和被解释变量之间存在稳定的均衡关系。

表 8. 31　残差 ADF 检验结果

变量	ADF 检验值	Prob	T 临界值 1%	5%	10%	是否平稳
Residual(1)	-4.490	0.004	-3.959	-3.081	-2.681	是
Residual(2)	-3.055	0.052	-3.959	-3.081	-2.681	是

根据表 8.30 的回归结果可以得出：模型 1 中 lnS_1系数为正，且在 5% 显著水平上显著，模型 2 中 lnS_2系数为正，但统计上不显著，说明以高科技产业发展水平和工业发展水平代表经济结构时，经济结构的改善有利地推动了中国全要素生产率的提高。$ln(OFDI_t \times S_1)$和$ln(OFDI_t \times S_2)$系数为负，在 5% 显著水平上显著，说明以高科技产业和工业发展水平指标代表经济结构时，经济结构的吸收能力较弱，无法有效吸收对外直接投资的逆向技术溢出效应，中国应不断改进经济结构，使其具备对对外直接投资逆向技术溢出效应的吸收能力。

第三部分

双向直接投资与经济增长的互动关系

第九章　中国双向直接投资发展路径与机制

第一节　中国与发达经济体双向直接投资发展机制

一、中国引进发达经济体外商直接投资的机制

发达经济体国家市场能力较强，市场份额较大，选择中国作为投资对象，不仅考虑中国的市场资源、政策导向、基础设施建设、教育水平等因素外，还需考虑进入中国市场的成本。市场进入成本包括交易费用、市场准入和经营限制、市场准入负面清单等。发达经济体的投资决策依据中国设置的市场进入成本而定，只有当中国设置较低的市场进入成本时，发达经济体才会选择对中国进行外商直接投资。相对应的，从中国引入外商直接投资的目的分析，如果投资国提供的先进技术恰好是中国需求的，外商投资的资本正好解决企业资金缺乏的问题，当类似这些情况发生时，引进高质量的外商直接投资能够促进中国经济发展，此时中国应降低市场进入成本，吸引发达经济体对中国进行高质量外商投资。相反，如果外商直接投资无法满足中国企业的需求，与中国经济发展战略不匹配，中国应提高市场进入成本，阻碍外商直接投资。

二、中国对发达经济体直接投资的机制

中国对发达经济体进行直接投资时，根据产业发展特点选择对应的直接投资策略。具有优势的产业对发达经济体进行对外直接投资时，如同中国引进发达经济体外商直接投资的机制一样，会受到进入成本的影响。发达经济体如果

设置较高的进入成本，中国将会选择其他投资方式，不会对发达经济体进行直接投资。发达经济体如果设置的进入成本较低，中国选择对外直接投资。针对中国发展还不成熟的产业，为了获取战略性资源，培养国内企业所有权和内部化优势，提高中国产业的竞争优势，无论发达经济体设置的进入成本如何，都应对其进行对外直接投资。

三、中国与主要发达经济体双向直接投资发展

中国与发达经济体的双向投资，在投资产业、投资方式、投资区域、风险与挑战等多个方面存在差异，不同国家或区域呈现出不同的发展特点，如表9.1所示。

表9.1　中国与主要发达经济体双向直接投资发展特点

经济体	重点投资产业		投资方式		重点投资区域		主要风险与挑战
	IFDI	OFDI	IFDI	OFDI	IFDI	OFDI	
美国	制造业、采矿业、租赁和商务服务业、科学研究和技术服务业、信息传输、软件和信息技术服务业	制造业、批发和零售业、科学研究和技术服务业、租赁和商务服务业、金融业	独资	并购、绿地投资	东部沿海、中西部地区	纽约州、加州、德州	政治风险
欧盟	制造业、租赁和商务服务业、批发和零售业、金融业、科学研究和技术服务业	制造业、租赁和商务服务业、批发和零售业、金融业、采矿业	合同外资、并购	并购	东部沿海地区、北上广地区、	卢森堡、德国、瑞典、荷兰、英国	外部安全审查机制
日本	制造业、租赁和商务服务业、金融批发和零售业、房地产业	服务业、软件设计、机械、电子	合资	合资	大连市、珠三角、长三角地区		税负、政治风险
韩国	制造业、批发和零售业、房地产业、金融业、租赁和商务服务业	金融服务业、房地产业、汽车零部件、电子元件		独资、合资、并购	东部地区、江苏省、山东省、辽宁省		本土企业保护意识

资料来源：根据2018中国外资统计公报、2018年度中国对外直接投资统计公报整理

（一）中国与欧盟双向直接投资

欧盟是全球第一大经济体、贸易体，也是全球最大的对外直接投资来源地和目的地，即使欧洲债务危机的爆发使欧盟经济严重受挫，欧盟依然是全球市场最重要的双向直接投资对象。1975 年中国开始和欧洲经济共同体建立双边关系，之后中国和欧盟开始进行各种合作，欧盟成了中国最大的贸易伙伴，而中国则是欧盟的主要出口市场和主要进口来源地，在投资领域，欧盟各国一直为中国提供高质量的外商投资。如表 9.2 所示，中国在欧盟的投资也是不断扩大，近几年投资遍布欧盟所有成员国。2018 年，中国放缓对欧盟的投资，投资额降为 88.66 亿美元，比 2017 年下降 13.6%，占中国对外直接投资流量总额的 6.2%。而欧盟对中国的投资额由 2017 年的 82.88 亿美元增加到 2018 年的 104.21 亿美元，增加 25.7%，占中国 2018 年实际引入外资额的 7.5%。

中国进入欧盟市场的最主要动机是实现价值链延伸，源于中国产业发展特点及其在全球产业分工中占据的位置。中国是制造业大国，制造业作为中国的主导产业参与到全球产业链分工中，但是早期的参与是以劳动力成本低廉为比较优势，生产加工位于全球整个产业链的低端，没有居于产业链的主导地位，主导权不受中国支配，因此，具有优势地位的产业很难在全球范围内开展对外投资活动。改革开放以后，中国经济实力增强，全球地位不断提高，在全球范围内拥有了话语权，产业分工开始向价值链的高端进军，期望攀升至高附加值的上游产业链，建立起广阔的销售网络并牢固的掌握在自己手中，优化产业结构，缓解产业升级带来的压力，由此中国对外直接投资企业开始将投资目光集聚到具有拓展机会的发达经济体，欧盟成了中国的一个主要对外直接投资地，投资产业偏向于现代服务业和高端制造业，但是这些产业中国并不具有竞争优势，这就为中国产业结构调整提出了更高要求，加快速度发展高端产业以适应对外投资需求。

表 9.2　中国与欧盟双向直接投资统计　　单位：亿美元

年份	中国对欧盟直接投资流量	欧盟对中国实际投资金额	年份	中国对欧盟直接投资流量	欧盟对中国实际投资金额
2003	1.10	39.30	2011	75.61	52.67
2004	0.73	42.39	2012	61.2	53.45
2005	1.90	51.94	2013	45.24	65.18

续表

年份	中国对欧盟直接投资流量	欧盟对中国实际投资金额	年份	中国对欧盟直接投资流量	欧盟对中国实际投资金额
2006	1.29	54.39	2014	97.87	62.27
2007	10.44	39.45	2015	54.8	65.13
2008	4.67	51.15	2016	99.94	88.00
2009	29.66	51.22	2017	102.67	82.88
2010	59.63	55.69	2018	88.66	104.21

数据来源：中国外商投资报告 2004-2019 和中国对外直接投资统计公报 2003—2018

欧盟对中国的投资区域主要集中在东部沿海、北上广、江苏、天津、浙江等。欧盟各国对中国直接投资位居前三位的国家分别是德国、荷兰和法国，这三个国家对中国的投资也相对稳定。2018 年，德国对中国投资 36.74 亿美元，占欧盟投资的 35.26%；荷兰对中国投资 12.73 亿美元，占欧盟投资的 12.22%；法国对中国投资 10.11 亿美元，占欧盟投资的 9.7%。中国企业对欧盟的投资大多在卢森堡、德国、瑞典、荷兰、法国。2018 年，中国流入欧盟的投资中，卢森堡位居首位，流量达到 24.87 亿美元，同比增长 83.8%，占对欧盟投资流量的 28.1%；位居第二位的是德国，中国对德国的投资为 14.68 亿美元，同比下降 45.9%，占对欧盟投资流量的 16.6%；瑞典位列第三，中国对其投资为 10.64 亿美元，同比下降 17.5%，占对欧盟投资流量的 12%；此外，中国对荷兰的投资也超过 10 亿美元。英国在脱欧之前，一直也是吸引中国投资较多的欧盟国家，2018 年中国对英国的对外直接投资流量为 10.27 亿元。

由表 9.3 可知，2018 年，欧盟对中国投资的行业集中在制造业、租赁和商务服务业、批发和零售业、金融业、科学研究和技术服务业，这 5 个行业新设企业数占比达到 78.8%，实际投入外资金额占比 93.6%。中国企业对欧盟投资的行业集中在制造业、租赁和商务服务业、金融业、电力 / 热力 / 燃气及水的生产和供应业、信息传输 / 软件和信息技术服务业、科学研究和技术服务业、住宿和餐饮业。制造业是首个目标行业，2018 年实现直接投资流量 40.1 亿美元，主要流向卢森堡、德国、瑞典、荷兰、意大利、法国等。租赁和商务服务业位居第二，中国对其直接投资流量为 9.38 亿美元，主要流量卢森堡、塞浦路斯、德国和波兰等。批发和零售业排在第三，中国直接投资流量为7.28亿美元，主要集中在德国、意大利、法国等。电力／热力／燃气／水的生产和供应业实现投资流量5.83亿美元，是2017年的32.4倍，主要流入西班牙、卢森堡、德国、希腊等。住宿和餐饮业在2018年实现投资流量3.07亿美元，是2017年的307倍，主要流入瑞典、卢森堡、比利时等。

表9.3　2018年中国与欧盟双向投资的主要行业

行业	中国对欧盟直接投资流量（亿美元）	比重（%）	行业	欧盟对中国实际投入外资金额（亿美元）	比重（%）
制造业	40.10	45.2	制造业	66.33	63.7
租赁和商务服务业	9.38	10.6	租赁和商务服务业	15.60	15.0
批发和零售业	7.28	8.2	批发和零售业	7.30	7.0
金融业	6.13	6.9	金融业	5.98	5.7
电力／热力／燃气／水的生产和供应业	5.83	6.6	科学研究和技术服务业	2.36	2.3

数据来源：中国外商投资报告2019和中国对外直接投资统计公报2018

中国企业对欧盟的投资形式，主要表现为并购性集中化的投资，例如中国汽车企业吉利集团先后对沃尔沃和戴姆勒进行股权收购。随着中国对欧盟直接投资的逐渐增多，中国企业国际竞争力增强，拓宽了对欧盟的投资领域，开始涉足以人工智能为首的高科技领域，收购电网、港口等基础设施。为妨碍中国对外直接投资活动的顺利开展，欧盟制定了外资审查法规，法规限制了投资者进入某些领域，特别是关键基础建设、关键技术、关键投入品供应安全，以及敏感信息获取有关的领域，此法规的实施将影响中国投资者对欧盟企业的收购。

（二）中国与日韩双向直接投资

中日韩三国为亚洲三大重要经济体，GDP总量已达到20万亿美元，占全球GDP的20%，占亚洲的70%，占东亚的90%，超过欧盟。中日韩三国的产业特点、发展阶段、发展优势各有千秋，三国之间的互相投资可以扬长补短。相对发达的日本和韩国在资本和技术密集型产业上具有竞争优势，日本的化工、机械制造、汽车产业，韩国的电子、纺织行业都具有优势，中国的竞争优势集中于资源或劳动密集型产品上，中国的农业、服装加工、电子产业具有优势，中国通过与日、韩的双向投资弥补产业劣势，优化产业结构。

日本对中国的直接投资始于1979年，目前阶段出现了4次小高潮。1979—1990年为探索启动阶段，此阶段由于中国政策环境、基础设施建设等不完善，日本对中国的发展还存有疑虑，对中国投资的数量和规模较小，以非制造业为主。1991—2000年为加速增长阶段，中国经济的发展开始引起日本企业的关注，投资金额迅速攀升，从1991年的5.3亿美元增加到2000年的29.2亿美元。投资重点行业转移，聚焦制造业，从投资比重的25.6%提升到74.9%，投资区域也从环渤海、珠三角等地扩展到长三角地区。2001—2010年为持续深化阶段，投资规模迅速增加，2006年开始，日本对中国直接投资的增长趋势出现转折，投资金额下降，由2005年的65.30亿美元下降到2010年的40.84亿美元，投资行业以机电、运输机械为主，投资区域仍然集中于长三角、珠三角、环渤海等东部沿海地区，但是中西部地区的投资也开始增加。2011年至今为转型调整阶段，自“购岛”事件发生以来，中日关系恶化，日本对中国投资开始下滑，直到2017年才有所好转，2018年日本对中国投资出现回升态势，日本对中国实际投资金额37.98亿美元。在这一时期，日本对中国投资的产业布局也发生了变化，一般机械、电子机械、运输机械在加大投资力度的同时，日本加强了非制造业对中国的投资，尤其是批发零售业和金融保险业。投资区域方面，增强了对中国中西部地区的投资。

中国对日本的投资于1979年北京友谊与东京丸一的企业合并开始，相比于日本对中国的较大规模投资，中国对日本的投资额相对较小，2003年中国对日本的投资额仅为0.07亿美元，2018年实现投资额4.68亿美元，16年间中国企业对日本投资的平均增长率超过30%，正是由于中国对日本的投资规模小于日本对中国的投资规模，中国对日本的投资具有较大的增长空间。中国对日本的投资行业，由制造业为主转为服务业为主，收购规模由中小型企业转入日本老牌主流厂商。

韩国对中国的投资始于 1988 年，迄今为止经历了萌芽、发展、高速增长、回调四个阶段。1988—1992 年是萌芽阶段，由于政策和历史原因，这个阶段韩国对中国的投资规模和数量都很小，投资的方式也是以间接为主，借道香港和日本迂回投资形式对中国进行投资。1993—2000 年是发展阶段，韩国对中国投资迅速增长，1993—1997 年韩国对华投资额不断增加，1997 年达到 21.4 亿美元。1997 年末韩国金融危机以后，韩国为了恢复本国经济，进行吸引外资及国内市场开发，对中国投资量减少，1999 年韩国对华投资回落到 12.7 亿美元。2001—2007 年是高速增长阶段，随着中国的投资环境、贸易等条件的进一步开放，2001 年中国加入 WTO，韩国对中国的投资节节攀升，呈现迅猛上涨态势，2004 年实际投资额 62.48 亿美元，达到历史顶峰。2008 年受金融危机的影响，韩国对中国的投资驶入回调阶段，投资额持续下降，2011 年跌入 11 年以来的最低值 25.51 亿美元，之后开始回调，2016 年上升到 47.51 亿美元，2017 年下降到 36.73 亿美元，2018 年又回升到 46.67 亿美元。韩国对中国的投资行业集中于制造业，电子元件和计算机的投资新热点也开始出现，2018 年韩国对中国投资行业的前 5 位分别是制造业、批发和零售业、房地产业、金融业、租赁和商务服务业，5 个行业的实际投入外资金额占比 96.7%。韩国对中国的投资区域集中于东部地区，江苏省是韩国企业最主要投资的省份，其次是山东省。

根据表 9.4 可知，中国对韩国的投资金额同样也小于韩国对中国的投资，随着中国对外投资规模的增长，中国对韩国的投资也呈现逐步上升的趋势，2015 年中韩两国签署自由贸易协定后，中国对韩国的直接投资快速增长，中国对韩国的投资也上升到一个新的层次，2018 年中国对韩国直接投资流量为 10.34 亿美元，是 2003 年的 6.7 倍。从产业分布来看，中国对韩国的直接投资以服务业和制造业为主，集中于对服务贸易、农业与农产品开发、工业生产加工、资源开发等行业的投资。从地理位置和政治文化氛围上，有利于中国对韩国进行投资，在对韩国投资区位选择上，中国更倾向于与中国相邻的环渤海地区，且都比较靠近港口，进出口海运比较方便。

表 9.4　中国与日本、韩国双向直接投资统计　　单位：亿美元

年份	中国对日本直接投资流量	日本对中国实际投资金额	年份	中国对韩国直接投资流量	韩国对中国实际投资金额
2003	0.07	50.54	2003	1.54	44.89
2004	0.15	54.52	2004	0.40	62.48
2005	0.17	65.30	2005	5.89	51.68
2006	0.39	47.59	2006	0.27	39.93
2007	0.39	35.89	2007	0.57	36.78
2008	0.59	36.52	2008	0.97	31.35
2009	0.84	41.05	2009	2.65	27.00
2010	3.38	40.84	2010	-7.22	26.92
2011	1.49	63.30	2011	3.42	25.51
2012	2.11	73.52	2012	9.42	30.38
2013	4.34	70.58	2013	2.69	30.54
2014	3.94	43.25	2014	5.49	39.66
2015	2.40	31.95	2015	13.25	40.34
2016	3.44	30.96	2016	11.48	47.51
2017	4.44	32.61	2017	6.61	36.73
2018	4.68	37.98	2018	10.34	46.67

数据来源：中国外商投资报告 2004-2019 和中国对外直接投资统计公报 2003—2018

（三）中国与美国双向投资

美国作为发达经济体，主导全球经济发展，中国作为最大的发展中国家，国际直接投资地位日益突出。美国资本输出较早，伴随中国第一部外国企业投资法律《中华人民共和国中外合资企业法》在 1979 年的颁布，美国开始对中国进行直接投资，但是受中国经济体制和经济发展水平的影响，20 世纪 90 年代以前美国对中国的投资金额都相对较小。随着中国对外开放的不断深入，美国企业从 20 世纪 90 年代开始逐步扩大了对中国投资规模。1992 年中国宣布发展市场经济体制，部分开放了通讯、运输、银行和保险等行业，加上中国经济的飞速发展，美国加快了对中国的投资，出现了井喷式的增长态势，1993 年与 1992 年相比，美国在中国的投资增长了 3 倍。总体来看，1990—1999 年间美国对中国的投资呈现直线增长趋势。进入 21 世纪之后，美国对中国的投资变

得比较稳健，在 2002 年达到历史最高值后，由于美国经济不景气使得美国在中国的投资出现一定程度的减少。2008 年全球金融危机爆发后，中国经济发展吸引了发达经济体，中国再一次成为美国投资者的焦点，2010 年美国对中国的投资额有所增加，实现 30.17 亿美元。21 世纪以来美国对中国的投资呈现波动平稳状态，投资金额维持在 20 亿美元以上，美国仍然是中国重要的外资来源国之一，在对中国直接投资中扮演着重要的角色。2018 年，美国在中国新设外商投资企业 1750 家，同比增长 30%，实际投资金额 26.89 亿美元，同比上升 1.5%。

美国对中国的投资主要集中在制造业，美国对中国制造业投资占到了对中国投资额的 50% 以上，近几年加强了对服务业的投资，虽然投资金额较少，但是增速较快，尤其是金融、保险和房地产增长最快。2018 年，美国投资中国的前 5 位行业分别是制造业、采矿业、租赁和商务服务业、科学研究和技术服务、信息传输、软件和信息技术服务业，5 个行业新设企业数占比 71.1%，实际投入外资金额占比 87.2%。美国对中国投资的区域集中于沿海城市，并向东部地区倾斜，现在加快了对中国西部地区的投资步伐。

中国对外直接投资起步较晚，投资初期是小规模的投资行为，比如 1984 年收购林地，1988 年收购钢厂，但规模增长迅速，尤其在 2008 年全球金融危机之后，中国对美国投资进入快速发展阶段。如表 9.5 所示，2012 年，中国对美国直接投资额首次超过美国对中国直接投资额，并于 2016 年达到 169.81 亿美元高峰，中国对美国直接投资占中国对外直接投资的比重也在逐年变大。2018 年，中国对美国直接投资额 74.77 亿美元，较 2017 年增长 16.3%，占中国对外直接投资总额的 5.2%。2018 年末，中国共在美国设立境外企业超过 5500 家，雇用美国当地源国超过 10 万人。

中国企业在美国投资涉及的行业众多，除了制造、金融、房地产等主要投资领域，文化、体育和娱乐业和建筑业也有涉及，投资行业分布比较广泛。2018 年，中国对美投资覆盖国民经济 18 个行业大类。从构成情况看，流向制造业 30.81 亿美元，占比 41.2%，仍是中国企业主要投资领域；流向批发和零售业 8.3 亿美元，同比增长 5.2%，占 11.1%，位居第二；科学研究和技术服务、租赁和商务服务业、住宿和餐饮业分别位列第三、第四和第五。中国企业最初去美国投资是为中国劳动密集型消费品和服务开拓市场，在经济发展历程中，中国迫切需要产业结构优化和高度化，中国企业需要向全球产业链的价值高端迈进，因此中国加大了对美国这一发达国家的直接投资力度，以期促进中国技术进步和经济效益的提高。中国对美国的投资形式以绿地投资和并购为主，2014 年以前，绿地投资在成交项目数量方面一直处于领先的地位，2014 年以后中国为了快速的获得市场准入，中国对美国的投资更多地采取跨国并购的方式。

表 9.5　中国与美国双向直接投资统计　　单位：亿美元

年份	中国对美国直接投资流量	美国对中国实际投资金额	年份	中国对美国直接投资流量	美国对中国实际投资金额
2003	0.65	41.99	2011	18.11	23.69
2004	1.20	39.41	2012	40.48	25.98
2005	2.32	30.61	2013	38.73	28.20
2006	1.98	30.00	2014	75.96	23.71
2007	1.96	26.16	2015	80.29	20.89
2008	4.62	29.44	2016	169.81	23.86
2009	9.09	25.55	2017	64.25	26.49
2010	13.08	30.17	2018	74.77	26.89

数据来源：中国外商投资报告 2004-2019 和中国对外直接投资统计 2003—2018

表 9.6　2018 年中国与美国双向投资的主要行业

行业	中国对美国直接投资流量（亿美元）	比重（%）	行业	美国对中国实际投入外资金额（亿美元）	比重（%）
制造业	30.81	41.2	制造业	9.25	34.4
批发和零售业	8.30	11.1	采矿业	5.28	19.6
科学研究和技术服务业	6.65	8.9	租赁和商务服务业	4.61	17.1
租赁和商务服务业	5.90	7.9	科学研究和技术服务业	2.39	8.9
住宿和餐饮业	5.68	7.6	信息传输、软件和信息技术服务业	1.92	7.2

数据来源：中国外商投资报告 2019 和中国对外直接投资统计公报 2018

随着中国在美国投资的进一步扩大，美国开始加强对外商投资的审查，尤其针对关键技术的投资，审查更加严格。此外中美贸易摩擦近年来不断出现，双边贸易关系紧张，这些都威胁到中美双向投资，中国企业在美国海外并购及投资高新技术等新兴产业的难度变大。

第二节　中国与发展中经济体双向直接投资发展机制

一、中国引进发展中经济体外商直接投资的机制

领衔发展中国家吸引外商直接投资的国家是中国，中国已连续二十多年位居发展中国家吸引外商直接投资的榜首，外资已经成为中国经济发展中资本供给的一个重要来源。2018 年中国吸引外资 1420 亿美元，约为发展中国家的 20%。中国进一步扩大利用外资的政策措施，提高对外商投资的实际利用，持续深化改革促开放，推进准入前国民待遇加负面清单管制管理模式，放宽外商准入，营造公平便利的市场环境，给予支持和优惠，提升外商投资质量和水平。中国利用外资的发展时间较长，周边发展中经济体也对中国进行直接投资，目前阶段中国对发展中经济体的引资更注重外资质量，重点是引进高质量外商投资。对于发展中经济体的投资国来说，中国宏观经济形势稳定，经济增长基本面好，全面开放新格局已逐渐形成，对其具有很高的投资吸引力。因此，不管进入中国市场成本的高低与否，中国都是发展中经济体投资的优选地区，为了优选高水平投资，设立高额市场进入成本，引入高质量发展中经济体投资。

二、中国对发展中经济体直接投资的机制

从 1979 年开始，中国先后建立了广东省的深圳经济特区、珠海经济特区、汕头经济特区，福建的厦门经济特区，海南经济特区、喀什经济特区、霍尔果斯经济特区，东南沿海是早期的开放重点，广东、福建、江苏、浙江、上海等省市从对外开放中获得最大收益，中西部地区只能跟随东部地区的脚步逐渐实行对外开放，地区经济发展出现不平衡。“走出去”战略和“一带一路”倡议的提出，为西部地区加快对外开放提供了新的机遇，西部地区企业开始走出国门，奔向西亚和欧洲地区进行对外直接投资。“一带一路”是互利共赢的重要

平台，通过拓展与发展中经济体的合作，推动市场多元化战略，构建中国的全球产业链体系，降低中国对欧美日市场的依赖，开拓中亚、东欧、东南亚、北非等新兴市场。与此同时，“一带一路”对于发展中经济体也起到了促进作用，推动发展中经济体产业的发展，提高发展中经济体的经济发展水平和生产能力。总体而言，中国对发展中经济体的投资增强了资本流动性，提高了资本收益，促进了中国和发展中经济体的双向投资。在“一带一路”和“走出去”背景下，中国对发展中经济体的对外投资具有重要意义。

三、中国与主要发展中经济体的双向直接投资发展

中国经济稳健发展吸引周边发展中经济体的外商投资，“一带一路”倡议的推出又促使中国将投资的目光逐渐转移至周边发展中经济体，更多的投资流入周边国家，东盟和非洲成为发展中经济体的两颗新星，吸引中国企业对其投资，中国与主要发展中经济体双向直接投资发展特点如表 9.7 所示。

表 9.7　中国与主要发展中经济体双向直接投资发展特点

经济体	重点投资产业		投资方式		重点投资区域		主要风险与挑战
	IFDI	OFDI	IFDI	OFDI	IFDI	OFDI	
东盟	制造业、房地产业、租赁和商务服务业、交通运输、仓储和邮政业、批发和零售业	制造业，批发和零售业、租赁和商务服务业	合资	绿地投资，跨国并购	东南沿海，西部地区，长江三角洲，渤海经济圈	新加坡、印度尼西亚、马来西亚	制度风险、环境风险、债务风险
非洲	——	建筑业、采矿业、制造业、金融业、租赁和商务服务业	——	绿地投资	——	刚果(金)、南非、莫桑比克、赞比亚、埃塞俄比亚、安哥拉、肯尼亚	劳动力素质低、基础设施差、局势动荡

（一）中国与东盟双向直接投资

东南亚国家联盟，简称东盟，包括印度尼西亚、马来西亚、菲律宾、泰国、新加坡、文莱、柬埔寨、老挝、缅甸和越南10个成员国。东盟国家与中国地理距离相近，两者在生产力布局方面具有很强的优势互补，合作空间广泛。由于优越的地理位置，东盟国家大量吸收中国对外直接投资，中国也把东盟地区作为外资来源的重要区域，双向投资增长迅速。中国已经成为东盟的最大贸易伙伴，连续十年位居东盟贸易额的首位，东盟已超过美国成为中国的第二大贸易伙伴。东盟对中国的投资金额呈现先上升后下降的趋势，2013年达到峰值83.47亿美元，之后逐渐下降，到2018年扭转连续多年下降趋势。2018年，东盟对中国实际投入外资57.2亿美元，同比增加12.5%，占中国全部实际引入外资额的4.1%。中国吸引东盟国家的外资主要来源于新加坡、马来西亚、菲律宾、泰国和印度尼西亚，2018年吸引这五个国家的外资额占东盟的97.06%，其中新加坡占东盟的91.12%。

制造业是东盟对华投资的主要行业，服务业和第一产业所占比重相对较小，但是随着中国服务业的逐渐放开，东盟在保险、银行、房地产、零售和旅游等服务业的投资有所加大，所占比重日益提高。2018年，东盟投资行业前5位分别是制造业，房地产业，租赁和商务服务业，交通运输、仓储和邮政业，批发和零售业，5个行业实际投入外资金额占比80%。东盟国家对中国的投资早期集中在东南沿海省市，在长江三角洲和渤海经济圈的加速发展下，东盟国家开始向江苏、上海、浙江、山东、辽宁等省投资，随着“西部大开发”战略的实施，东盟各国的投资者开始对西部地区进行投资。

2002年中国－东盟自贸区正式成立，东盟成为中国“走出去”战略重要的对外投资对象，根据表9.8所示，中国对东盟国家的投资大趋势是呈现上升，有小幅度波动，2015年达到峰值146.04亿美元后2016年投资额下降，2017年开始又有所回升。2018年，中国对东盟的直接投资流量136.94亿美元，同比下降3%，占当年流量总额的9.6%，占对亚洲投资流量的13%。新加坡是东盟国家中吸引中国对外直接投资流量最多的国家，2018年中国对其直接投资流量64.11亿美元，同比增长1.4%，占对东盟投资流量的46.8%，投资行业主要流向批发和零售业、租赁和商务服务业、金融业、交通运输／仓储和邮政业等。2018年中国对东盟对外直接投资流向中，位居第二位的是印度尼西亚，中国对其投资额为 18.65 亿美元，同比增长 10.9%，占对东盟投资流量的 13.6%，主要投向制造业、租赁和商务服务业、电力/热力/燃气及水的生产和供应业等；位居第三位的是马来西亚，中国对其投资额为 16.63 亿美元，同比下降 3.4%，占对东盟投资流量的 12.6%，主要投向制造业、电力/热力/燃气及水的生产和供应业等。

表 9.8　中国与东盟双向直接投资统计　　单位：亿美元

年份	中国对东盟直接投资流量	东盟对中国实际投资金额	年份	中国对东盟直接投资流量	东盟对中国实际投资金额
2003	1.19	29.25	2011	59.05	70.05
2004	1.96	30.41	2012	61.00	70.73
2005	1.58	31.05	2013	72.67	83.47
2006	3.36	36.43	2014	78.09	63.00
2007	9.68	43.91	2015	146.04	76.58
2008	24.84	54.61	2016	102.79	65.31
2009	26.98	46.78	2017	141.19	50.84
2010	44.05	63.24	2018	136.94	57.18

数据来源：中国外商投资报告 2004—2019 和中国对外直接投资统计公报 2003—2018

表 9.9 2018 年中国与东盟双向投资的主要行业

行业	中国对东盟直接投资流量（亿美元）	比重（%）	行业	东盟对中国实际投入外资金额（亿美元）	比重（%）
制造业	44.97	32.8	制造业	17.38	30.4
批发和零售业	34.73	25.4	房地产业	9.90	17.3
租赁和商务服务业	15.02	11	租赁和商务服务业	8.06	14.1
电力/热力/燃气及水的生产和供应业	8.61	6.3	交通运输、仓储和邮政业	5.41	9.5
交通运输/仓储和邮政业	8.27	6.0	批发和零售业	5.00	8.7

数据来源：中国外商投资报告 2019 和中国对外直接投资统计公报 2018

早期中国对东盟各国的投资主要集中在贸易、运输、建筑承包等领域，20 世纪 90 年代中期以后，中国加大了对东盟国家制造业和服务业的投资，现阶段中国对东盟的投资遍及各个行业。由表 9.9 可知，2018 年，中国对东盟对外直接投资的第一目标行业是制造业，实现投资额 44.97 亿美元，同比增长 41.7%，占行业投资比重的 32.8%，主要流向马来西亚、印度尼西亚、越南、新加坡和泰国。投资金额位列第二位的行业是批发和零售业，中国对此行业投资 34.73 亿美元，同比增长 41.8%，占行业投资比重的 25.4%，主要流向新加坡。租赁和商务服务业位列第三，中国对此行业投资 15.02 亿美元，同比下降 29.9%，占行业投资比重的 11%，主要流向新加坡、老挝、印度尼西亚。新加坡是东盟最发达的国家，对新加坡的直接投资可以学习先进管理经验和高新技术；泰国、马来西亚、印度尼西亚、越南等国具有较大的劳动力优势。

中国对东盟直接投资以绿地投资和跨国并购相结合，中国以经济发展水平和制造业发展程度为比较优势对东盟国家开展对外直接投资，将中国先进的技术和管理经验传递给东盟各国，促进当地就业和经济发展。投资方式以合资为主，充分发挥东盟各国的资源优势，弥补中国对当地经营环境认识不足的缺陷，降低投资风险，规避政治陷阱。

（二）中国与非洲的双向直接投资

自 1949 年中华人民共和国成立，中国与非洲之间就建立起紧密的联系，早期的联系以中国对非洲实施直接经济援助为主。1978 年中国实施改革开放政策，政策的推动促使经济快速而又稳定的发展，中国对非洲地区的投资方式上发生了显著变化，小规模投资逐渐替代了经济援助，在非洲地区设立企业。随着经济全球化的推动和中国经济体制的逐渐健全，中国对非洲的投资形式开始转变成中非直接投资双边经济合作。2000 年“走出去”战略正式实施，10 月中非合作论坛顺利举行，进一步推动了中国企业投资非洲，促进了中非经贸关系的发展。2006 年，被称为“非洲崛起元年”，中非扩大经济合作领域，中国众多有信誉、有实力、有优势的企业在国家政策的鼓励下积极主动地与非洲企业合作。2007 年设立了首支中非发展基金，2018 年中非合作论坛召开，引导中非合作向更科学化方向进展，巩固中非全面战略合作伙伴关系，开创合作发展、互利共赢的局面。

20 世纪中国对非洲的直接投资规模还比较小，增长也比较缓慢，进入 21 世纪后中国加快了对非洲的直接投资。2000 年中国对非洲的投资存量只有 2.1 亿美元，2018 年中国对非洲的直接存量达到 461.04 亿美元，是 2000 年 220 倍。根据图 9.1，在投资流量方面，中国对非洲的投资流量在 2008 年达到峰值 54.91 亿美元后，由于金融危机的爆发，投资环境的恶化，中国对非洲的对外直接投资流量在 2009 年降到了 14.39 亿美元。2009 年 11 月，中非合作论坛召开，随着会议的推动，中国对非洲的投资额从 2010 年开始逐年增长，2018 年又恢复到 53.89 亿美元。

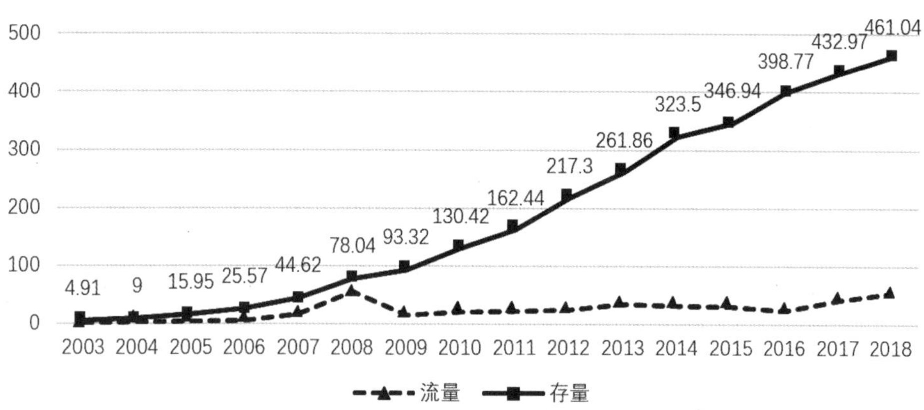

图 9.1　中国对非洲直接投资流量和存量规模

数据来源：中国对外直接投资统计公报 2003—2018

中国对非洲投资的国家覆盖面比较高，但是投资流向主要集中于刚果(金)、南非、莫桑比克、赞比亚、埃塞俄比亚、安哥拉、肯尼亚等国家。中国对非洲的投资行业也在不断扩宽，投资层次在不断提升，由早期的采矿业、农业和建筑业拓展到制造业、金融业、租赁和商务服务业。截至 2018 年中国对非洲建筑业、采矿业、制造业、金融业、租赁和商务服务业的直接投资存量分别为 147.6 亿美元、104.8 亿美元、59.7 亿美元、50.7 亿美元、29.7 亿美元，分别占行业比重的 32%、22.7%、13%、11%、6.4%。

中国对非洲国家的投资机遇与挑战并存，非洲国家广阔的投资机会为中国企业走入非洲带来机遇，同时非洲国家基础设施不完善、劳动力技术水平低、政治动荡也让中国企业走进非洲面临挑战，中国需要进一步加深对非洲国家的了解，探索更有效的投资方式，加深沟通，完善产业转移过程中的支持和监管机制。

第十章　中国双向直接投资对经济增长的影响

第一节　中国双向直接投资促进经济增长的影响机理

一、双向直接投资技术溢出效应机理分析

改革开放初期，中国为吸引外资制定了一系列的优惠政策，外商带来的资本促使中国经济快速发展，推动产业结构、国际收支和就业结构趋于合理化。外商直接投资为国内企业带来技术溢出效应，提升国内企业的市场竞争力，增强研发实力，扩大生产规模，与此同时为了满足消费者不断提升的消费需求，国内企业开始将投资扩展到海外，进行对外直接投资。企业研发能力的增强将外商直接投资和对外直接投资两者有机地结合起来，形成“外商直接投资（FDI）—自主研发—对外直接投资（OFDI）”技术进步的循环推动。外商直接投资通过管理示范、学习模仿、人员流动、竞争等方式带来技术溢出效应，中国通过消化吸收提升人力资本水平，增强企业竞争能力，推动企业进行对外直接投资，对外直接投资通过逆向转移、战略资产反馈等方式又进一步提升了企业自主创新能力，科技实力的增强加快了中国经济发展速度。自主创新、外商直接投资的技术溢出效应和对外直接投资的逆向技术溢出效应将共同作用于经济发展。

（一）双向投资增强研发投入影响创新能力

外商直接投资促进中国技术进步主要体现在两个方面：一方面是跨国企业通过外商投资加大对中国研发资本和研发劳动的投入，国内企业通过示范效应和竞争效应将会加大自身研发经费的投入，进而提升自身的研发能力，推动技

术进步；另一方面，为了满足中国消费者的需求，适应中国市场环境，跨国企业会选择与中国企业的研发机构合作，对国内企业的研发机构产生技术溢出效应，促进国内企业科研能力的提升，推动企业生产技术的进步，增强企业竞争实力。

对外直接投资促进中国技术进步主要体现在三个方面：第一，获得技术进步所需的资本。中国“走出去”战略提出以后，鼓励各类企业以各种方式进行对外直接投资，中国政府对于对外直接投资企业给予政策支持，并提供税收优惠。国内企业通过对外直接投资开拓海外市场，扩大市场规模，增加销售收入，提高企业利润，利润的增加使得企业有更多的资金投入到研发创新中。资金的增加让企业的自主研发有了资金支持和保障，企业有资本引进高端技术人才和先进的生产设备，进而推动企业技术进步。第二，避开贸易壁垒，获得先进技术。随着中国对外直接投资额的不断增加，发达国家出台了一系列限制条件，以期达到对中国进行技术封锁的目的。国内企业通过兼并购方式，在一定程度上可以避开发达国家设置的技术壁垒。企业在兼并购过程中，可以接触到国外的先进技术，中国企业在学习过程中将国外先进的技术转移到国内，促进国内企业的技术进步。第三，优化资源配置，提升创新能力。国内企业在境外设立研发机构，招募发达国家的优质人才、消化吸收发达国家的高新技术，借用此平台与发达国家的研发机构进行信息交流，将知识转移到国内，国内企业通过这种渠道掌握国外先进的技术，降低国内企业的研发成本，中国企业借助全球创新资源，并合理优化配置，达到提升中国企业创新能力的目的。

（二）双向投资的技术溢出效应间接作用于技术进步

FDI技术溢出效应间接作用于技术进步：中国利用外资以来，跨国企业在中国兴建工厂，设立研发机构，不仅为中国带来了先进的技术，还带了先进的管理经验、先进的运营模式、优秀的人才，这些通过示范效应、竞争效应、人员流动效应和关联效应对中国企业产生技术溢出。技术溢出直接影响中国企业研发投入，降低研发成本，同时对中国企业的经营氛围也产生影响，间接促进中国企业的技术进步。受跨国企业的影响，国内企业扭转经营理念，提高管理水平，加强质量监督，改善企业文化，为研发创新创造良好的工作环境，促进中国的消化吸收能力，进而提高企业的自主创新能力推动企业技术进步。OFDI逆向技术溢出效应间接作用于技术进步，不仅跨国企业可以在中国设立研发机构，中国也可以通过对外直接投资在境外设立研发机构。境外研发机构提供平台方便发达国家技术人员与中国技术人员进行交流，交流过程加深了对国外先进技术的了解，通过人员流动将技术带回国内，提高国内企业的技术创新能力，促进企业的技术进步。国内企业参与国际竞争，在国际市场上与其他国家的企业争夺市场份额，企业会更注重研发投入，通过技术创新创造新产品，在市场竞争中立于不败之地，因此企业竞争利于国内企业掌握科技发展动态，激发企业研发的积极性，提高企业研发效率。

根据以上分析，双向直接投资技术溢出效应机理如图 10.1 所示。

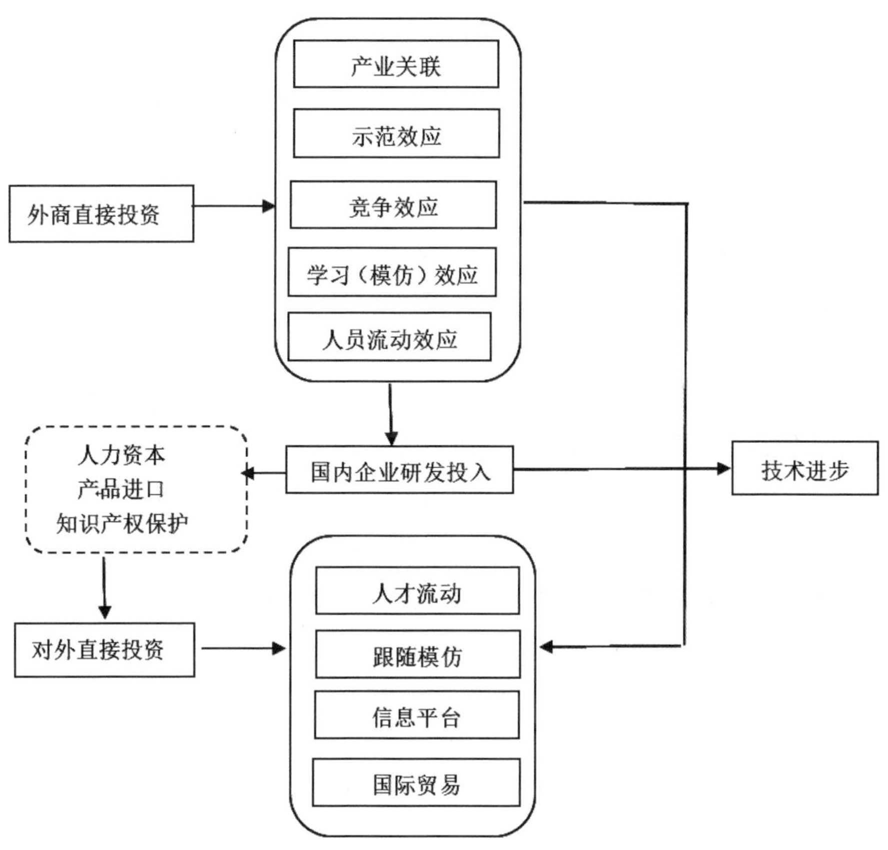

图 10.1 双向 FDI 技术溢出机理分析图

二、技术进步促进产业结构升级的机理分析

劳动生产率的提高加快了产业结构升级，而劳动生产率的提高又依赖于技术进步，由此技术进步成为产业结构升级的动因。科学技术进步引起劳动者劳动技能、企业管理水平、生产物质条件等各方面改善，推动劳动生产率向更高水平发展，促进劳动生产率的提高。不同产业间引进的技术先进程度不同，技术水平高低不等，产业间的消化吸收能力强弱不等，进而各产业间的劳动生产率存在较大差异，劳动生产率的差异性迫使产业在需求结构、供给结构、就业结构等方面发生变动，从而引起产业结构发生变动。

（一）需求结构的变动

需求是推动社会进步的原动力，也是产业结构形成的内在动力，需求的改变促发产业结构的调整，而技术发展水平在一定程度上又对需求产生影响，三者之间形成“技术发展水平—需求结构—产业结构”的层次关系。具体体现在3个方面：（1）需求增加，推动产业发展。一方面，技术进步降低单位产品生产成本，产品价格随之下降，引发产品需求增加，产业调整相关产品的供给量。另一方面，技术进步提高产品性能、质量，更能满足消费者的需求，激发消费者需求量的增加，推动产业的快速发展。（2）产品升级换代，带动产业调整。产品具有生命周期性，需要不断地推陈出新，技术进步为新产品的开发提供了技术支持，推动产品的转型升级和更新换代，新产品的出现引发需求变动，带动产业做相关调整。（3）产品配置优化，产业适应需求。技术进步使生产资料的利用率提高，降低能耗，产品的生产配比更加合理化，相关产品需求随之调整，产业随之改变，如图10.2所示。

（二）供给结构的变动

自然资源、劳动力和技术水平是供给结构的三个基本要素，基本要素的配置比变动改变了供给结构，供给结构决定了劳动生产率的高低，进而对产业结构产生影响。技术水平作为供给结构中的一个重要因素，在供给结构中起着重

要的作用，对产业结构的影响也越发显著。生产要素的有效配置和获取途径都需要依靠科学技术：要素配置遵循效益最大化原则，高技术生产部门的高效率更容易吸引资源的流入，产业结构调整至偏向高新技术产业，实现产业结构优化升级；生产要素的获取依靠科学技术，生产由原来的劳动力驱动转变为由科学技术驱动，产业从劳动密集型产业升级为技术密集型产业。

（三）就业结构的变动

根据配第—克拉克定理，随着国民经济的发展，第一产业的劳动力比重持续下降，第二产业的劳动力比重持续上升，国民经济的进一步发展，第三产业的劳动力比重开始上升。该定理说明在技术进步的推动作用下，就业结构与产业结构之间产生关联。伴随技术进步，劳动力从第一产业转移到第二产业，再从第二产业转移到第三产业，产业的国民收入也由早期的第一产业主导最终转变为第三产业主导。根本原因在于，技术进步使得劳动力的技术水平能力提高，掌握先进劳动工具，劳动力素质的提高带动生产率的提高，更多的劳动者从第一、第二产业中脱离出来，进入新兴产业，推动产业结构的调整，促进产业结构升级。

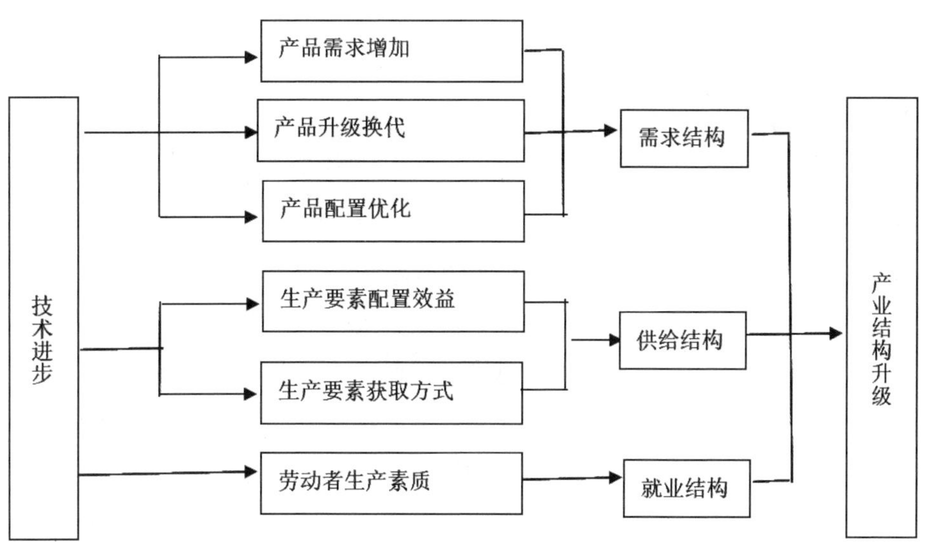

图 10.2 技术进步促进产业结构升级机理分析图

三、产业结构升级对经济增长的影响分析

（一）产业结构合理化对经济增长的影响效应分析

产业结构向合理化强调在结构调整的过程中，经济体根据自身生产力水平、资源禀赋等特质，使得产业结构能够与实际经济发展相适应。首先，产业结构合理化可通过对产业结构的调整进而优化经济结构。经济结构优化涉及内容广泛，其中，产业结构合理化程度是判断经济结构是否适应经济发展的关键指标。同时，在产业结构合理化过程中，资本与劳动会在三次产业间合理配置，将带来投资结构的优化，而三次产业间资本投资有效配置势必会提高相应产业消费品质量水平，进而改变消费结构。

产业结构合理化过程中众多要素资源在各个产业中可以合理利用，其合理化水平越高意味着资源利用效率越高，有助于提升经济增长效率。一方面，资源的有效配置，可以减少经济运行中的不必要损耗，以较少的投入获得更高的产出，即不断提升各生产部门的生产效率。另一方面，由于生产阶段生产效率的升高，将有利于整体国民经济运行各阶段效率的提升，以此提高经济运行的总体效益，达到推动总体经济增长效率提升的目的。

此外，产业结构合理化可以有效熨平经济发展过程中所产生的波动，从多方面提高经济增长的稳定性。首先，产业结构合理化意味着各项资源在三次产业间的合理分配，使得产业结构能够与实际经济发展相适应，通过产业间的有序发展可提高经济增长的稳定性。其次，当各个产业协调健康发展时，可以保证就业市场稳定，提高劳动力就业率，确保人民收入稳定性。同时，当各个产业协调健康发展时，可以促使产品市场的供需平衡，使得物价相对稳定。

同时，产业结构合理化程度的高低决定了人民生活的整体福利水平。产业结构越合理化，国民经济总体效益越高，人均可支配收入水平就越高，人民生活质量越高。其次，产业结构合理化可以将要素资源在空间上重新整合，因地制宜发展各地区经济，在一定程度上为偏远地区劳动力提供更多劳动机会，提高整体居民收入，进而降低区域间的收入差距。同时，在促进各地区经济协调发展的同时，相应教育、医疗等资源也会均衡配置，可促进各地区人民生活质量水平的提高。

综上所述，产业结构向合理化方向发展，有利于提高经济增长质量水平。产业结构合理化主要通过资源配置等多方面因素使得在产业结构变动的同时，直接或间接对中国经济增长质量水平的提高产生促进作用，主要体现在优化经济结构，减少经济波动，提高经济增长效率等方面。

（二）产业结构高级化对经济增长的影响效应分析

产业结构高级化意味着三次产业结构不断由低附加值向高附加值转移，意味着产业结构由劳动要素密集的农业占据主要地位不断向以资本要素及知识技术密集的非农产业调整的过程。根据相关理论分析，产业结构高级化与产业结构合理化相比较，对经济增长的影响略有不同，他具有不确定性，由于时间和空间发展差异对经济增长产生或正或负向影响，因此，产业结构高级化对经济增长的影响难以判断。

随着经济的不断发展，产业结构高级化会产生一定的正向效应，可体现在以下几个方面。其一，产业结构高级化意味着生产要素逐渐将向附加值更高的产业转移，有利于经济结构优化。一方面，产业结构高级化意味着资源更多地流入到第二产业和第三产业。与此同时，劳动力也会从第一产业有可能更多、更快转移出，农村剩余劳动力转移到其他产业，农民收入增多，促进国民收入在城乡居民之间的合理分配。另一方面，产业结构高级化进程伴随着新兴产业的发展，提高现代化水平的同时既有利于拓展生产性服务业发展空间促进传统产业的改造与升级，又可以有效淘汰原有落后产业，提高各产业协调程度。

其二，在此基础上，产业结构高级化演进过程提升国民经济的整体素质和效益，改善民生。一方面，产业结构高级化意味着产业结构由劳动要素密集的农业占据主要地位不断向以资本要素及知识技术密集的非农产业调整的过程，非农产业生产效率明显高于第一产业，其增长有利于国民经济产出的提高。另一方面，产业结构高级化推动科技事业的发展，这会在一定程度上改善区域吸收知识的能力，在产业结构的高级化的带动下，就业结构得到优化、居民生活质量得到提高。

其三，产业结构高级化意味着新兴产业比重的增加，由于市场需求改变以及科学技术革新等原因，可以在一定程度上改善生态环境，保护自然资源。一方面，环保行业等新兴产业的蓬勃发展，有助于改善生态环境质量，缓解经济发展与环境保护的根本矛盾，利于当前生态文明建设。另一方面，高级化进程中由于技术革新等因素，淘汰原有高消耗、高排放的工艺与设备，进而降低生产过程中不必要的损耗，有利于节能降耗、物质循环，降低经济增长的生态资源代价。

产业结构高级化在经济发展过程中也会产生一定的消极影响，大致可以体现在以下几个方面。首先，新兴产业的发展会导致城乡居民收入以及生活环境质量差距扩大。如前文所述，产业结构高级化促进农村劳动力向城市中第三产业转移，第三产业的边际生产力远大于其他产业，意味着第三产业的劳动报酬要高于其他产业。首先，城镇具有发展第三产业的位置优势，决定城镇居民更容易进入新兴产业。同时第三产业要求劳动力具备较高的技能水平，且城镇文化教育环境大体上优于农村，导致城镇居民收入水平高于农村居民，城乡居民收入差距扩大。

其次，产业结构高级化过程中引起新旧产业兴起与更替，诸多生产要素由传统生产效率不高的产业逐渐向新兴产业转移，新兴行业随之迅速发展。但是由于第三产业等新兴产业缺乏成熟的产业培育机制，并且它所面临的不确定性及风险尚不明确，如若缺乏系统的产业规划以及恰当的政策引导，将会阻碍整体经济发展。

综上所述，在经济发展过程中，产业结构的高级化发展既发挥着积极作用，又产生一定的消极影响。所以在制定相关政策时，要根据区域经济发展现状，因地制宜、因时制宜，在完善产业结构的同时，逐渐提升经济发展质量。双向投资通过多种途径产生技术溢出效应和逆向技术溢出效应，促进国内产业的技术进步。技术进步通过调整三个方面的结构，实现产业结构升级的目标。产业结构通过产业结构合理化和高级化，实现对经济增长的影响。

第二节 中国产业结构的演变历程与现状分析

一、中国产业结构的演变历程

中华人民共和国成立以来，伴随着产业规模不断壮大、产业体系不断完善、产业门类不断丰富，中国产业结构也逐步调整优化，其演变历程大体分为四个阶段。

（一）1949—1978 年：以重工业为主的产业结构

中华人民共和国成立后，针对旧中国遗留下来仅有的一点支离破碎的现代工业，尤其是重工业极为稀缺的现状，中国需要一个独立完整的工业体系，迅速摆脱贫穷落后的面貌，发展以重工业为主的工业化道路是当时时期中国的最优选择。从“一五”计划到“四五”时期，中国在计划经济体制和优先发展重工业的战略背景下，消费被抑制，“以农补工”“以轻补重”的积累方式，使中国从一个工业化落后的农业国步入了工业化阶段，集中优势资源完成了以 156 个重大项目、三线建设为代表的一批重大工程，建立了四十多个工业门类，形成了独立的比较完整的工业体系。在这段时期，中国产业结构发生了较大的调整，工业和农业比重，工业内部轻重工业、重工业内部结构等都发生了变化。从 1949 年到 1978 年，工农业总产值每年以 8.2% 的速度增长，第一、二、三次产业占国民经济的比重由 68∶13∶19 调整为 28∶48∶24，工业超过农业成为国民经济的主导产业。这一时期工业内部关系也发生了改变，1952 年，工业内部轻工业和重工业的比值关系为 67.5∶32.5，1978 年调整为 57.3∶42.7。

（二）1979—2000 年：以轻工业为主的产业结构

1978 年，党的十一届三中全会召开，中国改革开放拉开了大幕，大会确定以经济建设为中心作为中国的大政方针，对外开放、对内搞活成为最鲜明的两个主题。顺应中国经济增长和发展阶段的改变，中国产业结构也相应作出调整。一是调整积累和消费的关系。针对过去强调积累、抑制消费带来的消费不足问题，以解决温饱为重点，着力提高城乡居民收入，增强消费对经济增长的拉动，导致这个时期的产业结构具有鲜明的消费主导特征。1979年到2000年，消费对经济增长的贡献一直保持60%以上。二是调整工农关系。针对以农补工带来的农业发展滞后问题，中国开始实行农业联产承包责任制，该责任制实行后农产品收购价格提高，农民生产积极性被调动起来，农业生产力得到解放，农业经济形成了快速发展态势，大量农村剩余劳动力从农业生产中脱离出来，为乡村企业服务，振兴乡村企业，有力支持了非农产业发展，推动产业结构优化升级。1978年到2000年，第一、二、三产业占国民经济的比重由28∶48∶24，调整到14.7∶45.5∶39.8，由“二一三”型结构变为“二三一”型。三是调整工业内部重轻关系。针对工业内部结构“偏重”问题，实行了以“五优先”为主要内容的轻工业倾斜发展战略，轻工业增长速度明显加快。1978年轻工业占全部工业比重的42.7%，工业内部结构调整后，2000年轻工业占全部工业比重提高到50.3%，增长了7.6个百分点，轻工业的占比与重工业基本持平，改善了轻工业落后于重工业的态势，产业结构呈现明显的优化升级特征。轻重工业结构失衡状况得到矫正，轻工业内部从食品、纺织等满足温饱型消费品工业为主向家电、汽车等耐用消费品工业转变，重工业从采掘工业、原料工业为主向加工程度较高的重制造工业转变。

（三）2001—2012年：重化工业重回主导地位的产业结构

进入新世纪，在轻工业得到一定程度发展后，中国产业结构演变又回归到正常轨道上来，即再补重化工业发展不足的课。2001年到2010年，十年时间中国重工业比重提升了20多个百分点，由2001年的51.3%提提高到2010年的71.4%。在占比持续提高的同时，重工业内部也开始调整，优化升级了结构，表现为以原材料工业、电子信息制造业、汽车工业为代表的装备制造业发展明显加快。2003年到2009年，原材料工业产值占工业总产值的比重由25.2%提高到31.2%，机械设备制造业比重由14.6%提高到14.8%。五大因素推动这个时期重化工业快速发展。一是1998年底全面铺开的城镇住房制度市场化改革，推动房地产市场进入黄金发展期，拉动钢铁、铝材、水泥等原材料工业迅猛发展。二是应对亚洲金融危机的经济扩张政策，刺激了与基建相关的机械、原材料等工业快速发展。三是 2001 年加入 WTO，经济发展进入全球化进程，中国产业融入全球供应链，使制约中国产业发展的技术、人才、资金、市场等问题得以缓解，包括重化工业在内的产业得到快速发展。四是 2003 年十六届三中全会通过的《完善社会主义市场经济体制若干问题的决定》，消除制约各类所有经济发展的体制性障碍，为产业特别是民营经济发展注入了活力。五是城镇居民生活水平提高推动消费结构升级，使市场消费热点由过去的以吃穿用为主切换到以通信、出行和居住为主，拉动电子信息、汽车等产业快速发展。以上因素综合作用，2010 年中国制造业增加值占比位居世界第一，奠定了中国制造业大国的地位。

（四）2013 年以来：服务业领跑的产业结构

2013 年前后，中国经济进入新常态，“三期叠加”特征明显，产业发展条件和发展环境发生了深刻变化。根据新形势、新变化，中央提出了创新、协调、绿色、开放、共享新发展理念，以供给侧结构性改革为主线，加快发展，新旧动能转换，构建现代化经济体系，促进经济高质量发展。在新发展理念的指导和供给侧结构性改革的作用下，中国产业结构升级取得明显进展，创新驱动、服务引领、制造升级的产业结构正在形成。一是从三次产业结构看，第三产业成为各产业增速的领跑者，比重在 2013 年首次超过第二产业成为国民经济最大产业部门，2015 年占比超过 50%，2013—2018 年中国三次产业结构由 10.0∶43.9∶46.1 调整为 7.2∶40.7∶52.2，呈继续优化升级态势。二是从工业内部结构看，传统工业特别是以能源原材料为主的高耗能行业和采矿业比重下降，装备制造业和高技术制造业比重上升。2016 年，六大高耗能行业和采矿业增加值占规模以上工业比重分别为 28.1% 和 7.2%，比 2012 年下降 1.5 和 6.7 个百分点。三是产业新旧动能转换加快，顺应消费升级的新产业、新产品和新业态保持高速增长。近年来，中国工业机器人、光电子器件、新能源汽车、运动型多用途乘用车（SUV）等新兴产业均保持高增长。

二、中国产业结构现状

（一）基于三大产业的结构现状

2018年国内生产总值90.03万亿元，按可比价格计算，较2017年增长6.6%，三大产业的增加值分别为6.47万亿元、36.60万亿元、46.96万亿元，同比增长3.5%、5.8%、7.6%，三大产业增加值占国民生产总值的比重分别为7.2%、40.7%、52.5%。全国人均国内生产总值6.46万元，比2017年增长6.1%。全国国民总收入89.69万亿元，比2017年增长6.5%。从图10.3产业结构来看，第一产业的比重有所下降，产业链分散发展。第二产业比重仍旧保持在40%以上，有下降趋势，中国第二产业的生产主要还是处于全球价值链的低端，各省市之间的差异性非常大。第三产业比重已占据国民生产总值的一半以上，且比重还在产业结构调整下不断上升，但其内部构成还不太合理，还有调整的空间，生产性服务业有待进一步发展。

单位：%

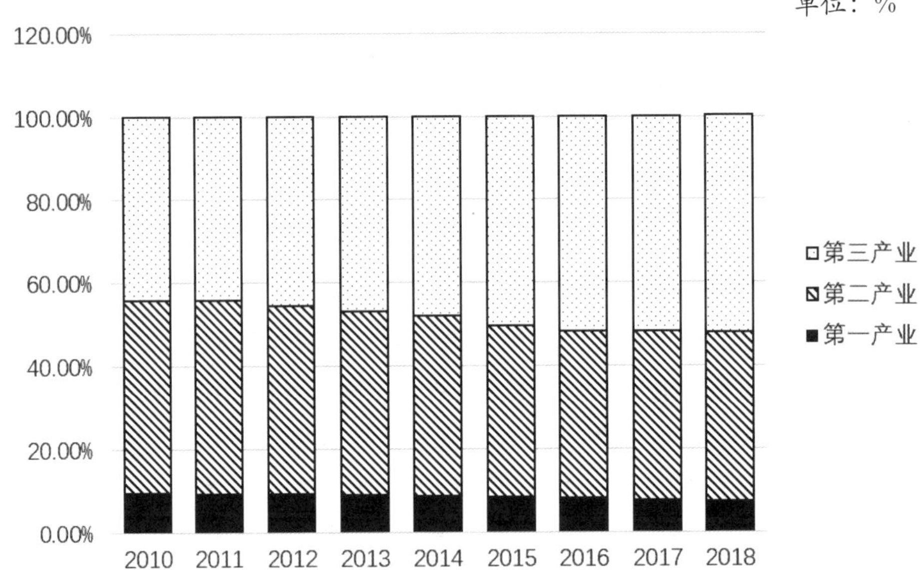

图 10.3　中国三大产业增加值占国内生产总值比重（2010—2018）

数据来源：中国统计年鉴2011—2019

从区域层面来看，根据表 10.1 可以看出，第三产业所占 GDP 比重已超过了第二产业。2018 年东部地区三大产业结构比重为 4.75∶40.78∶54.47，第三产业比重比第二产业高出 13.69%，中部和西部地区的第三产业仅比第二产业高出 7% 左右。

表 10.1　按三次产业分各地区生产总值及所占比重（2018）

地区	地区生产总值（亿元）	三次产业增加值					
		第一产业（亿元）	第一产业占比	第二产业（亿元）	第二产业占比	第三产业（亿元）	第三产业占比
东部	506311.2	24037.69	4.75%	206474.6	40.78%	275798.9	54.47%
中部	241383.4	22091.99	9.15%	102007.9	42.26%	117283.5	48.59%
西部	167012.9	18604.48	11.14%	67838.24	40.62%	80570.19	48.24%

数据来源：中国统计年鉴 2019

从表 10.2 省级层面来看，广东省（9.73 万亿元）依然是 2018 年所有省份中地区生产总值最高的省份，三大产业增加值最多的省份分别是第一产业山东省（0.50 万亿元）、第二产业江苏省（4.12 万亿元）、第三产业广东省（4.12 万亿元）。三大产业在各省生产总值中的分布也相差较大，海南省第一产业占比最大（20.70%）；陕西省第二产业占比最大（49.75%），同时他也是第三产业占比最小的省份（42.76%）；与陕西省类似，北京在第三产业中占比最大（80.98%），同时也是第二产业中占比最小的地区（18.63%）；三大产业中每个产业占比最高的省份与最低的省份比较，最高值比最低值分别高出 20.38%、31.12%、38.22%。

按照产值高低排序，第一产业排名前五的省份是：山东、四川、河南、江苏、广东；第二产业排名前五的省份是：江苏、广东、山东、浙江、河南；第三产业排名前五的省份是：广东、江苏、山东、浙江、北京。

表 10.2 按三次产业分各省生产总值及所占比重（2018）

地区	地区生产总值（亿元）	三次产业增加值					
		第一产业（亿元）	第一产业占比	第二产业（亿元）	第二产业占比	第三产业（亿元）	第三产业占比
北京	30319.98	118.69	0.39%	5647.65	18.63%	24553.64	80.98%
天津	18809.64	172.71	0.92%	7609.81	40.46%	11027.12	58.62%
河北	36010.27	3338	9.27%	16040.06	44.54%	16632.21	46.19%
山西	16818.11	740.64	4.40%	7089.19	42.15%	8988.28	53.44%
内蒙古	17289.22	1753.82	10.14%	6807.3	39.37%	8728.1	50.48%
辽宁	25315.35	2033.3	8.03%	10025.1	39.60%	13256.95	52.37%
吉林	15074.62	1160.75	7.70%	6410.85	42.53%	7503.02	49.77%
黑龙江	16361.62	3000.96	18.34%	4030.94	24.64%	9329.72	57.02%
上海	32679.87	104.37	0.32%	9732.54	29.78%	22842.96	69.90%
江苏	92595.4	4141.72	4.47%	41248.52	44.55%	47205.16	50.98%
浙江	56197.15	1967.01	3.50%	23505.88	41.83%	30724.26	54.67%
安徽	30006.82	2638.01	8.79%	13842.09	46.13%	13526.72	45.08%
福建	35804.04	2379.82	6.65%	17232.36	48.13%	16191.86	45.22%
江西	21984.78	1877.33	8.54%	10250.21	46.62%	9857.24	44.84%
山东	76469.67	4950.52	6.47%	33641.72	43.99%	37877.43	49.53%
河南	48055.86	4289.38	8.93%	22034.83	45.85%	21731.65	45.22%
湖北	39366.55	3547.51	9.01%	17088.95	43.41%	18730.09	47.58%
湖南	36425.78	3083.59	8.47%	14453.54	39.68%	18888.65	51.86%
广东	97277.77	3831.44	3.94%	40695.15	41.83%	52751.18	54.23%

续表

地区	地区生产总值（亿元）	三次产业增加值					
		第一产业（亿元）	第一产业占比	第二产业（亿元）	第二产业占比	第三产业（亿元）	第三产业占比
广西	20352.51	3019.37	14.84%	8072.94	39.67%	9260.2	45.50%
海南	4832.05	1000.11	20.70%	1095.79	22.68%	2736.15	56.63%
重庆	20363.19	1378.27	6.77%	8328.79	40.90%	10656.13	52.33%
四川	40678.13	4426.66	10.88%	15322.72	37.67%	20928.75	51.45%
贵州	14806.45	2159.54	14.59%	5755.54	38.87%	6891.37	46.54%
云南	17881.12	2498.86	13.97%	6957.44	38.91%	8424.82	47.12%
西藏	1477.63	130.25	8.81%	628.37	42.53%	719.01	48.66%
陕西	24438.32	1830.19	7.49%	12157.48	49.75%	10450.65	42.76%
甘肃	8246.07	921.3	11.17%	2794.67	33.89%	4530.1	54.94%
青海	2865.23	268.1	9.36%	1247.06	43.52%	1350.07	47.12%
宁夏	3705.18	279.85	7.55%	1650.26	44.54%	1775.07	47.91%
新疆	12199.08	1692.09	13.87%	4922.97	40.36%	5584.02	45.77%

数据来源：中国统计年鉴2019年。

（二）基于各个行业的结构现状

根据表10.3可以看出，国内生产总值靠前的六大行业分别是制造业、批发和零售业、农林牧渔业、金融业、建筑业、房地产业，六大产业的产值之和占国内生产总值的70%左右。从发展趋势来看，农林牧渔业、采矿业、制造业、电力、热力、燃气及水生产和供应业、建筑业、批发和零售业出现了下降趋势，其他行业还是上升趋势。行业中增长速度位于前三的行业是信息传输、软件和信息技术服务业、金融业、房地产业。

表 10.3 各行业国内生产总值（2014—2017）

行业	2014		2015		2016		2017	
	国内生产总值（亿元）	占比（%）	国内生产总值（亿元）	占比（%）	国内生产总值（亿元）	占比（%）	国内生产总值（亿元）	占比（%）
农林牧渔业	57472.2	8.96	59852.6	8.72	62451.0	8.44	64660.0	7.88
采矿业	23417.1	3.65	19104.5	2.78	18260.4	2.47	21025.5	2.56
制造业	195620.3	30.50	202420.1	29.51	214289.3	28.96	240505.4	29.30
电力、热力、燃气及水生产和供应业	14819.0	2.31	14981.7	2.18	15328.0	2.07	16797.2	2.05
建筑业	44880.5	7.00	46626.7	6.80	49702.9	6.72	55313.8	6.74
批发和零售业	62423.5	9.73	66186.7	9.65	71290.7	9.63	77658.2	9.46
交通运输、仓储和邮政业	28500.9	4.44	30487.8	4.44	33058.8	4.47	37172.6	4.53
住宿和餐饮业	11158.5	1.74	12153.7	1.77	13358.1	1.81	14690.0	1.79
信息传输、软件和信息技术服务业	15939.6	2.49	18546.1	2.70	21899.1	2.96	26400.6	3.22
金融业	46665.2	7.28	57872.6	8.44	61121.7	8.26	65395.0	7.97
房地产业	38000.8	5.93	41701.0	6.08	48190.9	6.51	53965.2	6.58
租赁和商务服务业	15276.2	2.38	17111.5	2.49	19483.3	2.63	21887.8	2.67
科学研究和技术服务业	12250.7	1.91	13479.6	1.96	14590.7	1.97	16198.5	1.97
水利、环境和公共设施管理业	3472.7	0.54	3851.9	0.56	4253.8	0.57	4762.8	0.58
居民服务、修理和其他服务业	9706.3	1.51	10854.5	1.58	12792.7	1.73	14704.4	1.79
教育	21159.9	3.30	24253.1	3.54	26770.4	3.62	29918.3	3.65
卫生和社会工作	12734.0	1.99	14955.1	2.18	17092.0	2.31	19027.3	2.32
文化、体育和娱乐业	4274.5	0.67	4931.2	0.72	5483.7	0.74	6647.8	0.81
公共管理、社会保障和社会组织	23508.7	3.67	26622.6	3.88	30643.1	4.14	34023.6	4.15
合计	641280.6	100	685992.9	100	740060.8	100	820754.3	100

数据来源：中国统计年鉴 2019

三、中国产业结构优化升级的度量

（一）中国产业结构合理化的度量

产业结构合理化是指各产业内部的比例合理化，符合产业发展规律和内在联系，反映产业间的聚合状况。合理化从两个方面体现，一方面是各产业间的协调发展，另一方面是资源的有效利用，利用的有效性通常用投入产出比表示，也就是衡量要素投入和产出之间的耦合程度。泰尔指数最早用于进行区域收入差距问题研究，干春晖（2011）利用泰尔指数来测度产业结构合理化，本节也采用泰尔指数对中国产业的合理化程度进行测度。泰尔指数的取值范围是 0—1，值越趋于 0，表明经济运行越趋于稳定，产业结构合理化水平也就越高。泰尔指数计算公式如下：

$$TL = \sum_{i=1}^{n}(\frac{Y_i}{Y})\ln(\frac{Y_i}{L_i}/\frac{Y}{L}) \quad (10.1)$$

（10.1）式中，Y 表示地区生产总值，Y_i表示第 i 产业的增加值，L 表示地区总就业人数，L_i表示第 i 产业就业人数。本节选取 1990—2018 年全国数据对其产业结构合理化水平进行度量：

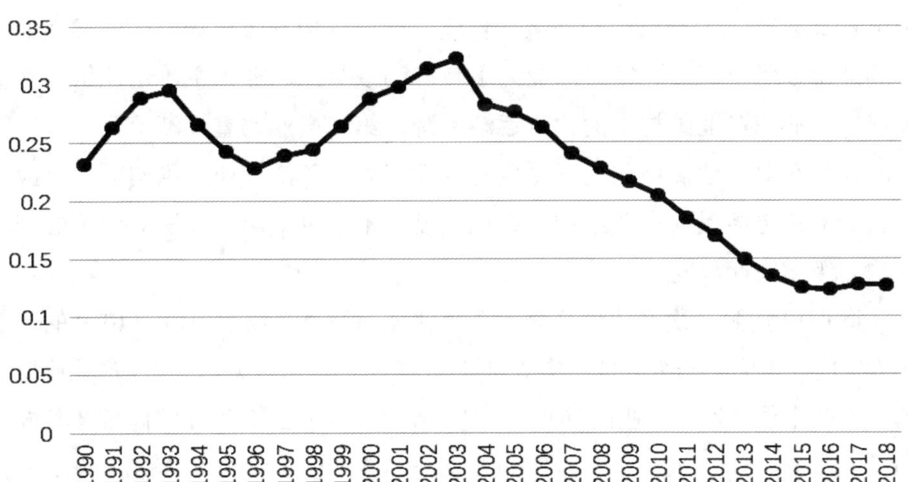

图 10.4　中国产业结构合理化水平

数据来源：中国统计年鉴 2019

如图 10.4 所示，中国产业结构合理化水平属于阶段性波动，1990—1993 年和 1996—2003 年这两个阶段泰尔指数呈上升趋势，表明中国就业结构与产值结构偏离均衡状态。20 世纪 90 年代初期确立市场经济为经济发展的动力，但是由于中国国企比例较大，市场机制不成熟，自身体制机制等原因使传统产业失去了原有优势地位。同时虽然中国重工业发展较快，但基础设施和基础工业供应不足的问题突出，低层次加工工业的生产能力富余和高层次加工工业的生产能力不足矛盾凸显，同时新兴产业发展多处受限，直接导致支柱产业数量的缩减，竞争力也随之减弱，这些都成为产业结构调整与经济发展的瓶颈。

从 2004 年开始，泰尔指数开始逐年下降，说明产业结构不均衡问题也逐步得到重视。从这一时期开始，中国制定相关政策扭转产业结构单一化、重型化等现象，经济发展方式开始由粗放型缓慢过渡到集约型，城乡发展进一步协调，科技创新压力得到缓解，促进产业结构趋于合理化。

（二）中国产业结构高级化的度量

产业结构高级化是指产业结构在经济发展过程中由低层次逐渐向高层次演变，农业产值占 GDP 的比重较高表明产业结构层次比较低，服务业占 GDP 的比重较高表示产业结构属于高层次，因此早期学者喜欢用非农业产值占 GDP 的比重来表示产业结构高级化程度。产业结构升级意味着产业发展的重心逐渐由以第一产业、第二产业为主转变为以第三产业为主，由此第一产业和第二产业在产业结构中的比重逐渐下降，第三产业比重逐渐上升。付凌晖（2010）在对产业高级化进行测度时发现，利用三次产业比重向量与对应坐标轴的夹角更能反映产业结构高级化程度，本节也采用该方法对中国的产业结构高级化进行测度。

将 GDP 按照三次产业划分分为 3 个部分，每个产业增加值占 GDP 的比重作为空间向量中的一个分量，构造向量 X，X=（a，b，c）=（第一产业比重，第二产业比重，第三产业比重），X 是一组 3 维向量。分别计算向量 X 与向量 X1=（1，0，0），X2=（0，1，0），X3=（0，0，1）的夹角 θ_1、θ_2、θ_3，向量 X1、X2、X3 分别表示产业结构的三个层次，从 X1 到 X3 表示产业结构层次由低到高。根据公式（10.2）式计算产业结构高级化率 W：

$$W=\sum_{k=1}^{3}\sum_{j=1}^{k}\theta_j=\sum_{j=1}^{1}\theta_j+\sum_{j=1}^{2}\theta_j+\sum_{j=1}^{3}\theta_j=3\theta_1+2\theta_2+\theta_3 \tag{10.2}$$

W 值越大，表明产业结构高级化水平越高。根据（10.2）式利用中国 1990—2018 年三次产业结构比重数据得出不同时期中国的产业结构高级化值如图 10.5 所示。

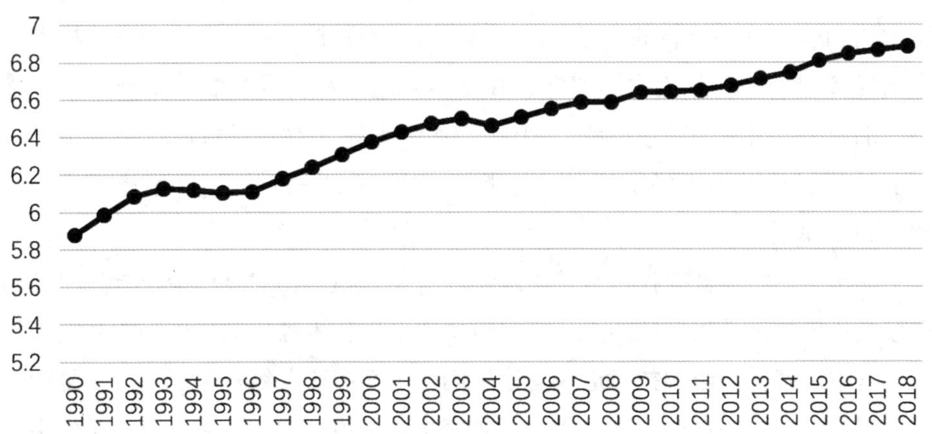

图 10.5 中国产业结构高级化水平

数据来源：根据《中国统计年鉴 1999—2019》整理所得

由图 10.5 可知，1990 年以来，市场经济体制初步建立，市场配置资源的效率逐步提升，中国产业结构高级化水平逐年提高。20 世纪 90 年代以来，产业结构高级化发展迅速，近几年，产业结构高级化发展水平逐年趋于平缓。在中国各项方针政策的支持下，产业结构调整与经济发展取得一定成效。国家一系列产业政策的出台，开拓了新型工业化道路，促进了产业结构优化升级。

第三节 中国双向直接投资对经济影响的实证分析

一、模型的构建与变量的测算

根据前述分析，双向投资通过技术溢出效应促进国内产业的技术进步，技术作为因子推动双向投资优化产业结构，合理化和高级化的产业结构促进中国经济增长。现阶段中国双向 FDI 是否经过这种传导机制，实现中国经济增长的目的，还需进一步验证。因此，本节为探究双向投资通过技术进步、产业结构优化对中国经济增长的影响，选择 2004—2018 年数据作为样本，建立递归模型。

模型一：验证双向投资与技术进步的关系。模型构建过程中，首先将外商直接投资的技术溢出效应和对外直接投资的逆向技术溢出效应作为解释变量加入模型中。其次，影响技术进步有诸多因素，其中研发经费和研发人员是两个重要因素，因此将这两个因素作为控制变量加入模型中。最后，双向投资中的外商直接投资和对外直接投资，两者有相互作用、相互影响的关系，模型中利用交互项反映两者之间的交互作用。技术进步（TP）作为一个无形变量，选择作为被解释变量。技术进步可以用三种方法来度量：研发支出（R&D）投入法、全要素生产率法、专利产出量法。前两种尽管是主流方法，但其计算时缺乏统一性且存在误差，因此本节采用简单直观的专利申请量指标来度量中国的技术进步情况。

模型二：验证技术进步和产业结构合理化的关系、双向投资对产业结构合理化的直接影响、双向投资的交互作用对产业结构合理化的影响。

模型三：验证技术进步和产业结构高级化的关系、双向投资对产业结构高级化的直接影响、双向投资的交互作用对产业结构高级化的影响。

模型四：验证产业结构升级与经济增长的关系，技术进步与经济增长的关系，双向投资对经济增长的直接影响、双向投资的交互作用对经济增长的影响。经济增长本节采用 GDP 国内生产总值来表示。

模型一：

$$lnTF_t = \alpha_0 + \alpha_1 TK_t + \alpha_2 lnTL_t + \alpha_3 lnOFDI_t + \alpha_4 lnIFDI_t + \alpha_5 lnOFDI_t \times lnIFDI_t + \varepsilon_{1t}$$

（10.3）

模型二：

$$SH_{1t} = \beta_0 + \beta_1 lnTF_t + \beta_2 TK_t + \beta_3 lnTL_t + \beta_4 lnOFDI_t + \beta_5 lnIFDI_t + \beta_6 lnOFDI_t \times lnIFDI_t + \varepsilon_{2t}$$

（10.4）

模型三：

$$SH_{2t} = \gamma_0 + \gamma_1 lnTF_t + \gamma_2 TK_t + \gamma_3 lnTL_t + \gamma_4 lnOFDI_t + \gamma_5 lnIFDI_t + \gamma_6 lnOFDI_t \times lnIFDI_t + \varepsilon_{3t}$$

（10.5）

模型四：

$$lnGDP_t = \theta_0 + \theta_1 lnTF_t + \theta_2 SH_{1t} + \theta_3 SH_{2t} + \theta_4 lnOFDI_t + \theta_5 lnIFDI_t + \theta_6 lnOFDI_t \times lnIFDI_t + \varepsilon_{4t}$$

（10.6）

模型一中，TF_t表示 t 时期专利申请量，反映该时期的技术进步水平；TK_t表示 t 时期 R&D 经费占 GDP 比重，反映研发投入状况；TL_t表示 t 时期 R&D 人员全时当量，反映研发人员的投入水平；$OFDI_t$表示对外直接投资流量，衡量对外直接投资逆向技术溢出；$IFDI_t$表示外商直接投资量，衡量外商直接投资带来的技术溢出；$lnOFDI_t \times lnIFDI_t$表示 t 时期双向投资技术溢出效应。模型二中，SH_{1t}表示 t 时期产业结构合理化的指标；模型三中，SH_{2t}表示 t 时期产业结构高级化的指标，用SH_{1t}和SH_{2t}反映产业结构升级水平。模型四中GDP_t表示 t 时期的国内生产总值。

二、双向直接投资技术溢出效应与技术进步实证分析

表 10.4 结果显示，TK 在第 1 个回归中系数为正，且在 5% 水平上统计显著，表明随 R&D 经费投入的增多，中国产业的技术水平在提高；第 2 个和第 3 个回归中回归系数为正，但不显著，第 4 个回归方程中回归系数为负，表明中国研发经费的投入还存在不足。TL 在第 1 个和第 4 个回归中系数为正，且在 5% 水平上统计显著，表明研发人员是推动中国产业技术进步的一个重要因素；在第 2 个和第 3 个回归中回归系数为正，但不显著，表明中国 R&D 人员结构分配中存在不合理现象，对技术进步的促进作用还需要改善。回归 3 中 $lnOFDI$ 和 $lnIFDI$ 回归系数为正，但不显著，回归 4 中 $lnOFDI$ 和 $lnIFDI$ 系数在 5% 水平上显著为负，说明外商直接投资和对外直接投资两者都没有产生积极的技术溢出效应，反而在一定程度上阻碍了技术进步，根据 TK 和 TL 的回归结果表明中国想获得技术溢出效应，需要具备一定的吸收能力。回归 4 中双向投资的交互项 $lnOFDI*lnIFDI$ 显著为正，表明双向投资之间存在互补关系，两者之间的协调发展有利于推动中国产业的技术进步。

表 10.4　双向 FDI 技术溢出与技术进步

	1	2	3	4
变量	系数	系数	系数	系数
截距项	7.060***	7.476***	7.417**	28.628***
	（1.309）	（2.122）	（2.513）	（8.150）
TK	1.189**	1.277*	1.295	-0.792
	（0.504）	（0.629）	（0.743）	（0.972）
lnTL	0.904**	0.766	0.733	2.318**
	（0.392）	（0.677）	（0.959）	（0.958）
$lnOFDI$		0.031	0.031	-3.745**
		（0.120）	（0.126）	（1.411）
$lnIFDI$			0.031	-4.015**
			（0.604）	（1.581）
$lnOFDI*lnIFDI$				0.579**
				（0.216）

注：括号内为标准差，***、**、* 分别表示在 1%、5%、10% 水平上显著

三、技术进步与产业结构优化升级实证分析

表 10.5　技术进步与产业结构合理化

变量	1 系数	2 系数	3 系数	4 系数	5 系数	6 系数
截距项	1.214***	0.826***	0.759**	0.862***	0.796**	-2.772**
	(0.046)	(0.229)	(0.293)	(0.258)	(0.324)	(0.942)
lnTF	-0.072***	-0.017	-0.016	-0.017	-0.016	0.049*
	(0.003)	(0.027)	(0.028)	(0.028)	(0.030)	(0.025)
TK		-0.067	-0.081	-0.079	-0.092	0.128
		(0.058)	(0.070)	(0.068)	(0.080)	(0.076)
lnTL		-0.050	-0.031	-0.029	-0.010	-0.288**
		(0.044)	(0.068)	(0.075)	(0.093)	(0.092)
lnOFDI			-0.004		-0.004	0.543***
			(0.011)		(0.012)	(0.141)
lnIFDI				-0.020	-0.019	0.568***
				(0.054)	(0.057)	(0.156)
*lnOFDI*lnIFDI*						-0.084***
						(0.022)

注：括号内为标准差，“***”“**”“*”分别表示在 1%、5%、10% 水平上显著

表 10.6　技术进步与产业结构高级化

变量	1 系数	2 系数	3 系数	4 系数	5 系数	6 系数
截距项	4.409***	4.123***	4.942***	4.180***	5.014***	6.956
	(0.150)	(0.728)	(0.824)	(0.824)	(0.916)	(4.461)
lnTF	0.160***	0.292***	0.282***	0.293***	0.282***	0.247*
	(0.011)	(0.087)	(0.080)	(0.091)	(0.084)	(0.118)
TK		0.089	0.260	0.070	0.238	0.118
		(0.183)	(0.196)	(0.218)	(0.226)	(0.358)
lnTL		-0.314**	-0.552**	-0.279	-0.511*	-0.360
		(0.142)	(0.190)	(0.240)	(0.263)	(0.437)
lnOFDI			0.055		0.055	-0.243
			(0.032)		(0.033)	(0.670)

续表

变量	1 系数	2 系数	3 系数	4 系数	5 系数	6 系数
lnIFDI				0.032	-0.038	-0.358
				(0.174)	(0.161)	(0.736)
*lnOFDI*lnIFDI*						-0.046
						(0.103)

注：括号内为标准差，“***”“**”“*”分别表示在1%、5%、10%水平上显著

产业结构合理化回归结果表10.5显示，TF在5个回归中回归系数为负，在第6个回归中系数为正且统计上显著，说明科学技术水平的提高促进了中国产业结构升级合理化，但是影响还不显著。产业结构高级化回归结果表10.6显示，TF在6个回归中都统计上显著，且系数为正，说明科学技术水平的提高促进了中国产业结构升级的高级化。产业结构高级化与合理化不一定同时实现。产业结构高级化中可能伴随着结构不合理，而产业结构合理化中可能伴随着产业结构低级化（如各产业技术水平都比较低），只有技术进步才能为产业结构持续地高级化提供不竭的动力。高新技术产业、现代工业、服务业的快速发展是产业结构高级化的重要体现。在产业结构高级化基础上实现合理化，促进一、二、三产业协调发展，是产业结构优化升级的根本标志，也是确保一国经济整体素质提高和稳健可持续发展的必要条件。

lnTL在产业结构合理化和产业结构高级化的回归中系数都为负，说明中国目前研发人员的投入还不能满足产业结构升级对人力资本的需求。TK的系数在产业结构合理化中的5个回归中为负，1个为正，在产业结构高级化的6个回归中为正，但都是统计上不显著，说明研发投入量不能仅仅考虑规模问题，还需进一步发挥其对产业结构升级的准度和效度。

*lnIFDI*在产业结构合理化第6个回归中显著为正，其他回归中都系数为负，且统计上不显著，外商直接投资在中国更倾向于劳动密集型产业，较少流入高新技术产业和服务业，这在一定程度上制约了产业结构的调整。

*lnOFDI*在产业结构合理化第6个回归中显著为正，第3个和第5个回归中系数为负但统计上不显著，在产业结构高级化的第3和第5个回归中系数为

正，统计上不显著，通过对外直接投资可以进一步调整中国的投资结构，进而产业结构更加合理化和高级化。

双向投资的交互项$lnOFDI*lnIFDI$在模型二产业结构合理化回归中显著为负，在模型三产业结构高级化回归中系数为正，但统计上不显著，说明在促进产业结构升级方面，对外直接投资起到调节外商直接投资效用的作用，两者之间形成了互补效应。

四、产业结构优化升级与经济增长实证分析

表 10.7 显示了产业结构升级与经济增长的回归结果。TF 在 6 个回归中都在 1% 水平上显著为正，说明科学技术水平的提高促进了中国经济增长。SH_{1t}在第 2 个回归中显著为正，第 7 个回归中显著为负，第 3、4、5、6 个回归中系数为负，但统计上不显著，说明产业结构合理化促进经济增长，产业结构合理化程度越高，经济增长越快。SH_{2t}在第 5 个和第 7 个回归中显著为正，第 2 个和第 6 个回归中系数为正统计上不显著，第 3 个和第 4 个回归中系数为负统计上不显著，说明在经济增长过程中，产业结构高级化起到积极的影响作用。由模型四回归结果可知，若要促进经济增长，更应该注重产业结构合理化和高级化。SH_{1t}系数的绝对值普遍大于SH_{2t}系数的绝对值，说明比较合理化和高级化对经济增长的作用，合理化的作用效果高于高级化的作用效果。

$lnOFDI$和$lnIFDI$在回归中的系数都为正，除了在第 6 个回归中$lnOFDI$系数不显著外，其他回归中$lnOFDI$和$lnIFDI$系数都是统计上显著，说明中国利用外商直接投资和对外直接投资促进了中国的经济增长。但是$OFDI$与$IFDI$的交互项$lnOFDI*lnIFDI$在经济增长回归中显著为负，表明对外直接投资对利用外商直接投资在促进经济增长方面起到了一定的限制作用，中国应积极推动两者之间的协调发展，稳定“引进来”规模，稳妥“走出去”战略，在积极有效利用外资的同时，鼓励有条件的企业开展跨国经营，拓展中国经济发展空间。

表 10.7　产业结构升级与经济增长

变量	1 系数	2 系数	3 系数	4 系数	5 系数	6 系数	7 系数
截距项	3.267***	7.905*	6.158**	5.874**	0.313	0.694	-8.056**
	(0.235)	(4.271)	(2.609)	(2.233)	(1.664)	(1.837)	(2.657)
lnTF	0.685***		0.599***	0.526***	0.367***	0.370***	0.373***
	(0.017)		(0.128)	(0.114)	(0.076)	(0.079)	(0.051)
SH_1		7.199***	-1.637	-1.020	-0.355	-0.330	-1.541**
		(1.355)	(1.445)	(1.265)	(0.763)	(0.790)	(0.607)
SH_2		0.964	-0.205	-0.105	0.484*	0.452	0.798***
		(0.603)	(0.441)	(0.380)	(0.253)	(0.267)	(0.197)
$lnOFDI$				0.083**		0.016	1.147***
				(0.037)		(0.028)	(0.308)
$lnIFDI$					0.622***	0.576***	1.663***
					(0.108)	(0.137)	(0.308)
$lnOFDI*lnIFDI$							-0.183***
							(0.050)

注：括号内为标准差，“***”“**”“*”分别表示在 1%、5%、10% 水平上显著

第四节 促进中国双向直接投资经济效应的政策建议

一、政府层面：提供政策支持，引导企业利用投资和对外投资

（一）完善对外开放的制度保障

按照市场经济和世贸组织规则的要求，加快内外贸一体化进程。抓住新一轮全球生产要素优化重组和产业专业化的重大机遇，扩大利用外资规模，提高利用外资水平。鼓励企业参与国际合作和竞争，进出口企业融资给予政策支持，扩大企业自主经营权，简化企业进出口权审批。对外开放的地域和领域不断扩大，充分利用国际国内两个市场、两种资源，优化资源配置。

（二）正确引导企业的对外投资

对外直接投资按照投资动机分为资源寻求型、市场寻求型、效率寻求型和战略资产寻求型，通过对外直接投资获取先进技术是提高本国科技创新能力的一个有效途径。因此，政府要鼓励企业向经济较发达国家的投资，学习国外先进技术，掌握新的运营方式，丰富企业管理经验，提升对外投资水平，增强自主创新，通过企业的逆向技术溢出效应，促进中国关联产业的发展，从而优化中国进出口商品结构，推动产业结构合理化和高级化，优化产业结构。

（三）加大技术创新投入

“科技是第一生产力”，科技创新能力是一国实力的展现，目前全球价值链生产过程中，中国企业更多的位于价值链的低端，价值链高端所含有的高技术产品更多地集中于先进发达国家的企业中。中国提高科技创新能力可以从两个方面入手，一方面增加投入，另一方面提高吸收能力。从增加投入角度分析，政府应加大科技创新的政策扶持，加大研发投入和人力资本投入，为企业对外直接投资提供平台、资金支持，鼓励企业投资先进发达国家，建立跨国研发机

构，获取国外先进技术。从提高吸收能力角度分析，研发投入和人力资本的投入，不仅可以直接提高科技创新能力，还可以提高企业的吸收能力，有利于获得外商投资的技术溢出效应和对外直接投资的逆向技术溢出效应，进一步提升企业的科技创新能力，加快中国经济发展的步伐，因此政府应鼓励企业加大研发投入，引进高层次人才。

（四）有针对性地提供政策支持

中国产业中技术密集型产业和非密集型产业发展状况不同，政府应对不同的产业在对外投资方面采取不同的支持政策。技术密集型产业整体发展态势良好，为进一步巩固和提升其经济实力和科技创新能力，政府应加大措施鼓励技术密集型企业对发达国家的高新技术产业投资，创造更领先的先进技术，推动产业结构升级。对于非技术密集型产业，需要政府给予特殊的金融政策支持，帮助非技术密集型产业建立比较健全完善的金融体系，提高非技术密集型企业的资本形成能力，为提升技术创新能力提供良好的环境，进而为产业结构升级创造条件。

二、企业层面：提高学习能力，培养自身竞争优势

（一）培养自身竞争优势

按照邓宁的对外投资理论，企业在具备竞争优势的条件下，对外投资的风险才会降低，否则如果企业缺乏竞争优势，在国际市场上企业产品和服务又没有竞争力，企业进行对外直接投资的可能性很小，即使进行对外直接投资，风险也会变大。企业需要具备哪些竞争优势呢？主要体现在所有权优势、内部化优势和区位优势。所有权优势是指自己企业拥有或能够得到的而其他企业没有或无法得到的无形资产、规模经济等方面的优势，企业可以通过自身努力获得也可以通过外购的方式取得，这是一种特定资产的所有权，资产的使用权掌握在企业手中。内部化优势需要企业形成自己的内部交易体系，在境外投资设立子公司，将市场交易转化为内部交易，降低交易风险，通过将所有权优势内部

化以提高企业的生产效率、扩大企业的生产规模。区位优势指的是企业在进行对外直接投资过程中，尽量获得投资国给予的优惠政策，享受投资国丰富的自然资源和廉价劳动力带来的经济效益。

招募知识水平与经验能力都较为丰富的员工，特别是要强调知识背景的多样化，以促进企业的消化能力和增强对新知识的认知。大力投入教育训练，重视人才培养，定期进行员工培训、组织学习，通过换岗交流，跨部门跨地区流动任职，以培养全面从事技术及管理的能力。也可以在企业内组成跨部门学习团队，促进知识在组织内扩散与分享，以增加企业基础知识的存量与广度。

现阶段中国企业的国际竞争力还比较弱，企业在全球价值链生产过程中还属于价值链低端的位置，无形中加大了企业进行对外直接投资的风险。企业应提高管理水平，丰富管理经验，转变经营理念，掌握先进科学技术，把握核心工艺，改善产品质量，培养自主品牌，创建自己的所有权优势、内部化优势和区位优势，从价值链低端移向价值链高端。

（二）加强关联企业间的联系

中国在经济发展过程中，中小企业众多，单个企业的竞争实力难以抗衡先进发达国家的跨国公司。中小企业在进行对外直接投资时，往往处于劣势，如果想通过跨国并购的形式进入海外市场，更是难上加难。因此，中小企业之间应形成战略联盟，加强彼此之间的合作，共同抵御海外市场的风险。构建多企业合作的企业网络，大型跨国企业处于核心地位，中小企业为其提供配套服务，企业合作开展对外直接投资活动，增强企业实力，实现中小企业对外直接投资的投资目标。

中国企业在对外直接投资活动中除了与本国企业合作外，还应加强与流入国企业之间的合作，有效利用其他国家的丰富资源和优惠政策，融入当地产业链，为中国国内其他企业进行对外直接投资创造条件，降低由于贸易壁垒给中国企业造成的负面影响。通过企业间或者产业间的联系与合作，促进中国企业的对外直接投资，同时带动相关产业“走出去”，优化中国产业结构。

企业间的联动关系也体现在引进外资方面，目前中国利用外资额已经达到一定规模，外资的利用更应注重质量，优选利于中国产业结构调整，匹配地区产业链发展所需的前向或后向配置，促进产业结构升级。针对中国已经成功引进来的跨国公司，国内企业与其建立联系，成为跨国公司的分包商或供应商，完善中国的产业配套体系，通过前后向联系实现技术溢出，依靠此有效途径参与国际分工，提升自己在国际分工中的地位。

（三）提高企业的学习与创新能力

国内企业通过利用外资和对外直接投资活动，掌握全球科技发展动态，了解最新的市场需求，根据市场需求和供给及时更新换代产品，推出新产品。企业在跨国并购过程中学习国外先进的技术，与国外企业合作提升中国人员素质，联盟获取优质资源，这些都需要中国企业提高自身的吸收能力，更好地吸收技术溢出效应，实现技术转移，优化产业结构，提高中国经济实力。企业要结合自主研发与技术转移两种策略，并由研发资源投入来提升技术引进的水平。企业也可以通过与大学，特别是研究型大学的合作，彼此之间建立战略联盟的关系，不断提高对知识的吸收能力，将为新产品的开发和推广起到很大的促进作用。

参考文献

1. 白洁 . 2009. 对外直接投资的逆向技术溢出效应——对中国全要素生产率影响的经验检验 [J]. 世界经济研究 ,8:65—69.

2. 包群 . 2007. 自主创新与技术模仿：一个无规模效应的内生增长模型 [J]. 数量经济技术经济研究 ,10:24—34.

3. 常颖 . 2009.FDI 技术溢出效应对中国经济增长影响因素分析 [D]. 大连 : 大连理工大学 .

4. 陈昊 . 2018. 中国 OFDI 与母国产业升级：基于国别差异视角的研究 [D]. 杭州 : 浙江大学 .

5. 陈继勇 , 盛杨怿 . 2008. 外商直接投资的知识溢出与中国区域经济增长 [J]. 经济研究 ,12:39—49.

6. 陈涛涛 . 2003. 中国 FDI 行业内溢出的内在机制研究 [J]. 世界经济 ,9:23—28.

7. 丁迈琳 . 2020. 东北地区产业结构优化升级对经济增长质量的影响研究 [D]. 长春 : 吉林大学 .

8. 樊少华 . 2013. 国际直接投资技术溢出效应对中国经济增长的影响 [D]. 北京 : 首都经济贸易大学 .

9. 冯亚萍 . 2016. 一带一路战略下山东省对外直接投资与产业升级的研究 [D]. 济南 : 山东财经大学 .

10. 付凌晖 . 2010. 中国产业结构高级化与经济增长关系的实证研究 [J]. 统计研究 ,27(8):79—81.

11. 傅强 , 黎秀秀 . 2014. 贸易开放度、产业结构升级与经济增长 [J]. 工业技术经济 ,3:115—120.

12. 傅强 , 周克红 . 2005. 利用外资与中国产业结构调整的相关分析与实证检验 [J]. 世界经济研究 ,8:64—72.

13. 傅强 , 周克红 . 2006. 中国三大经济圈外国直接投资的差异性分析与结构转换效应评价 [J]. 世界经济研究 ,3:69—77.

14. 富文媛 . 2010.FDI 特征对中国制造业技术外溢影响的研究 [D]. 哈尔滨：哈尔滨工业大学 .

15. 干春晖 , 郑若谷 . 2011. 中国产业结构变迁对经济增长和波动的影响 [J]. 经济研究 ,5:4—16.

16. 苟强 . 2018. 中国 OFDI 逆向技术溢出的内在机理研究 [D]. 兰州：西北师范大学 .

17. 韩亚峰 . 2018. "一带一路" 倡议下中国双向投资与对外贸易增长的协调关系研究 [J]. 宏观经济研究 ,8:52—59,74.

18. 何洁 . 2000. 外国直接投资对中国工业部门外溢效应的进一步精确量化 [J]. 世界经济 ,12:29—36.

19. 何宁 . 2018. 中国对 "一带一路" 沿线国家 OFDI 的逆向技术溢出效应研究 [D]. 上海：华东师范大学 .

20. 胡亚男 , 王金天 , 田茂再 . 对外贸易、技术进步与经济增长——基于空间面板联立方程的实证研究 [J/OL]. 数理统计与管理 .https://doi.org/10.13860/j.cnki.sltj.2020.0818—003

21. 衡巧艳 . 2019. 中国对东盟国家直接投资动机分析 [J]. 现代营销（信息版）,5:170—171.

22. 黄汉权 . 新中国产业结构发展演变历程及启示 [EB/OL]. https://news.hexun.com/2019-09-16/198559207.html

23. 黄凌云 , 刘冬冬 , 谢会强 . 2018. 对外投资和引进外资的双向协调发展研究 [J]. 中国工业经济 ,3:80-97.

24. 黄梅波 , 李泽政 .2018. 中国对外直接投资 40 年：动因及模式 [J]. 东南学术 ,6:80—92.

25. 黄益平 . 金融抑制已对经济增长产生负面影响 [EB/OL]. https://www.sohu.com/a/290590059_114984

26. 黄玉 . 2018. 中国对 "一带一路" 沿线国家直接投资的区位选择研究 [D]. 济南：山东师范大学 .

27. 江小涓 . 2002. 中国的外资经济对增长、结构升级和竞争力的贡献 [M]. 北京：中国人民大学出版社 .

28. 蒋雪根 . 2008. 上海市制造业 FDI 行业内溢出效应的理论和实证研究 [D].

上海：上海交通大学.

29. 靳娜. 2011. 中国FDI技术溢出影响因素与渠道分析[D]. 重庆：重庆大学.

30. 靳娜，傅强. 2010. 吸收能力和贸易政策对FDI技术溢出的影响分析——基于中国工业部分面板数据的实证分析[J]. 南开经济研究，6:113—122.

31. 靳娜，傅强. 2011. 基于技术吸收能力的FDI对经济增长的影响研究——IVQR模型对中国大陆28省市的评价[J]. 研究与发展管理，2:17—25.

32. 靳娜，傅强. 2011.FDI多参数溢出效应的内生增长模型及其仿真[J]. 软科学，6:140—144.

33. 赖明勇，包群，彭水军等. 2005. 外商直接投资与技术外溢：基于吸收能力的研究[J]. 经济研究，8:95—105.

34. 赖明勇，包群，阳小晓. 2002. 中国外商直接投资吸收能力研究[J]. 南开经济评论，3:45—50.

35. 李浩然. 2008. 中国制造业FDI行业间技术溢出效应研究[D]. 济南：山东大学.

36. 李磊，冼国明，包群. 2018."引进来"是否促进了"走出去"？——外商投资对中国企业对外直接投资的影响[J]. 经济研究，3:142—156.

37. 李沁筑. 2017. 中国双向直接投资发展路径与机制[D]. 上海：上海大学.

38. 李滢滢. 2007. 基于中国吸收能力的外商直接投资溢出效应研究[D]. 厦门：厦门大学.

39. 凌丹，赖伟豪，刘慧岭. 2018. 双向FDI技术溢出、技术进步与产业结构升级[J]. 武汉理工大学学报（社会科学版），6:62—69.

40. 刘昌林. 2015.FDI对中国能源利用效率影响的研究[D]. 昆明：云南财经大学.

41. 刘康宁. 2019. 中国对非洲国家直接投资中的国别风险研究[D]. 北京：首都经济贸易大学.

42. 刘舜佳. 2007.FDI与经济增长：基于金融市场吸收能力的研究[J]. 上海金融，5:9—12.

43. 刘震. 2019. 中国企业对"一带一路"沿线国家OFDI决策研究——基于差异性投资动因的视角[D]. 济南：山东大学.

44. 隆娟洁，陈治亚. 2009. 不同来源地FDI的技术溢出效应——以联立方程模型为基础的实证分析[J]. 系统工程，4:37—43.

45. 罗洁 . 2016. 中国对外投资特征分析及其经济增长效应研究 [D]. 南京 : 南京大学 .

46. 孟良 , 宣国良 . 2005.FDI 技术溢出效应理论研究述评 [J]. 生产力研究 ,9:222—224.

47. 倪志刚 . 2018. 辽宁省双向 FDI 对经济增长的影响研究 [D]. 沈阳 : 沈阳工业大学 .

48. 聂飞 . 2018. 中国 OFDI 影响了 IFDI 的“质”还是“量”? ——基于产业结构升级溢出机制的视角 [J]. 经济评论 ,6:41—52,68.

49. 聂飞 , 刘海云 . 2019. 中国 OFDI 对 IFDI 规模和质量的影响:理论机制与实证 [J]. 国际贸易问题 ,1:93—105.

50. 孙梦暄 . 2018. 中国对外直接投资逆向技术溢出 [D]. 武汉 : 武汉大学 .

51. 商务历史:对外直接投资的迅速发展 [EB/OL]. http://history.mofcom.gov.cn/?newchinas==4dwtz

52. 邵留国 , 张仕璟 , 王国顺 . 2007. 外贸政策对 FDI 技术溢出效应的影响机制 [J]. 世界经济研究 ,4:3—9.

53. 邵玉君 . 2017.FDI、OFDI 与国内技术进步 [J]. 数量经济技术经济研究 ,9:21—38.

54. 盛斌 . 2002. 中国对外贸易政策的政治经济分析 [M]. 上海 : 上海人民出版社 .

55. 史乾 . 2008. 中国工业行业利用 FDI 的差异性分析 [D]. 镇江 : 江苏大学 .

56. 孙宇 . 2019. 韩国对华投资的特点与趋势 [J]. 中国外资 ,21:42—45.

57. 谭同举 . 2017. 中国 IFDI 与 OFDI 之间的互动关系研究——来自宏观及制造业层面的证据 [D]. 上海:华东师范大学 .

58. 田正 . 2019. 日本对华直接投资对中日两国经济发展影响探究 [J]. 东北亚学刊 ,4:132—143.

59. 涂涛涛 . 2008. 外商直接投资对中国工业部门的外溢效应分析——基于分位数回归法 [J]. 世界经济研究 ,8:56—60.

60. 王定祥 , 李伶俐 , 吴代红 . 2017. 金融资本深化、技术进步与产业结构升级 [J]. 西南大学学报(社会科学版),43(1):38—53.

61. 王静 . 2014. 对外直接投资、技术创新与中国产业结构升级 [D]. 南京 : 南京财经大学 .

62. 王婷婷 . 2012. 中国对东盟直接投资的影响因素研究 [D]. 长沙 : 湖南大学 .

63. 王莹 . 2010. 市场规模与 FDI 的区位选择 [D]. 上海 : 复旦大学 .

64. 王志鹏 , 李子奈 . 2004. 外商直接投资、外溢效应与内生经济增长 [J]. 世界经济文汇 ,3:23—33.

65. 魏兰叶 . 2018. 双向直接投资、技术进步与经济增长方式转变 [D]. 乌鲁木齐 : 新疆大学 .

66. 夏业良 , 程磊 . 2010. 外商直接投资对中国工业企业技术效率的溢出效应研究——基于 2002—2006 年中国工业企业数据的实证分析 [J]. 中国工业经济 ,7:55—65.

67. 谢黄霞 . 2019. 中国对非洲直接投资的影响因素研究 [D]. 金华 : 浙江师范大学 .

68. 许晓芹 . 2018. 中国 OFDI 对产业升级的影响研究 [D]. 长春 : 吉林大学 .

69. 许杨敏 . 2014. 中国对外直接投资发展阶段、模式及策略研究 [D]. 杭州 : 浙江大学 .

70. 姚洋 . 1998. 非国有经济成分对中国工业企业技术效率的影响 [J]. 经济研究 ,12:29—35.

71. 余官胜 , 都斌 . 2016. 外商直接投资对企业对外直接投资影响的实证研究 [J]. 软科学 ,4:65—68.

72. 俞佳根 . 2016. 中国对外直接投资的产业结构升级效应研究 [D]. 沈阳 : 辽宁大学 .

73. 喻世友 , 史卫 , 林敏 . 2005. 外商直接投资对内资企业的溢出渠道的影响 [J]. 世界经济 ,6:44—52.

74. 袁家健 , 钟昌标 . 2019.IFDI、OFDI 的互动效应研究——基于产业结构升级的视角 [J]. 中国发展 ,5:44—51.

75. 原磊 . 2008. 中国外商直接投资企业发展的回顾与展望 [J]. 宏观经济研究 ,7:32—39.

76. 袁艺倩 . 2018. 中国对“一带一路”沿线国家直接投资的区位选择研究——基于空间溢出和挤出效应 [D]. 济南 : 山东大学 .

77. 张军 , 章元 . 2003. 对中国资本存量 K 的再估计 [J]. 经济研究 ,7:35—43.

78. 张瑞 . 2019. 中国对“一带一路”沿线国家直接投资的逆向技术溢出效应研究 [D]. 昆明 : 云南财经大学 .

79. 张义强 . 2008. 基于金融发展视角的 FDI 经济效应研究 [D]. 广州：暨南大学 .

80. 张玉芳 . 2017. 双向 FDI 技术溢出对中国产业结构升级的影响机理与实证研究 [D]. 武汉：武汉理工大学 .

81. 赵蓓文 . 2019. “一带一路”与中国对外开放的协同发展 [J]. 南开学报（哲学社会科学版）,6:11—16.

82. 赵柯 . 2014. 中国对欧盟直接投资：特征、动因及趋势 [J]. 国际贸易 ,6:52—56.

83. 赵柯 . 2018. 告别天真：欧洲投资审查体制之变 [J]. 中国投资 ,11:47—48.

84. 赵吟佳 . 2005. 深化 FDI 技术外溢效应的途径：产业关联 [D]. 杭州：浙江大学 .

85. 朱学昌 . 2015. 对外直接投资的政策驱动及生产率效应研究 [D]. 济南：山东财经大学 .

86.A.Kokko. 1992. *Foreign direct investment, host country characteristics and spillovers* [M]. The Economics Research Institute, Stockholm.

87.A.Kokko. 1994. Technology, market characteristics, and spillovers [J]. *Journal of Development Economics*, 43(2):279—293.

88.A.Kokko. 1996. Productivity spillovers from competition between local firms and foreign affiliates. *Journal of International Development*, 8(4):517—530.

89.B.Kogut, S.J.Chang. 1991. Technological capabilities and Japanese foreign direct investment in the United States[J]. *Review of Economics and Statistics*, 73(3):401—413.

90.E.Borensztein, J.D.Gregorio, J.W.Lee. 1998. How does foreign direct investment affect economic growth [J]. *Journal of International Economics*, 45(1):115—135.

91.G.Blalock. 2001. Technology from foreign direct investment: strategic transfer through supply chains [R]. Haas School of Business, University of California, Berkeley.

92.G.Grossman, E.Helpman. 1991b. Quality ladder in the theory of growth [J]. *Review of Economic Studies,* 58:43—61.

93.G.M.Grossman, M.Helpman. 1991. *Innovation and growth in the global economy* [M]. The MIT Press, Cambridge MA.

94.J.Bitzer, M.Kerekes. 2008. Does foreign direct investment transfer technology across borders? New evidence[J]. *Economics Letters,* 100(3):355—358.

95.J.R.Markusen, A.J.Venables. 1999. Foreign direct investment as a catalyst for industrial development [J]. *European Economic Review*, 43:335—356.

96.L.Branstetter. 2006. Is foreign investments a channel of knowledge spillovers? Evidence from Japan' s FDI in the United States[J]. *Journal of International Economics*, 68(2):325—344.

97.M.Carkovic, R.Levine. 2002. Does foreign direct investment accelerate economic growth [R]? University of Minnesota, Minneapolis, mimeo.

98.M.Y.Lai, S.J.Peng, Q.Bao. 2006. Technology spillovers, absorptive capacity and economic growth [J]. *China Economic Review*, 17:300—320.

99.N.Matouschek, A.J.Venables. 2005. Evaluating investment projects in the presence of sectoral linkages [J]. *Economics of Transition*, 13(4):573—603.

100.P.Aghion, P.Howitt, D.Mayer-Foulkes. 2005. The effect of financial development on convergence: theory and evidence [J]. *Quarterly Journal of Economics,* 120(1):173—222.

101.R.A.Barreto, A.W.Hughes. 2004. Under performers and over achievers: a quantile regression analysis of growth [J]. *Economic Record,* 80(248):17-35.

102.R.E.Lucas. 2008. The Industrial Revolution: Past and Future [J]. *Policy Responses,* 1:3—18.

103.R.Koenker, G.S.Bassett. 1978. Regression quantiles [J]. *Econometrica,* 46(1):33—50.

104.S.Liu. 2009. An investigation of the productivity spillover effects of inward FDI on the Chinese Electronic Industry [C]. PhD Conference in Economics and Business.

105.V.Chernozhukov, C.Hansen. 2001. An IV model of quantile treatment effects [R]. Working Paper, Department of Economics, MIT.

106.V.Chernozhukov, C.Hansen. 2002. Inference for distributional effects using instrumental quantile regression [R]. Working Paper, Department of Economics, MIT.

107.V.Chernozhukov, C.Hansen. 2006. Instrumental quantile regression inference for structural and treatment effect models [J]. *Journal of Econometrics*, 132(2):491—525.

108.V.Chernozhukov, C.Hansen. 2008. Instrumental variable quantile regression: a robust inference approach [J]. *Journal of Econometrics*, 142(1):379—398.

109.V.Chernozhukov, C.Hansen, M.Jansson. 2007. Inference approaches for instrumental variable quantile regression [J]. *Economics Letters*, 95(2):272—277.